SERMÕES *sobre* *Mulheres* *da Bíblia*

Antigo Testamento

Publicações
Pão Diário

SERMÕES *sobre* *Mulheres* *da Bíblia*

Antigo Testamento

C. H. SPURGEON

Originally published in English under the title
Sermons on Women of the Old Testament, by Charles Haddon Spurgeon

Peabody, Massachusetts 01961-3473 U.S.A.

Coordenação editorial: Adolfo A. Hickmann
Tradução: Elisa Tisserant de Castro
Revisão: Dalila de Assis, Lozane Winter, Thaís Soler
Coordenação gráfica: Audrey Novac Ribeiro
Projeto gráfico e capa: Rebeka Werner

Dados Internacionais de Catalogação na Publicação (CIP)

Spurgeon, Charles Haddon, 1834–92.
Sermões sobre Mulheres da Bíblia — Antigo Testamento
Tradução: Elisa Tisserant de Castro – Curitiba/PR, Publicações Pão Diário.
Título original: *Sermons on Women of the Old Testament*
1. Sermões 2. Antigo Testamento 3. Vida cristã 4. Bíblia

Publicações Pão Diário
Caixa Postal 4190,
82501-970 Curitiba/PR, Brasil
publicacoes@paodiario.org
www.publicacoespaodiario.com.br
Telefone: (41) 3257-4028

Código: XP529
ISBN: 978-65-5350-111-9

1.ª edição: 2022

Impresso no Brasil

SUMÁRIO

Em memória de Patrícia Klein (1949–2014),
nossa colega e amiga, que dedicou sua vida
com desvelo às palavras e editou esta série.
Ela realmente faz muita falta!

Apresentação à edição em português

Charles Haddon Spurgeon, o "Príncipe dos pregadores", foi sem dúvida um dos maiores evangelistas do século 19. O legado de fé que ele deixou, seu entendimento e amor pelas Escrituras são claramente perceptíveis por meio de sua vida, suas obras e exemplo de serviço a Deus.

Spurgeon ministrava e cria na Palavra de Deus, a Palavra viva e eficaz capaz de transformar mente e coração. Poder desfrutar de suas abordagens bíblicas, tais como as que estão dispostas neste livro, é um verdadeiro presente e refrigério em uma época quando a Palavra de Deus está sendo reduzida a formatos superficiais. Assim, com maestria, ele consegue discorrer sobre a aplicabilidade da mensagem bíblica a partir de exemplos de personagens, buscando, com isso, levar o leitor a experimentar a eficácia dessa Palavra em sua vida pessoal.

Cada sermão desta coletânea foi reunido dentre os inúmeros sermões ministrados por Spurgeon, ao longo de seu ministério, para compor a proposta de *Sermões sobre Mulheres da Bíblia — Antigo Testamento*. Assim, o leitor perceberá que o número e as datas indicadas são diferenciados, uma vez que eles não foram planejados para seguir uma sequência.

Algo fascinante sobre estes *Sermões sobre Mulheres da Bíblia — Antigo Testamento* é a forma como Spurgeon busca aproximar seus ouvintes da experiência dessas mulheres com Deus. Ele as apresenta de forma singular ao mesmo tempo em que, por sua abordagem, inspira e desafia seu público à mesma postura que elas tiveram em Deus e para Ele.

Nesta edição em português, optou-se por indicar as referências bíblicas a fim de diferenciá-las dentre os diálogos e as inferências que Spurgeon faz ao longo de cada sermão. Os textos apresentam uma linguagem mais contemporânea, contudo as características históricas do texto original foram preservadas, bem como termos e lugares comuns à época do autor, tendo em vista também que são sermões ministrados em datas específicas. Outro aspecto importante desta edição é a inclusão de notas explicativas a fim de facilitar a compreensão contextual cada vez que Spurgeon fez referência à cultura geral, a livros cristãos e a pessoas que ajudaram a construir a história eclesiástica.

O leitor poderá constatar que, apesar de pregados há tanto tempo, estes sermões são para os dias atuais, pois abordam com propriedade a condição do homem sem Deus: perdido e sem salvação. Os apelos de Spurgeon a crentes e incrédulos são comoventes diante de uma sociedade que não vive em conformidade com as verdades e maravilhas da Palavra de Deus nem caminha em retidão pelas Suas veredas de justiça.

Spurgeon foi um homem notável, nos diversos papéis que exerceu, durante sua jornada deste lado da eternidade. Seu ministério testifica de sua intimidade com Deus e com as Escrituras. Ele vivenciou a graça em seus pormenores e, em sua dedicação ao Senhor, investiu tudo o que era e tinha em compartilhá-la com outros.

Seja você um dos abençoados por estas palavras, semeadas por Spurgeon, sob a inspiração Espírito Santo que também as regará em seu coração. Que Deus lhe proporcione o crescimento dela de cem por um em sua vida!

—dos editores

Prefácio

Charles Haddon Spurgeon
(1834–92)

Pergunte à maioria das pessoas hoje quem foi Charles Haddon Spurgeon e você pode se surpreender com as respostas. Muitos sabem que ele foi um pregador, outros lembram que ele era batista, e outros ainda conseguem até mesmo lembrar que ele viveu em Londres durante o século 19. Tudo isso é verdade, no entanto, Charles Spurgeon foi muito mais.

Nascido em uma família de congregacionalistas, em 1834, o pai e o avô de Spurgeon eram, ambos, pregadores independentes. Essas designações parecem propícias atualmente, mas, em meados do século 19, elas descreviam uma família comprometida com os Não-conformistas — ou seja, eles não se conformavam à estabelecida Igreja da Inglaterra. Spurgeon cresceu em um vilarejo rural, um local praticamente isolado da Revolução Industrial, que se difundia na maior parte da Inglaterra.

Spurgeon converteu-se ao cristianismo em uma reunião na Igreja Metodista Primitiva, em 1850, aos 16 anos. Logo tornou-se batista (para infelicidade de sua mãe) e, quase imediatamente, começou a pregar. Considerado um pregador prodígio — "o surpreendente garoto do brejo" — Spurgeon atraía grandes públicos e conquistou uma reputação que se estendia desde todo o interior até Londres. Como consequência desse grande sucesso, Spurgeon foi convidado para pregar na Capela de *New Park Street*, em Londres, em 1854, quando tinha apenas 19 anos. Quando pregou nessa igreja pela primeira vez, não foram ocupados nem 200 assentos. Em apenas um ano, todos os 1.200 assentos estavam tomados, chegando até mesmo a exceder a capacidade de lotação. A seguir, ele começou a pregar em locais cada vez maiores, e cada um deles ia se tornando pequeno, até que, finalmente, em 1861, o *Metropolitan Tabernacle* foi concluído, onde acomodavam-se 6.000 pessoas. Essa seria a base de Spurgeon por todo o restante de seu ministério, até sua morte, em 1892, aos 57 anos.

Spurgeon casou-se com Susannah Thompson em 1856 e, sem demora, tiveram filhos gêmeos, Charles e Thomas, que mais tarde seguiriam os passos de seu pai em seu trabalho. Spurgeon abriu a *Faculdade para Pastores*, uma escola de treinamento para pregadores, a qual capacitou mais de 900 pregadores enquanto ele viveu. Abriu ainda orfanatos para meninos e meninas desfavorecidos, provendo educação para cada um deles. Ele e Susannah também desenvolveram um programa para publicar e distribuir literatura cristã. Diz-se que ele pregou para mais de 10 milhões de pessoas durante os 40 anos de seu ministério. Seus sermões vendiam mais de 25 mil cópias, semanalmente, e foram traduzidos para 20 idiomas. Spurgeon era grandemente comprometido com a propagação do evangelho por meio da pregação e da palavra escrita.

Durante sua vida, a Revolução Industrial transformou a Inglaterra de sociedade rural e agrícola em uma sociedade urbana e industrializada, com todas as consequentes dificuldades e horrores de uma grande transição social. As pessoas que se deslocaram por conta dessas extensas mudanças — operários nas fábricas e proprietários de lojas — tornaram-se a congregação de Spurgeon. Ele mesmo era proveniente de um pequeno vilarejo e fora transferido para uma cidade grande e inóspita e, por isso, era um homem comum e compreendia, de forma inata, as necessidades espirituais das pessoas comuns. Era um comunicador que transmitia a mensagem do evangelho de forma muito convincente, que falava com brilhantismo às profundas necessidades das pessoas, e os ouvintes acolhiam sua mensagem.

É importante ressaltar que Spurgeon pregava em dias anteriores à existência de microfones ou alto-falantes. Em outras palavras, ele pregava sem o benefício dos sistemas amplificadores. Certa vez, pregou para uma multidão de mais de 23 mil pessoas sem qualquer amplificação mecânica. Ele mesmo era a presença eletrizante na plataforma: não apenas se colocava em pé e lia um sermão elaborado. Usava um esboço, desenvolvendo seus temas espontaneamente e falando "em linguagem comum a pessoas comuns". Seus sermões eram repletos de histórias e poesia, drama e emoção. Ele era impressionante, sempre em movimento, caminhando de um lado para o outro na plataforma. Gesticulava bastante, encenava as histórias, usava humor e trazia vida às palavras. Para Spurgeon, pregar era comunicar a verdade de Deus, e ele usava todo e qualquer talento a seu dispor para realizar essa tarefa.

A pregação de Spurgeon se ancorou em sua vida espiritual, uma vida rica em oração e estudo das Escrituras. Não se deixava influenciar por modismos, fossem eles tecnológicos, sociais ou políticos. A Palavra de Deus era a pedra angular de sua vida e homilética. Era, principalmente, um pregador expositivo, que explorava a passagem bíblica por seu significado dentro do texto, e na vida de cada um dos membros de sua congregação. Para Spurgeon, as Escrituras eram vivas e relevantes para a vida das pessoas, independentemente do status social, situação econômica ou época em que viviam.

Tem-se a sensação de que Spurgeon acolheu completamente a revelação divina: a revelação de Deus por intermédio de Jesus Cristo, por meio das Escrituras e de suas próprias orações e estudos. Para ele, a revelação não era um ato concluído: Deus ainda se revela, se a pessoa se colocar à disposição. Alguns reconhecem Spurgeon como místico, alguém que desejava e almejava explorar os mistérios de Deus, capaz de viver com aquelas porções da verdade que não se conformam com um sistema da teologia em particular, perfeitamente confortável em afirmar: "Disto eu sei; sobre isto não sei, mesmo assim crerei".

Cada um dos sermões nesta coleção foi pregado num momento diferente no ministério de Spurgeon; cada um deles tem características distintas. Estes sermões não formam uma série, uma vez que não foram criados nem planejados para serem sequenciais. Tampouco foram homogeneizados ou editados a fim de soar como se seguissem todos um estilo específico. Em vez disso, eles refletem o próprio pregador, permitindo que a voz desse homem admirável soe claramente à medida que o leitor é conduzido, em um relato em particular ou evento em especial, para experenciar, com Spurgeon, a peculiar revelação divina.

Ouça, à medida que lê. Estas palavras têm a intenção de serem ouvidas, não apenas lidas. Ouça cuidadosamente e você escutará a cadência destas pregações notáveis, os ecos das verdades divinas atemporais que trespassam os tempos. Acima de tudo, usufrua do entusiasmo de Spurgeon, seu fervor, sua devoção, seu zelo, a fim de reconhecer e responder ao convite sempre presente que Deus lhe faz para que você se relacione com o seu Criador.

1

AGAR: COMPAIXÃO POR ALMAS [1]

...e, afastando-se, foi sentar-se defronte, à distância de um tiro de arco; porque dizia: Assim, não verei morrer o menino; e, sentando-se em frente dele, levantou a voz e chorou. —Gênesis 21:16

Vamos aqui, brevemente, relatar as circunstâncias. O filho Isaque deveria, conforme a promessa de Deus, ser o herdeiro de Abraão. Ismael, o filho mais velho de Abraão, com a serva Agar, viveu em casa com seu pai até quase seus 18 anos. Mas, quando ele passou a zombar e ridicularizar o filho mais novo a quem Deus tinha estabelecido como herdeiro, tornou-se necessário que Ismael e sua mãe fossem mandados embora do acampamento de Abraão. Embora possa parecer cruel e

[1] Sermão n.º 974, ministrado na manhã do dia do Senhor, 5 de fevereiro de 1871 no *Metropolitan Tabernacle*, Newington.

impiedoso tê-los expulsado, Deus, tendo ordenado provisão para eles, enviou um comando divino que imediatamente tornou a expulsão deles necessária e garantiu seu sucesso. Podemos estar certos: seja o que for que Deus ordene, Ele certamente o justificará. O Senhor sabia que não seria crueldade com Agar ou Ismael ser conduzido à independência e Deus deu uma promessa que lhes garantia tudo o que desejavam. "Mas também do filho da serva farei uma grande nação..." (Gn 21:13) e, ainda, "...abençoá-lo-ei, fá-lo-ei fecundo e o multiplicarei extraordinariamente; gerará doze príncipes, e dele farei uma grande nação" (Gn 17:20). Tivessem os dois sido capazes de ir adiante saindo da tenda da família de Abraão em fé, poderiam ter trilhado o deserto com pegadas de júbilo, plenamente assegurados de que o Senhor, que lhes ordenou que fossem e que prometeu que os abençoaria, certamente proveria tudo o que lhes era necessário.

Logo cedo pela manhã foram dispensados para a sua jornada com toda a provisão que podiam carregar e provavelmente planejavam ir até o Egito, de onde Agar viera. Talvez eles tenham se perdido pelo caminho; independentemente do que tenha ocorrido, são chamados de errantes. Seu estoque de alimento se esgotou, e toda água no odre foi consumida, ambos sentiam a fadiga do deserto e o calor da impiedosa areia. Os dois estavam desfalecendo e exaustos e o mais jovem perdeu as forças por completo. Enquanto a mãe pôde sustentar os passos cambaleantes e débeis de seu menino, ela o fez; e quando já não mais podia fazê-lo, ele sofreu uma síncope pela fraqueza, e ela o deitou sob a tênue sombra da tamargueira do deserto, para que, na medida do possível, ele pudesse ser protegido do calor excessivo do sol. Olhando para seu rosto e vendo a palidez da morte vindoura que se aproximava, ciente de sua incapacidade de fazer algo que fosse para restabelecê-lo ou mesmo para lhe preservar a vida, ela não podia suportar sentar-se e olhar o rosto do menino, mas retirou-se a distância suficiente para ainda conseguir observar com todo o cuidado materno. Ela se sentou na prostração de seu espírito, suas lágrimas jorravam em torrentes e clamores penosos de agonia alarmavam as rochas ao redor.

Era necessário que o espírito altivo da mãe e de seu filho fosse quebrantado antes que eles recebessem abundância. A mãe fora, em ocasião anterior, graciosamente subjugada ao ser colocada em condição muito similar, mas provavelmente recaiu em um espírito altivo, e encorajou o próprio filho em sua insolência com o filho de Sara, e, portanto, deve ser disciplinada uma vez mais. E foi igualmente necessário que o menino de espírito soberbo carregasse, ainda que por pouco, o jugo em sua juventude e que crescesse para se tornar o homem selvagem, o pai dos inconquistáveis árabes, sentisse o poder de Deus antes que recebesse o cumprimento da promessa a ele dada em resposta à oração de Abraão. Se eu li o texto corretamente, enquanto a mãe chorava, a criança, quase perdida por completo, estava, no entanto, consciente o suficiente de sua própria condição de desamparo e suficientemente atenta ao Deus de seu pai para em sua alma clamar ao Céu por socorro; e o Senhor ouviu não tanto o lamento da mãe (a fraqueza de sua fé, que deveria ser mais forte em memória de uma libertação anterior, impediu sua oração), mas o silêncio, as orações não proferidas da criança desfalecente subiram aos ouvidos de Elohim, e o anjo de Elohim apareceu e mostrou o poço. O menino recebeu o gole de água necessário, logo foi restaurado, e nele e em sua descendência, a promessa de Deus recebeu, e continua a receber, cumprimento considerável. Não estou prestes a falar sobre a narrativa em si, exceto no que ela me serve de ilustração para o assunto que eu agora desejo insistir com vocês.

Contemple a compaixão de uma mãe por seu filho sedento e lembre-se de que tal compaixão todos os cristãos devem sentir pelas almas que estão perecendo por causa da falta de Cristo, morrendo eternamente, sem esperança de salvação. Tendo a mãe elevado sua voz e clamado, devemos nós também fazê-lo, e se contemplar seu filho moribundo foi doloroso demais para ela, assim o contemplar da ira vindoura, que virá sobre toda alma que morre impenitente, deve tornar-se doloroso demais para nós; entretanto, ao mesmo tempo, deveria nos estimular à sincera oração e esforço fervoroso pela salvação de nossos semelhantes.

Falarei nesta manhã sobre *compaixão por almas, as razões que a justificam, a visão que teme, a tentação contra a qual deve lutar, os caminhos que deveria prosseguir, o encorajamento que pode receber.*

1. Compaixão por almas — as razões que a justificam; não, que a impelem.

É quase desnecessário que eu faça mais do que repassar em um esboço as razões pelas quais deveríamos ser sensivelmente compassivos com os filhos dos homens que perecem. Primeiro, observe a terrível natureza da calamidade que lhes assolará. As calamidades que ocorrerem a nossos semelhantes despertam naturalmente em nós um sentimento de comiseração, mas que calamidade sob o céu pode se igualar à ruína da alma? Que miséria pode igualar-se àquela do homem lançado fora de Deus e sujeito a Seu mundo de ira infindável? Hoje o coração de vocês se comove ao ouvir os pungentes detalhes da guerra[2]. De fato, têm sido aterrorizantes: casas queimadas, famílias felizes conduzidas como vadios na face da Terra, convívios domésticos e lares tranquilos despedaçados, homens feridos, mutilados, massacrados aos milhares e famintos. Eu estava prestes a dizer: "aos milhões", mas as misérias da guerra, se estivessem confinadas a este mundo somente, nada seriam se comparadas à gigantesca catástrofe de dezenas de milhares de espíritos amaldiçoados pelo pecado e levados, pela justiça, ao lugar em que "...os vermes nunca morrem e o fogo nunca se apaga..." (Mc 9:44 NVT). A ponta da espada finalmente está cega, a chama da guerra se apaga pela falta de combustível, mas eis que vejo diante de mim uma espada que jamais se aquieta, um fogo que não se apaga. Ai de mim! As almas dos homens caírem sob a infinita ira da justiça.

O coração de todos vocês foi finalmente tocado pela ideia da fome, a fome em uma cidade grande. Os cães da guerra (e este mastim, o mais feroz de todos eles) agarraram a leal garganta da bela cidade, que pensava sentar-se para sempre como uma dama e jamais presenciar o sofrimento. Vocês se apressam com suas ofertas, para, se possível, remover a premente necessidade e prevenir a inanição da cidade; mas o que é a fome de pão comparada à fome da alma que nosso Senhor descreve, quando a representa como suplicar em vão por uma gota de água em busca de refresco para a língua atormentada pela chama?

[2] Guerra Franco-Prussiana entre 1870 e 1871.

Não ter pão para o corpo é terrível, mas não ter o Pão da vida eterna, nenhum de nós pode relatar o horror que há nisso! Quando o pastor Robert Hall em um dos grandes voos de sua eloquência retratou o funeral de uma alma perdida, ele fez o Sol velar sua luz e a Lua o seu brilho; ele cobriu o oceano com lamento e os Céus com pano de saco e declarou que, se todo o tecido da natureza pudesse ganhar vida e expressão vocal, não seria possível para ela pronunciar um gemido tão profundo, ou um clamor tão lancinante para expressar a magnitude e a extensão de tal catástrofe. O tempo não é longo o suficiente para o doloroso pesar que deveria acompanhar as exéquias de uma alma perdida. A eternidade deve ser carregada dessa aflição sem fim e deve pronunciá-la em pranto, lamúria e ranger de dentes. Nem as línguas dos profetas, nem de serafins poderiam anunciar toda a tristeza do que deverá ser condenado pela boca da misericórdia, amaldiçoado pelo Salvador que morreu para salvar, declarado maldito pelo amor rejeitado. O mal é tão desmesurado de modo que a imaginação não encontra lugar e o entendimento falha por completo. Irmãos, se nossas entranhas não se apiedam por homens que diariamente apressam-se em direção à destruição, somos de fato humanos?

Eu poderia justificar amplamente a compaixão por pessoas que estão perecendo, até mesmo com base em *sentimentos naturais*. Uma mãe que não chorou, como Agar, por seu filho moribundo, não deve ser chamada de "mãe", chame-a de "monstro". Um homem que passa pelas cenas de miséria que até mesmo esta cidade apresenta em seus quarteirões mais sórdidos e, contudo, nunca se sente conturbado por elas, ouso dizer que ele é indigno de ser chamado homem. Até mesmo as dificuldades comuns de nossa raça bem podem marejar nossos olhos, mas, com relação à dor eterna, ao infinito lago de miséria — aquele que não sofre por isso, declare-o um demônio, embora ele tenha a imagem e a aparência de um homem. Não menospreze esse argumento porque o baseio em sentimentos comuns a todos nascidos de mulher, pois lembre-se de que a graça não destrói nossa masculinidade quando a eleva a uma condição mais nobre.

Neste caso, o que a natureza sugere a graça aplica. Quanto mais nos tornamos o que devemos ser, mais a compaixão regerá o nosso coração. O que o Senhor Jesus Cristo, que é o padrão e espelho da perfeita masculinidade, disse sobre os pecados e as aflições de Jerusalém? Ele sabia que Jerusalém pereceria. Teria Ele enterrado Sua piedade sob o fato do decreto divino e endurecido Seu coração por considerar a soberania ou a justiça que resplandeceria com a destruição da cidade? Não; não Ele. Antes, com olhos jorrando como fontes, Ele exclamou: "Jerusalém, Jerusalém, [...] Quantas vezes quis eu reunir os teus filhos, como a galinha ajunta os seus pintinhos debaixo das asas, e vós não o quisestes!" (Mt 23:37). Caso vocês desejem ser como Jesus, devem ser ternos e muito compassivos. Vocês seriam o mais diferente dele possível se conseguissem se sentar com sombria satisfação e, com uma filosofia estoica, transformar toda carne dentro de vocês em pedra. Se for natural então e, acima de tudo, natural para a natureza superior concedida pela graça, suplico a vocês que deixem seu coração ser comovido com a piedade, não suportem assistir à morte espiritual da humanidade. Agoniem-se sempre que contemplarem a ruína de qualquer alma da semente de Adão.

Irmãos, *toda a jornada e curso, teor e espírito do evangelho* nos influenciam à compaixão. Vocês são devedores, pois o que seriam de vocês se a compaixão não tivesse vindo em seu socorro? A compaixão divina, totalmente imerecida e gratuita, os redimiu de suas vãs conversações. Certamente aqueles que recebem misericórdia deveriam demonstrar misericórdia; aqueles que devem tudo o que têm à piedade divina não deveriam ser impiedosos com seus irmãos. O Salvador nunca, por um momento sequer, tolera o isolamento hipócrita que faria vocês desprezarem o pródigo e desdenhar de sua restauração, muito menos o espírito cainita que questiona: "...sou eu tutor de meu irmão?" (Gn 4:9). Nenhuma doutrina é devidamente recebida por vocês se ela impede o amável curso da sua compaixão cristã. Vocês podem conhecer a verdade da doutrina, mas não conhecem a doutrina verdadeiramente se ela os faz contemplar a ira vindoura sem comoções de piedade pelas almas mortais. Vocês encontrarão, em toda parte pelo evangelho, o ressoar de amor fraternal, a doce misericórdia e a piedade pranteadora. Tendo vocês, de fato, o recebido em seu poder, o amor de Cristo amolecerá seu espírito para compadecer-se daqueles que têm desprezado a Cristo e selado sua própria destruição.

Permita-me suplicar-lhes que creiam que é *necessário* assim como justificável que vocês devam compadecer-se dos filhos dos homens. Todos vocês desejam glorificar Cristo tornando-se ganhadores de almas — espero que sim — e lembrem-se de que, em outros iguais aspectos, aquele que mais se compadece de almas é mais adequado nas mãos de Deus para ganhá-las. Creio que prega melhor aquele que ama melhor; e na Escola Dominical e na vida privada, cada um que busca almas terá a bênção sobremaneira em proporção a seu anseio por isso. Paulo se tornou um salvador de muitos porque o desejo do coração dele e a sua oração a Deus era para que fossem salvos. Caso você *possa* viver sem almas sendo convertidas, você viverá sem que sejam convertidas; mas, se sua alma se quebranta pelo anseio que tem pela glória de Cristo e a conversão dos ímpios, se, como a mulher da antiguidade, você diz: "Dá-me filhos, senão morrerei" (Gn 30:1), essa fome insaciável será satisfeita, a avidez de seu espírito será gratificada. Ó, gostaria que Deus provocasse em nós uma fome divina que não poderia ser saciada a menos que os homens se entregassem a Jesus; um desejo intenso, sincero, ansioso, anelante de que homens se submetam ao evangelho de Jesus. Isso ensinará vocês a como lidar com o coração humano melhor do que o mais conceituado treinamento universitário. Isso dará à língua que gagueja a palavra pronta; o coração ardente queimará as cordas que prendiam a língua. Vocês se tornarão sábios para ganhar almas, embora nunca tenham exibido o brilhantismo da eloquência ou a força da lógica. Homens se surpreenderão com o seu poder — e a eles ficará oculto o segredo da ação do Espírito Santo que ofuscará vocês, e assim Seu coração ensinará sabedoria a vocês, de fato será Deus ensinando sabedoria ao seu coração. Os profundos sentimentos de sua parte por outros farão outros sentirem por si mesmos, e Deus abençoará vocês, muito em breve.

Mas não estou aqui para me delongar a fim de justificar o que muito preferiria recomendar e pessoalmente sentir.

Tendo Cristo por pecadores chorado
Por lágrimas não seremos tomados?
Que torrentes de pesar consagrado
Fluam de olhos encharcados.[3]

[3] Tradução livre de uma das estrofes do hino *Did Christ o'er sinners weep?*, de Benjamin Beddome (1717–95).

Sendo Deus plenamente amor, Seus filhos serão rígidos e frios? Será o Céu compassivo e a Terra, que recebeu a misericórdia do ouvinte, enviará de volta o eco da compaixão? Ó Deus, faz-nos Teus imitadores em Tua piedade para com homens transgressores.

2. *Passaremos a observar* a cena que a verdadeira compaixão teme.

Como Agar, o espírito compassivo diz: "Não me deixe ver a morte da criança", ou como alguns leram: "Como posso ver a morte da criança?". Contemplar o falecimento da alma sem esperança é tarefa terrível demais! Não me surpreende que pessoas engenhosas tenham criado teorias com o objetivo de mitigar, para o impenitente, os terrores do mundo porvir. É natural que assim façam, pois os fatos são alarmantes demais quando nos são apresentados verdadeiramente na Palavra de Deus, de modo que, se desejamos pregar uma doutrina confortável que acalmará as consciências de professos ociosos, devemos diluir a terrível verdade. A revelação de Deus concernente à condenação dos ímpios é tão esmagadora a ponto de ser punível; não, eu estava prestes a dizer execrável, de modo que não se pode ser indiferente ou descuidado na evangelização do mundo. Não me surpreendo por tal erro na doutrina surgir apenas agora quando a abundante insensibilidade de coração necessita de desculpa para si. Que melhor travesseiro para mentes ociosas, senão a doutrina de que o irrevogável impenitente se extingue? O raciocínio lógico do pecador é: "Comamos e bebamos, que amanhã morreremos" (Is 22:13). E o cristão professo não tarda em sentir alívio de coração por responsabilidades urgentes quando aceita uma opinião tão consoladora. Abstenham-se dessa proposta dormente, rogo a vocês, pois de fato o incisivo estimulante da verdade em si é abundantemente necessário. Mesmo quando assim incitados ao dever, somos morosos o suficiente e não precisamos que essas doces, mas amortecedoras, teorias atuem em nós.

Por um momento, suplico-lhes, contemplem aquilo que causa horror a qualquer coração sensível; contemplem, eu rogo a vocês, uma alma perdida, perdida além de qualquer esperança de restituição. Os portões celestiais se fecharam com os santificados e as miríades de redimidos ali estão, mas essa alma não está entre eles, pois se foi deste mundo sem ter lavado suas vestes no sangue de Jesus. Para ela não há harpas de ouro, ou tronos de glória, não há alegria com Cristo, para sempre excluída de toda a bem-aventurança do Céu. Tal punição pela perda seria tema pesado o suficiente para contemplação. Os antigos santos costumavam falar muito sobre *poena damni*, ou a punição da perda. Haveria o suficiente nessa fase do futuro para nos fazer lamentar amargamente, como Davi lamentou por Absalão. Meu filho, excluído do Céu! Meu marido, ausente dos assentos dos benditos! Minha irmã, meu irmão, fora da glória! Quando meu Senhor contar Seus escolhidos, estará meu caro companheiro fora dos portões de pérola, fora das muralhas cravejadas de Jerusalém! Ó Deus, é uma imensa tristeza pensar nisso. Então vem a punição acrescida à perda. O que diz o Salvador? "...os vermes nunca morrem e o fogo nunca se apaga..." (Mc 9:44 NVT). "E irão estes para o castigo eterno..." (Mt 25:46). E ainda: "e castigá-lo-á, lançando-lhe a sorte com os hipócritas..." (Mt 24:51), e novamente: "ali haverá choro e ranger de dentes" (Mt 13:42).

"Metáforas", você diz. De fato, são, mas não metáforas insignificantes. Há um significado em cada expressão — e tenha certeza de que, embora certas vezes as metáforas humanas exagerem, as de Deus jamais. Seus símbolos são verdade em todos os aspectos, nunca há exagero na linguagem de inspiração. Extravagâncias de elocução! O Senhor não as utiliza, Suas figuras são verdade substancial. Por mais terríveis que os emblemas das Escrituras sejam, expõem questões de fato indubitável, para as quais, se um homem pudesse olhar hoje, a visão embranqueceria seus cabelos e escureceria seus olhos. Caso pudéssemos ouvir os gemidos do abismo por um momento, deveríamos rogar seriamente para que nunca mais os ouvíssemos novamente. Temos que agradecer a Deus por não nos ser permitido ouvir os dolorosos clamores dos perdidos, pois, se ouvíssemos, fariam nossa vida tão amarga quanto o fel. Lanço um véu sobre o que não posso retratar; como Agar, a horrorosa realidade sobre a qual pensar parte meu coração, é algo que não posso suportar olhar.

Como tudo isso se torna ainda mais intenso quando se trata de nosso próprio filho, nosso próprio amigo! Agar talvez já tivesse visto uma criança moribunda, mas não o seu Ismael expirante! Você consegue suportar agora pensar por um momento na perdição daqueles de seu sangue? Seu espírito não cambaleia e recua horrorizado, instintivamente, com a ideia de que um de sua família se perca? Contudo, ainda que seja um fato grave, você sabe que alguns estarão perdidos se morrerem como estão vivendo agora? Eles não poderão estar à destra de Deus a menos que sejam novas criaturas em Cristo Jesus. Você sabe disso, não tente esquecer.

Aumentará muito o seu sentimento de pesar se você for forçado a sentir que a ruína de seu filho ou de qualquer outra pessoa possa ter sido, em parte, causada por seu exemplo. Deve ser aterrorizante um pai sentir: “Meu menino aprendeu a beber comigo, meu filho ouviu a primeira palavra blasfema dos lábios de seu pai”. Ou para uma mãe se sua filha moribunda disser: “Fui levada à tentação pelo exemplo de minha mãe”, que sofrimento será! Pais convertidos mais tarde em sua vida, vocês não podem desfazer o mal que já causaram. Deus os perdoou, mas o dano causado no caráter de seus filhos é indelével, a menos que a graça de Deus entre em ação. Quero que vocês busquem a graça com grande fervor. Assim como devem confessar que contribuíram em educar seu filho como servo do pecado, não ansiarão ver seu trabalho maligno desfeito antes que culmine na destruição eterna dele?

Caso sintamos que a ruína de qualquer um de nossos amigos ou relacionamentos é, em parte, ocasionada por nossa própria negligência da religião, isso nos causará dores amargas. O nosso exemplo até pode ter sido excelente e admirável em todos os aspectos, mas, caso tenhamos nos esquecido de Deus e de Seu Cristo, terá sido todavia prejudicial à alma dos homens. Eu, certas vezes, penso que tais exemplos são os piores possíveis em seu efeito. Homens imorais e impiedosos dificilmente conseguem praticar a mesma medida de maldade que homens morais — porém não cristãos. Vou dizer-lhes o porquê. O ímpio cita a vida metódica do moralista como um argumento para que haja bondade à parte do cristianismo, e isso, frequentemente, colabora para que homens descansem satisfeitos, distantes de Cristo Jesus. E o que dizer de você, ó moralista, que, embora não tenha ensinado vício algum a seu filho, ensinou-lhe a incredulidade e, com seu exemplo, ajudou a prejudicar o coração dele em ousada rebelião contra Deus? Ah, então, como você culpará a si mesmo quando finalmente converter-se, ou se amaldiçoará se tanto você quanto seu filho perecerem.

Caros amigos, é um terrível acréscimo à visão de uma alma perdida o sentimento de que temos responsabilidade com relação a isso e de que fomos, em qualquer medida, infiéis. Não posso suportar a ideia de que qualquer um de minha congregação pereça, pois, em acréscimo à compaixão que eu espero sentir, sou influenciado por consideração posterior, visto que fui designado como sentinela da alma de vocês. Quando qualquer um morre, eu me pergunto: "Fui fiel? Falei toda a verdade? E falei-a do fundo de minha alma todas as vezes em que preguei?". John Walsh, o famoso pregador escocês, frequentemente saía da cama na noite gelada, ficava por horas a fio em súplica; e, quando alguém perguntava por que ele passava tantas horas ajoelhado, ele dizia: "Ah, meu caro, tenho 3.000 almas das quais prestar contas no dia do julgamento e não sei quando lhes ocorre alguma adversidade". Ai de mim! Tenho mais do que isso para prestar contas e bem farei eu em clamar a Deus para que não veja nenhuma alma perecer. Vocês, também, meus companheiros cristãos, têm suas próprias responsabilidades, cada um em sua medida — seus filhos, suas turmas de escola, seus empregados, sim, e seus vizinhos, pois, se não fazem bem algum às regiões em que habitam e por elas não assumem responsabilidade alguma, essa responsabilidade, todavia, recai sobre vocês da mesma forma. Não se pode viver em um bairro sem ser responsável diante de Deus por fazer algo para melhorar a vida das pessoas no meio das quais você reside. Vocês suportariam então que seus vizinhos afundassem no inferno? O seu coração não anseia pela salvação deles?

Não é terrível o fato de que uma alma venha a perecer tendo o evangelho tão próximo? Tivesse Ismael morrido, a água à distância de um tiro de arco e, contudo, despercebida até que fosse tarde demais, seria pavorosa imagem para a mãe. Não teria arrancado os cabelos em duplo pesar? Entretanto muitos de vocês estão se perdendo enquanto o evangelho ressoa em seus ouvidos; estão perecendo enquanto Cristo é exaltado diante de vocês; morrem no acampamento pela picada da serpente, embora a serpente de bronze esteja logo ali diante de seus olhos. Com muitas lágrimas, clamamos a vocês: "Olhem para Jesus e vivam!". Ah, ai de mim, se perecerem quando a salvação é trazida para tão perto de vocês. Alguns de vocês estão muito próximos do reino de Deus. Vocês são muitos ansiosos, estão preocupados demais, mas não creem em Jesus; têm muito do que é bom, mas lhes falta uma coisa. Perecerão pela falta de uma única coisa? Milhares de lástimas ocorrerão se naufragarem exatamente à frente do porto e forem conduzidos ao inferno estando diante dos portões do Céu.

Devemos acrescentar a tudo isso a lembrança de que não é uma alma que está perdida, mas dezenas de milhares estão caindo nessa cova. O Sr. Beecher disse em um de seus sermões: "Caso houvesse um enorme sino pendurado em elevada altura no Céu, o qual os anjos fizessem ressoar sempre que uma alma fosse perdida, com que constância o som de sua solene badalada seria ouvido!". Uma alma perdida! Um trovão não seria suficiente, como toque de finados, para um espírito perdido. Cada vez que o relógio marca um segundo, uma alma parte deste mundo, talvez com frequência ainda maior; e, destas que fazem sua última jornada, quão poucas ascendem aos Céus; que multidões descem aos infindáveis ais! Ó cristãos, abram as comportas de suas almas e deixem o coração de vocês jorrar-se em rios de compaixão.

3. Em terceiro lugar, disse que falaria sobre a compaixão pela alma dos homens — a tentação contra a qual se deve lutar.

Não devemos cair na tentação de imitar tão minuciosamente o exemplo de Agar. Ela colocou seu filho sob arbustos e virou-se para não ver uma cena tão pesarosa. Não suportaria olhar, mas sentou-se onde pudesse assistir em desespero. Há uma inclinação em cada um de nós de tentar esquecer que almas estão se perdendo. Posso ir para casa passando por ruas respeitáveis e, naturalmente, deveria escolher tal caminho, pois assim não preciso contemplar a pobreza dos quarteirões mais desafortunados da cidade. No entanto estou eu certo se tento esquecer que existe Bethnal Greens[4] e Kent Street[5] entre outras moradias miseráveis? Os becos, os porões, os sótãos lotados, os abrigos — devo esquecer-me de que existem? De fato, a única forma de uma mente caridosa dormir confortavelmente em Londres é esquecer-se de como metade da população vive; mas é nosso objetivo viver na comodidade? Somos animais tão brutos que têm o conforto como principal interesse, como porcos em seu chiqueiro? Não, irmãos, tragamos à nossa memória os pecados de nossa grande cidade, seus sofrimentos e pesares e lembremo-nos também dos pecados e

[4] Na época, um dos bairros mais pobres de Londres.

[5] Uma rua conhecida por ser frequentada, na época, por ladrões e mendigos.

sofrimentos do vasto, amplo mundo e das dezenas de milhares de nossa raça que constantemente passam para a eternidade. Sim, olhemos para eles! Não fechemos nossos olhos! O terror de tal visão faz seus olhos doerem? Então olhe até que seu coração também doa e seu espírito irrompa em veemente agonia diante do Senhor.

Olhe um momento para o inferno; abra bem a porta; ouça e ouça novamente. Você diz que não consegue, que adoece sua alma. Deixe-a adoecer e, em seu esmorecimento, deixe-a cair nos braços de Cristo, o Salvador, e solte um brado para que Ele se apresse em salvar homens da ira vindoura. Oro para que vocês não ignorem o que, de fato, existe. É um fato que nesta congregação muitos estão descendo ao inferno, que nesta cidade há multidões que estão tão certamente apressando-se à perdição como o tempo apressa-se para a eternidade. Não é sonho, não é ficção de um cérebro febril o fato de que há um inferno. Se é assim que vocês pensam, então por que ousam chamarem-se cristãos? Renunciem sua Bíblia, renunciem seu batismo, renunciem sua profissão de fé se uma centelha de honestidade ainda resta em vocês. Não se chamem cristãos quando negam o ensino de seu Mestre. Dado que certamente há um aterrorizante inferno, não fechem seus olhos a ele, não coloquem a alma de seus companheiros entre os arbustos e não se sentem em indolência. Venham e vejam, venham e vejam, eu digo, até que o coração de vocês se quebrante com o que veem. Ouçam os clamores de homens moribundos cujas consciências foram despertadas tarde demais. Ouçam os gemidos de espíritos que sentem as consequências inegáveis do pecado, onde a cura para o pecado nunca os favorecerá. Deixem que isso lhes instigue, meus irmãos, à ação — a agir imediata e intensamente. Vocês me dizem que prego coisas pavorosas; sim, e são necessárias, elas são necessárias. Houve Era tão afortunada como esta? Houve antes pessoas tão sonolentas como nós? Tomem cuidado para que não tenham lamentável primazia, em relação a todos os outros, nas acusações da consciência, porque, conhecendo o evangelho e dele usufruindo, vocês, contudo, esforçam-se tão pouco para difundi-lo mundo afora entre a raça humana. Evitemos a tentação que o exemplo de Agar pode sugerir.

4. Falarei agora sobre o trajeto que a compaixão certamente seguirá*; e o que é isso.*

Primeiro de tudo, a *verdadeira piedade faz tudo o que pode.* Antes que Agar se sentasse e chorasse, ela havia feito o máximo por seu filho; havia dado a ele a última gota de água do odre, suportara os passos cambaleantes do menino, havia buscado o lugar sob os arbustos onde ele pudesse ter certo abrigo, ela o havia colocado lá gentilmente com palavras reconfortantes e, então, mas não antes disso, sentou-se. Chegamos ao ponto de fazer tudo o que pode ser feito pelos não convertidos ao nosso redor? Há causas evitáveis à ruína dos homens. Em algumas causas, você e eu não podemos intervir, mas há outras que devemos extinguir imediatamente. Por exemplo, é certo que muitos perecem por conta da ignorância [com relação ao evangelho], porém jamais deveria ocorrer que uma alma perecesse, em um raio de um quilômetro de distância da residência de um cristão, por tal ignorância. Eu ainda designaria áreas mais vastas em regiões onde a população não é tão numerosa. Deveria, ao menos, ser a decisão de cada cristão:

"Dentro deste bairro onde moro, até onde minha habilidade permite, todos conhecerão o evangelho de uma forma ou outra. Caso eu não possa falar a cada um, enviarei algo para que leiam. Não será dito que um homem perdeu seu caminho para sempre por não possuir uma Bíblia". Somente o Espírito Santo pode levar os homens à verdade, mas é nossa parte colocar a letra da Palavra diante dos olhos das pessoas.

O preconceito, também, é outra causa evitável da incredulidade. Alguns não ouvirão o evangelho, ou não darão atenção ele, devido às noções que têm da severidade deste, ou à taciturnidade daqueles que o professam. Tal preconceito pode eficazmente fechar o coração deles; é responsabilidade sua removê-lo. Seja bondoso com o impiedoso, seja amável, seja afetuoso, seja acolhedor, seja generoso com eles de modo que você remova toda antipatia dispensável ao evangelho de Jesus. Faça-lhes todo o bem que puder em prol do corpo deles, de modo que tenham mais inclinação a acreditar em seu amor por suas almas. Que seja dito por todos aqui: "Se uma alma perecer, eu, ao menos, terei feito tudo que estava ao meu alcance para reavê-la".

Mas o que mais a compaixão faz? Tendo feito tudo o que pode, ela se senta e lamenta sua própria debilidade. Eu não tenho o *páthos*[6] com o qual descrever a vocês a mãe ali sentada e derramando lágrimas, elevando sua voz pleiteante por seu filho. A voz de um coração partido não pode ser descrita, deve ser ouvida. Mas, ah! Existe um maravilhoso poder em Deus no forte clamor e nas lágrimas do Seu povo. Caso você saiba como chorar diante do Senhor, Ele cederá às lágrimas

[6] Poder de evocar piedade, compaixão.

o que não cederá a nada além delas. Ó, vocês santos, pecadores compassivos, suspirem e clamem por eles, estejam aptos a dizer como Whitefield pôde falar à sua congregação: "Senhores, estando vocês perdidos, não é por falta do meu clamor por vocês, pois derramo minha alma dia e noite em petições a Deus para que vivam". Quando a compaixão de Agar havia se esvaído em lamento, ela olhou para Deus e Ele a ouviu. Cuide para que suas orações por aqueles que estão morrendo sem esperança sejam abundantes e contínuas.

O que mais Agar nos ensina? Ela permaneceu ali pronta para fazer qualquer coisa que fosse necessária após o Senhor haver se interposto. O anjo abriu seus olhos. Até então, ela estava impotente e, sentada, chorava e orava, mas, quando o anjo apontou para o poço, demorou-se ela por um minuto? Estava despreparada com o odre com o qual retirar água? Delongou-se em colocar água nos lábios de seu filho? Foi negligente na bendita tarefa? Ó não! Com que exultação ela saltou para o poço; com que velocidade encheu o odre; com que alegria materna ela apressou-se até seu filho e lhe deu o gole salvador! E assim eu quero que todos os membros aqui se coloquem prontos para distinguir a mais ínfima indicação de graça em qualquer alma. Estejam sempre atentos ao início de sua conversão, estejam prontos com o odre da promessa para levar algum consolo a seus lábios rachados; estejam alertas com a seriedade de uma mãe, prestem atenção à oportunidade de fazer o bem às almas; anseiem por elas de modo que quando Deus agir, vocês — *instantaneamente* — agirão com Ele, e Jesus não será impedido por sua negligência e falta de fé. Esse é o caminho que o verdadeiro cristão deve seguir. Ele trata almas com seriedade e, portanto, se coloca à disposição por elas. Caso realmente soubéssemos o que são almas e o que significa serem rejeitadas, aqueles de nós que muito pouco ou nada fizeram passariam a trabalhar diretamente para Cristo.

Conta-se em uma antiga história clássica que certo rei de Lídia tinha um filho que desde o nascimento fora mudo, mas, quando Lídia foi capturada, um soldado estava prestes a matar o rei quando o jovem repentinamente encontrou palavras e bradou: "Soldado, você ousaria matar o rei?". Ele nunca havia pronunciado uma única palavra, mas seu espanto e medo lhe deram fala. Creio que, se vocês têm estado mudos até este momento, se, de fato, vissem seus filhos e vizinhos descendo ao abismo, bradariam: "Embora nunca tenha falado, falarei agora. Pobres almas, creiam em Cristo e serão salvas". Vocês não sabem como tal declaração, embora simples, será bendita.

Uma criança muito pequena certa vez se encontrou em companhia de um homem idoso em seus pouco mais de 80 anos, um idoso de boa aparência que amava crianças e que colocou a criança sentada em seus joelhos. Este pequenino voltou-se para ele e perguntou: "Senhor, eu tenho um vovô igual ao senhor e ele ama Jesus. O senhor também?". O idoso respondeu: "Eu tinha 84 anos e vivi entre cristãos, mas ninguém jamais pensou que valia a pena dizer algo tão simples para mim". Aquela pequena criança foi o instrumento da conversão daquele idoso. Assim ouvi essa história. Ele sabia que não amava o Senhor, e passou a buscá-lo, e em sua velhice encontrou salvação. Sendo esse bocado possível a uma criança, é possível a você. Ó caro irmão, se você ama Jesus, rompa as amarras da timidez ou, quem sabe, da passividade; rompa os grilhões e, a partir deste dia, sinta que não pode suportar pensar na ruína de uma alma e deve buscar a salvação dela se houver na Terra ou no Céu formas e meios pelos quais você possa ser uma bênção para ela.

5. Mas devo encerrar e o último ponto será **o encorajamento que a verdadeira compaixão pelas almas sempre recebe.**

Primeiro vamos abordar o caso. A mãe compassiva; Deus, também, compassivo. Você tem piedade; Deus tem piedade. Os moveres do Espírito de Deus na alma das pessoas de Seu povo são as pegadas dos propósitos eterno de Deus, prestes a serem cumpridos. É sempre um sinal de esperança para um homem o fato de que alguém ora por ele. Há uma dificuldade em levar ao inferno um homem a quem um filho de Deus está atraindo ao Céu por suas intercessões. Por meio da intercessão dos santos, Satanás é frequentemente derrotado em suas tentações. Tenham esperança, então, de que sua noção pessoal de compaixão pelas almas é uma indicação de que Deus abençoará tais pessoas. Ismael, por quem Agar tinha compaixão, era um menino sobre quem promessas foram feitas, promessas grandes e vastas. Ele não podia morrer; ela havia se esquecido disso, mas Deus não. Sede alguma poderia destruí-lo, pois o Senhor havia dito que faria de Ismael uma grande nação. Esperemos que aqueles por quem você e eu oramos e lutamos estejam no propósito eterno de Deus, protegidos do inferno, pois o sangue de Cristo comprou-os e devem pertencer ao Senhor. Nossas orações são insígnias da vontade de Deus. O Espírito Santo nos leva a orar por aqueles a quem Ele pretende efetivamente chamar.

Além disso, podemos não saber, mas pode haver sobre a alma daqueles por quem oramos, neste momento, um mover da vida divina. Agar não sabia que seu filho estava orando, mas Deus sabia. O menino não falava, mas Deus ouviu seu clamor. Crianças, frequentemente, são muito reticentes com seus pais. Muitas e muitas vezes conversei com pequeninos sobre a alma deles e me disseram que não podiam falar com seus pais sobre tais questões. Sei que comigo foi assim. Quando eu me preocupava com as questões da alma, as últimas pessoas que elegeria para uma conversa sobre religião seriam meus pais. Não por falta de amor por eles, nem ausência de amor da parte deles, mas assim foi. Um estranho sentimento de retração permeia a alma que está em busca e a afasta de seus amigos. Aqueles por quem vocês têm orado podem também estar orando, e vocês não têm consciência disso; mas o tempo de amor virá quando anseios secretos de cada um deles forem revelados aos seus mais sinceros esforços.

No fim das contas, o menino foi preservado, o poço de águas foi revelado, e o odre colocado em seus lábios. Para você, será grande consolo crer que Deus ouvirá orações insistentes. Seu filho será salvo, seu marido será trazido de volta, boa mulher; apenas continue a orar. Seu vizinho será trazido para ouvir a verdade e ser convertido, apenas seja sincero quanto a isso.

Eu não sei como pregar nesta manhã, a língua não consegue falar prontamente quando o coração sente demais. Oro para que tenhamos grande avivamento da religião em nosso meio como igreja; meu espírito anseia por isso. Vejo um grande motor de enorme força e um maquinário bem projetado: tal máquina não pode funcionar por si só, não há força em si, mas, se conseguisse unir a máquina ao motor, quanto poderia ser feito! Eis que vejo a onipotência de Deus e a organização desta igreja. Ó, se eu pudesse unir os dois com uma correia! A correia é fé viva. Vocês a possuem? Irmãos, ajudem-me a passá-la em torno da engrenagem; ó, como Deus trabalhará! E Ele agirá por meio de Seu poder, e que coisas gloriosas serão feitas por Cristo! Devemos receber poder do alto, e a fé é o cinturão que transmite este poder a nós. A força divina será manifesta mediante a nossa fraqueza. Não deixem de orar. Intercedam pedindo uma bênção, mais do que já fizeram antes, e o Senhor nos abençoará, e todos os confins da Terra o temerão. Amém.

2

SARA E SUAS FILHAS [7]

Olhai para Abraão, vosso pai, e para Sara, que vos deu à luz... —Isaías 51:2

...como fazia Sara, que obedeceu a Abraão, chamando-lhe senhor, da qual vós vos tornastes filhas, praticando o bem e não temendo perturbação alguma. —1 Pedro 3:6

Desejo agradecer a Deus por ter tido o privilégio de pregar ontem no *Exeter Hall*[8], a uma grande congregação, sobre todo o segundo versículo de Isaías 51: "Olhai para

[7] Sermão nº 1633, ministrado na noite de quinta-feira, 28 de abril, no *Metropolitan Tabernacle*, Newington.

[8] Templo construído inicialmente para a realização de eventos religiosos como musicais e pregações.

Abraão, vosso pai, e para Sara, que vos deu à luz; porque era ele único, quando eu o chamei, o abençoei e o multipliquei". Nessa ocasião, limitei minhas considerações a Abraão e tentei salientar os fatos de que Deus o chamou enquanto ele ainda era um homem pagão, um único homem e solitário; contudo, o abençoou e fez dele o fundador de Seu povo, multiplicando sua semente como as estrelas no céu e a areia na costa. Rogo fervorosamente ao Senhor que aceite o meu testemunho de Seu poder e aumente a fé dos muitos servos Seus a quem eu falei em tal ocasião. Seu Santo Espírito me deu a palavra; que Ele faça os santos se alimentarem dela.

Agora, jamais apreciei agir com injustiça com alguém e sinto que, no referido sermão, não falei suficientemente sobre Sara, embora eu não a tenha esquecido completamente. Resolvamos, então, nossas omissões. Uma vez que falamos de Abraão no *Exeter Hall* ontem pela manhã, falaremos de Sara no tabernáculo hoje à noite e talvez aprendamos uma lição com seu santo caráter assim como com o caráter de seu marido; e as duas lições combinadas poderão aperfeiçoar-se uma à outra. Que nosso grande Professor, o Espírito Santo, agora nos instrua.

Para começar, percebamos que feliz circunstância é quando um homem piedoso e gracioso tem uma esposa igualmente piedosa e graciosa. É ruim quando há divergências, uma diferença radical, entre marido e mulher — quando um teme a Deus e o outro não tem respeito algum pelo Senhor. Que dor é para uma mulher cristã dividir o jugo com um marido incrédulo. Em um caso do qual me lembro, o marido viveu toda a sua vida indiferente às questões divinas, enquanto a esposa era uma cristã zelosa e viu todos os seus filhos crescerem nos caminhos do Senhor. O pai viveu sem experimentar o novo nascimento e morreu sem dar qualquer testemunho de mudança de coração.

Quando essa irmã se refere a ele, é com temerosa angústia. Ela não sabe o que dizer, mas deixa a questão nas mãos de Deus, frequentemente suspirando: "Ó, que por uma palavra ou olhar eu tenha sido capaz de produzir uma esperança, e que meu pobre marido tenha por fim olhado para Jesus". O mesmo caso deve ser o de um marido que tem uma esposa ímpia. Independentemente do quanto Deus possa abençoá-lo em todos os outros aspectos, parece haver uma grande perda aqui, como se parte do sol fosse eclipsado — que uma parte da vida que deveria ser toda luz é deixada em densa escuridão. Ó, que aqueles de nós que têm a felicidade de estarem unidos no Senhor agradeçam e bendigam a Deus todas as vezes que se lembrarem uns dos outros. Oremos a Deus para que, tendo tal privilégio, nossas orações não sejam obstruídas por parceiros incrédulos e para que nós mesmos jamais sejamos obstáculo às nossas orações. O Senhor nos conceda de glorificarmos o Seu nome devido a Seu seleto favor para conosco a esse respeito. Abraão tinha motivo para louvar a Deus por Sara, e Sara era grata por Abraão. Não tenho a menor dúvida de que o caráter de Sara devia sua excelência, em grande parte, a Abraão. Eu não deveria me surpreender, no entanto, se descobrirmos, quando todas as coisas forem reveladas, que Abraão devia exatamente o mesmo a Sara. Eles provavelmente aprenderam um com o outro; algumas vezes o mais fraco consolava o mais forte e frequentemente o mais forte sustentava o mais fraco. Eu não deveria me surpreender se uma troca mútua de suas muitas graças tendesse a enriquecer ambos nas questões divinas. Talvez Abraão não tivesse sido tudo o que ele foi se Sara não tivesse sido tudo o que ela foi. Nosso primeiro texto nos propõe: "Olhai para Sara" e nós olhamos para ela e agradecemos a Deus se, como Abraão, formos favorecidos com cônjuges piedosos cujos temperamentos agradáveis e caráteres amorosos tendem a nos tornar melhores servos de Deus.

Percebemos a seguir, ao olharmos para Sara, que Deus não esquece as luzes menores. Abraão reluz como uma estrela de primeira magnitude, e nós, de início, não observamos essa outra estrela, bem ao seu lado, com luz tão brilhante e pura, reluzindo com luminosidade mais branda, mas com esplendor semelhante. A luz de Manre[9], que é conhecida pelo nome de Abraão, se transforma em uma estrela dupla quando empregamos o telescópio de reflexão e observação. Ao olho comum, Abraão é o único personagem e pessoas comuns preterem sua fiel cônjuge, mas Deus não o faz. Nosso Deus nunca esquece os bons que são desconhecidos. Vocês podem estar certos de que o amor divino não faz acepção de pessoas por serem diferentes, a ponto de fazê-lo fixar Seus olhos naqueles que são fortes e esquecer aqueles que são fracos. Nossos olhos espiam coisas grandiosas, mas os olhos de Deus são tais que, para Ele, nada é grande e nada é pequeno. Ele é infinito e, portanto, nada pode se comparar a Ele. Vocês se lembram de como está escrito que Aquele que criou as estrelas e as chamou pelo nome também sara os de coração quebrantado e cura todas as suas feridas. Aquele que valoriza o nome de Seus apóstolos notava, também, as mulheres que integravam

[9] Manre refere-se a um antigo local religioso originalmente focado em uma única árvore sagrada. A árvore sob a qual Abraão armou sua tenda é conhecida como o carvalho ou terebinto de Manre.

Seu grupo. Ele, que distingue os confessos corajosos e os pregadores ousados do evangelho, também se lembra dos ajudantes que trabalham silenciosamente no evangelho em lugares retirados em que os olhos de gavião da história raramente bisbilhotam. Portanto aqueles aqui presentes que se consideram da tribo de Benjamin, isto é, pequenos em Israel, nunca se desencorajem com relação a isso, pois o Senhor é grandioso demais para desprezar os pequeninos. Vocês não foram esquecidos por Deus, ó vocês que são preteridos por homens. Os olhos do Senhor estão sobre todas as inumeráveis criaturas que rastejam no grande mar assim como sobre o leviatã; Ele observará você. Caso Ele mande chuvas inundantes que fortalecem os cedros, que são repletos de seiva e adornam o amarronzado Líbano, assim também envia a cada pequenina folha de grama sua própria gota de orvalho. Deus não esquece o diminuto em Seu cuidado com o maior. Sara, assim como Abraão, seu marido, esteve resguardada durante a vida pelo escudo do Onipotente. Na morte, ela descansou no mesmo túmulo; no Céu, ela tem a mesma alegria; no livro do Senhor, ela tem o mesmo registro.

A seguir perceba que nos seria bom imitar Deus nisto: não se esquecer das luzes menores. Não sei se homens célebres são, frequentemente, bons exemplos. Lamento quando homens que foram engenhosos e bem-sucedidos sejam colocados como modelos a serem imitados, embora seus motivos e sua moral sejam questionáveis. Eu preferiria homens que foram parvos e honestos a engenhosos e ardilosos. Melhor é agir corretamente e falhar por completo do que ter êxito pela falsidade e astúcia; eu diria a meu filho que imitasse um homem honesto que não possui talento algum e cuja vida é malsucedida, a indicar-lhe os maiores e mais astutos que já viveram, cuja vida tornou-se notável sucesso, mas cujos princípios são condenáveis. Não aprenda com os grandes, mas com os bons; não se deslumbre com o sucesso, mas siga a luz mais segura da verdade e da correção. Porém é assim que os homens, em sua maioria, olham apenas para aquilo que se escreve em letras garrafais; contudo vocês sabem que as partes mais seletas dos livros de Deus estão impressas em pequenos caracteres. Aqueles que desejam apenas conhecer os rudimentos poderão pormenorizar palavras em letras grandes que são para bebês, mas aqueles que desejam ser plenamente instruídos devem sentar-se e ler a impressão de Deus em pequenas letras, outorgada a nós na vida de santos a quem a maioria dos homens negligencia. Algumas das virtudes mais distintas não são muito percebidas na vida grandiosa como o são na vida quieta e escondida. Muitas mulheres cristãs manifestam uma glória de caráter que não é encontrada em homem público algum. Estou certo de que muitas flores que "florescem para despercebidas ganharem cor" e, como pensamos, para "desperdiçar sua fragrância no ar do deserto" (tradução livre de *Elegy Written in a Country Churchyard* — poema de Thomas Gray) são mais formosas do que as belezas que reinam no conservatório e são admiradas por todos. Deus tem modos de produzir coisas muito seletas em pequena escala. Assim como pérolas raras e pedras preciosas nunca são grandes massas rochosas, mas sempre ficam dentro de um espaço contido, assim muito frequentemente as virtudes mais belas e ricas serão encontradas nos indivíduos mais humildes. Um homem pode ser importante demais para ser bom, mas não pode ser insignificante demais para ser gracioso. Portanto, não estejam constantemente estudando Abraão, o personagem mais proeminente. O texto não nos diz: "Olhai para Abraão, vosso pai, e para Sara, que vos deu à luz..." (Is 51:2)? Vocês não terão aprendido a lição completa da vida patriarcal até que tenham estado na tenda com Sara assim como entre os rebanhos com seu marido.

Ademais, surge outra reflexão, a saber, a fé revela-se de várias formas. A fé faz de uma pessoa algo específico, de outra algo diferente. A fé em Noé fez dele um construtor de navios e o segundo entre os grandes pais do mundo. A fé em Abraão fez dele peregrino e estrangeiro. A fé em Moisés o fez flagelar o Egito e alimentar uma nação por 40 anos no deserto. A fé em Davi o fez matar um gigante, salvar um reino e ascender ao reino. A fé em Sansão o fez matar mil filisteus e, em Raabe, a fez salvar dois israelitas. A fé tem muitos modos de operar e age segundo a condição e a posição da pessoa em quem habita. Sara não se torna Abraão e nem Abraão se torna Sara. A fé em Isaque não faz dele o mesmo homem da realeza que Abraão foi; ele foi sempre manso e gentil em vez de eminente e nobre; ele se coloca como um vale entre os dois grandes montes: Abraão e Jacó. Isaque é Isaque, e ele tem virtudes que lhe tornam quem o Senhor amava. E Jacó também é Jacó e não o seu pai Isaque; ele é ativo, energético e visionário. Deus, por Sua graça, não nos remove de nossa posição. Um homem passa a ser gentil, mas não tolo. Uma mulher passa a ser corajosa, mas a graça jamais a transforma em imperiosa e dominadora. A graça não torna a criança tão obstinada a ponto de desobedecer a seu pai; é algo diferente que age de tal forma. A graça não tira do pai sua autoridade de instruir a criança. Ela nos deixa onde estávamos, de certa forma, concernente à nossa posição, e o fruto que produz é adequado a essa posição.

Assim, Sara é embelezada com as virtudes que adornam uma mulher enquanto Abraão é adornado com todas as excelências que são adequadas a um homem piedoso. Conforme a virtude é requerida, assim é produzida. Caso as circunstâncias exijam coragem, Deus torna Seu servo audaz; se as circunstâncias exigem grande modéstia e prudência, modéstia e prudência são concedidas. A fé é uma tremenda "varinha de condão": efetua maravilhas, alcança impossibilidades, apreende o incompreensível. A fé pode ser utilizada em qualquer lugar — no mais alto Céu, tocando o ouvido de Deus e ganhando dele aquilo que desejamos; e nos lugares mais desafortunados da Terra entre os pobres e caídos, encorajando e animando-os. A fé extinguirá a violência do fogo, desviará o gume da espada, arrancará a presa do inimigo e o fará debandar. Não há nada que a fé não possa fazer. É um princípio disponível para todos os momentos, a ser utilizado em todas as ocasiões, adequado para ser empregado por todos os homens para todos os fins piedosos. Aqueles a quem foi ensinada a sagrada arte de crer em Deus são verdadeiramente instruídos; nenhuma formação da universidade mais proeminente pode igualar-se em valor àquilo que vem como resultado de muita ousadia na fé. Veremos hoje que, se Abraão caminha diante de Deus e é perfeito; se ele ataca os reis que levaram Ló cativo; se ele realiza tais atos de bravura como adequado a um homem, a mesmíssima fé faz Sara caminhar diante de Deus em sua perfeição, e Sara executa as ações que são adequadas à condição de mulher e, também, está listada entre os valorosos da fé que magnificaram o Senhor.

Nós somos guiados por nosso segundo texto a olhar para o fruto da fé em Sara. Há dois frutos da fé em Sara: ela praticou o bem e não temeu perturbação alguma. Começaremos com o primeiro.

***1. Diz-se que ela* praticou o bem. "*...da qual vós vos tornastes filhas, praticando o bem...*".**

Ela praticou o bem como esposa. Ela era tudo o que seu marido poderia desejar, e, quando ela caiu em seu último sono aos 127 anos, diz-se que Abraão não apenas pranteou por ela; este idoso chorou por ela as lágrimas mais verdadeiras e genuínas de tristeza. Ele chorou pela perda daquela que fora a vida de seu lar. Como esposa ela praticou o bem. Todos os deveres que lhe eram incumbidos como rainha dessa companhia viajante foram executados admiravelmente, e não encontramos acusação mencionada com relação a esse aspecto.

Ela praticou o bem como anfitriã. Era seu dever, uma vez que seu marido era inclinado à hospitalidade, estar disposta a entreter seus convidados; e a única ocasião registrada é, sem dúvida, a representação de seu modo comum de proceder. Embora Sara fosse verdadeiramente uma princesa, ela sovava a massa e preparava o pão para os convidados de seu marido. Eles apareciam repentinamente, mas ela não tinha reclamação alguma a fazer. Ela estava, de fato, sempre pronta a dispor-se para executar o que era um dos deveres mais elevados de um lar temente a Deus naqueles tempos primitivos.

Ela praticou o bem também como mãe. Temos certeza de que sim, pois sabemos que seu filho Isaque era um homem muito formidável; e vocês podem dizer o que quiserem, mas, nas mãos de Deus, a mãe forma o caráter do menino. Quem sabe o pai inconscientemente influencie as meninas, porém a mãe evidentemente tem mais influência sobre os filhos homens. Qualquer um de nós pode dar testemunho de que é assim em nosso próprio caso. Há exceções, é claro; mas, na maior parte das vezes, a mãe é a rainha do filho, e ele a admira com infinito respeito como se ela fosse tudo o que se pode respeitar. Sara, pela fé, fez bem seu trabalho com Isaque, pois, desde o início, quando Isaque rendeu-se a seu pai para ser oferecido como sacrifício, vemos nele prova de uma obediência santa e fé em Deus que dificilmente foram alcançadas e jamais foram superadas.

Além disso, está escrito o que Deus disse de Abraão: "Eu o tenho conhecido, que ele há de ordenar a seus filhos e a sua casa depois dele, para que guardem o caminho do SENHOR..." (Gn 18:19 ARC). Havia este traço no caráter de Abraão: aonde quer que fosse, estabelecia um altar ao Senhor. Sua norma era uma tenda e um altar. Caros amigos, vocês sempre colocam essas duas coisas juntas: uma tenda e um altar? No local em que você habita, existe a certeza de que ocorre adoração familiar? Temo que muitas famílias negligenciem isso e estou certo de que não haveria essa instituição de adoração a Deus por Abraão em sua tenda, a menos que a própria Sara não fosse zelosa como ele.

Ela também praticou o bem como mulher que crê, e isso não é irrelevante. Como alguém que crê, Abraão foi chamado para separar-se de sua parentela; Sara foi com ele. Ela também adotou a vida separada, e a mesma caravana que viajava pelo deserto com Abraão como seu mestre tinha Sara como sua senhora. Ela prosseguia com ele, crendo em Deus com perseverança. Embora não tivessem cidade em que habitar, ela continuou a vida itinerante com seu marido, procurando "...a cidade que tem fundamentos, da qual Deus é o arquiteto e edificador" (Hb 11:10). Ela cria na promessa de Deus de todo o seu coração, apesar de uma vez ter rido, visto que, ao se aproximar o tempo do cumprimento da promessa, ela se sentiu atordoada; mas esse momento não passou de um deslize, pois está escrito: "Pela fé, também, a própria Sara recebeu poder para ser mãe, não obstante o avançado de sua idade, pois teve por fiel aquele que lhe havia feito a promessa" (Hb 11:11). Isaque não nasceu pela natureza, mas pela fé; o filho de outro tipo de risada que não é a de dúvida, o filho conforme a promessa de Deus. Ela era uma mulher que cria e viveu uma vida de fé; e isso ela fez bem.

Ela praticou o bem com seus pais, com seu marido, com seu lar, com seus convidados, diante de Deus. Ó, quem dera todos os cristãos professos tivessem a fé que se demonstra no praticar o bem!

Que nunca nos esqueçamos que, embora preguemos fé, fé e fé, como o grande meio para a salvação, jamais afirmamos que alguém é salvo a menos que haja uma mudança operada em sua vida e boas obras produzidas em seu interior, pois "...a fé, se não tiver obras, por si só está morta" (Tg 2:17). A fé salva, mas é a fé a qual faz os homens praticarem o bem; e havendo uma fé (e há tal fé) que deixa um homem como sempre foi e o permite satisfazer-se do pecado, essa é a fé de demônios; e talvez não tão boa quanto a primeira, pois "...Até os demônios creem e tremem" (Tg 2:19), ao passo que esses hipócritas professam crer, mas ousam afrontar Deus e parecem não o temer de maneira alguma. Sara teve este testemunho do Senhor: ela praticou o bem; e vocês são suas filhas, todas vocês que creem, se praticarem o bem. Não sejam desonra à sua majestosa mãe. Tenham cuidado de honrar sua ascendência espiritual e manter o alto prestígio da família eleita.

2. O ponto em que devo permanecer agora é o seguinte: ela provou sua fé com uma segunda evidência — ela "não temeu perturbação alguma".

O texto diz: "...da qual vós vos tornastes filhas, praticando o bem e não temendo perturbação alguma" (1Pe 3:6).

Ela era calma e tranquila e não se submetia ao medo por terror algum. Houve várias ocasiões em que ela poderia ter estado excessivamente inquieta e desconcertada. A primeira foi a desagregação de sua vida domiciliar. Veja, seu marido, Abraão, recebe um chamado para sair de Ur dos Caldeus. Bem, é uma jornada considerável, e eles se mudaram para Harã. Há algumas mulheres — mulheres incrédulas — que não teriam compreendido isso. Por que ele quer sair da terra em que mora e deixar toda a sua parentela a fim de ir para Harã? Essa teria sido sua pergunta caso não fosse cúmplice da fé de seu marido. Uma mulher descrente teria dito: "Um chamado de Deus? Disparate! Fanatismo! Não acredito nisso!", e, quando visse que seu marido iria, temeria essa tamanha perturbação. Quando Abraão foi a Harã com seu pai, Terá, e Terá morreu em Harã, e então Deus chamou Abraão para ir adiante, eles precisavam cruzar o Eufrates e chegar imediatamente a uma terra da qual nada sabia. E isso pode ter sido uma prova ainda mais severa. Quando acomodaram seus bens nos camelos e jumentos e iniciaram a viagem com sua caravana de servos, ovelhas e gado, Sara poderia ter dito muito naturalmente, caso fosse uma mulher incrédula: "Aonde você está indo?". Abraão diria: "Não sei". Ela insistiria: "Por que você está indo? O que receberá?". Então, Abraão responderia: "Não sei, Deus me ordenou que fosse, mas, aonde estou indo, não sei; e pelo que estou indo não posso afirmar com exatidão, exceto que Deus disse: 'Sai da tua terra, da tua parentela e da casa de teu pai e vai para a terra que te mostrarei; de ti farei uma grande nação, e te abençoarei...' (Gn 12:1)". Não lemos, sequer uma vez, que Sara tenha feito tais perguntas ou se incomodado com tais questões. Os pertences foram colocados sobre os lombos dos camelos, e ela seguindo em viagem, pois Deus havia chamado seu marido, e Sara decidiu ir com ele. Por enchentes ou chamas, não importava, pois ela sentia-se segura com o Deus de seu marido e calmamente viajou. Ela não temia perturbação alguma.

Assim, embora não ouçamos muito sobre ela, sabemos que, durante muitos anos, Sara precisou viver em uma tenda. Vocês sabem que o homem está sempre fora cuidando de seus afazeres e pouco sabe sobre as preocupações com a casa, nem mesmo em casas como as nossas. Mas, se vocês fossem chamados a abrir mão de suas casas para viver em tendas, o marido poderia não se importar, mas a esposa sim. Essa é uma vida muito penosa para uma dona de casa. Sara viajava dia após dia, lidava constantemente com a mudança de local da tenda e a busca por pastos frescos para onde o gado precisava ser levado. Esse tipo de vida deve ter trazido um terrível desconforto, no entanto Sara nunca pronunciou uma palavra sequer sobre isso.

Pela manhã, bem cedo, tendas amarradas e todas as lonas enroladas, pois você precisa se deslocar para outro lugar. O Sol queima como um forno, mas você precisa percorrer seu trajeto pela planície; ou se a noite está fria por conta da geada e forte orvalho, ainda assim a lona é sua única parede e único teto. Lembre-se de que eles estavam vivendo em tenda, como peregrinos e estrangeiros, não por alguns dias em um ano, mas por muitos anos consecutivos. Essa boa mulher praticou bravamente o bem, pois não temia qualquer perturbação.

Ademais, eles não vivam em um país onde estavam totalmente sozinhos, ou cercados de amigos, pois as tribos ao redor deles eram todas de outras religiões e de outros gostos e costumes; eles teriam matado Abraão e toda a caravana, não fosse por uma espécie de temor que lhes sobreveio, pelo qual Jeová parecia dizer-lhes: "Não toqueis nos meus ungidos, nem maltrateis os meus profetas" (Sl 105:15). O patriarca e sua esposa habitaram em meio a inimigos e, contudo, não temeram. Contudo, se ela não fosse uma mulher de fé, frequentemente teria temido grande perturbação.

E então houve um momento especial quando o idoso, Abraão, vestiu sua armadura e foi para a guerra. Ele ouviu que Quedorlaomer viera com reis que lhe pagavam tributos e varrera as cidades da planície e levara cativo o seu sobrinho, Ló. Abraão diz então: "Vou libertá-lo". Sara poderia ter dito: "Meu marido, você é idoso. Esses cabelos grisalhos não deveriam ser tocados pelas manchas da batalha". Ela nada disse a respeito, mas indubitavelmente o incentivou e sorriu enquanto ele convidava alguns de seus vizinhos, que habitavam nas proximidades, para irem com ele. Ela não se coloca sob angústia alguma por seu marido e todos os pastores e servos ao redor das tendas terem partido; de modo que ela fica só com suas servas. Não, ela se senta em casa como uma rainha e não teme ladrões, tranquilamente confiante em seu Deus. Abraão foi para a batalha, e ela não teme por ele e não precisa temer, pois ele golpeia os reis e eles são entregues a seu arco como restolho conduzido. Ele retorna abarrotado de espólios. Deus se agradou da fé silenciosa de Sara, visto que em momentos angustiosos ela não temeu perturbação alguma.

Veio então, pouco tempo depois, aquela grande prova de fé que deve ter tocado Sara, embora a força total tenha caído sobre seu marido. Ela observou o repentino desaparecimento de seu marido e seu servo. "Onde está seu senhor? Ele não veio para o café da manhã". Os servos dizem: "Ele levantou-se muito antes do dia amanhecer e se foi com o servo, com o jumento e com Isaque". Ele não havia dito a ela, pois já havia lutado o suficiente consigo mesmo para levar Isaque à montanha e oferecê-lo a Deus em sacrifício e não podia suportar ver a mesma luta se repetir em Sara. Ele se foi sem comentar com Sara sobre sua determinação. Essa era uma nova situação para ela. O dia todo se passou e ele não retornou. "Aonde foi Abraão? Jamais o vi partir sem antes me informar. E onde está Isaque?". Ó, Isaque! Como ela temia por sua joia, seu deleite, o filho da promessa, a maravilha de sua velhice. Ele não veio para casa à noite, nem Abraão; nem no dia seguinte, ou no próximo. Três dias se passaram, e eu mal consigo imaginar a ansiedade que teria caído sobre qualquer um de vocês se fossem Sara; a menos que desfrutassem da fé de Sara, pois pela fé, em angustiante caso, ela não temeu perturbação alguma. Ouso dizer que foram necessários mais três dias para o retorno de Abraão, de modo que praticamente uma semana se passara e nenhum sinal dele ou de Isaque. Poder-se-ia pensar que ela perambularia, clamando: "Onde está meu marido e onde está meu filho?". Mas não foi assim. Ela aguardou calmamente e dizia dentro de si: "Por certo, Abraão foi executar alguma tarefa necessária e estará sob a proteção do Senhor; o Deus que prometeu abençoá-lo e abençoar sua semente não permitirá que mal algum o fira". Então, quando outros teriam estado em terrível consternação, ela descansou calmamente. Ela não temia perturbação alguma.

Ouvimos tão pouco sobre Sara que sou obrigado a imaginar o que sinto que ela deve ter sido, pois a natureza humana tem um mesmo padrão, e o efeito de eventos sobre nós é muito semelhante ao efeito que teria sido produzido na mente de Sara.

Agora, eis um ponto em que as mulheres cristãs — e, neste aspecto, também homens cristãos — deveriam procurar imitar Sara: não deveríamos deixar que nosso coração se turbe, antes devemos "[descansar] no Senhor e [esperar] nele..." (Sl 37:7).

O que é essa virtude? É uma confiança em Deus tranquila e silenciosa. É ser livre do medo, tal como é descrito em outra passagem com estas palavras: "Não se atemoriza de más notícias; o seu coração é firme, confiante no Senhor" (Sl 112:7). Ou como lemos nas palavras de Davi certa noite: "Ainda que eu ande pelo vale da sombra da morte, não temerei mal nenhum, porque tu estás comigo; o teu bordão e o teu cajado me consolam" (Sl 23:4). É sobriedade de mente, ser livre da ansiedade, a ausência de lamúria e libertação clara do pavor, de modo que, o que quer que aconteça, o sobressalto não se apropria do espírito, mas o coração permanece em seu ritmo calmo, deleitando-se em um Deus fiel. Essa é a virtude que vale o resgate de um rei, e Sara a possuía. "...da qual vós vos tornastes filhas, praticando o bem e não temendo perturbação alguma" (1Pe 3:6).

Quando tal virtude deve ser exercitada por nós? Bem, deveria ser exercitada em todos os momentos. Se estivermos serenos quando estamos felizes, é provável que não estaremos calmos quando estivermos tristes. Percebo que, se estou satisfeito, no menor grau que seja, com o louvor de um amigo, passo a estar, nesse mesmo grau, aberto a entristecer-me pela crítica de um inimigo. Na mesma proporção que você fica exultante pela prosperidade, estará propenso a deprimir-se quando a adversidade vier; mas, se você permanece calmo, sossegado, feliz — nada mais do que isso — quando tudo vai bem, então estará calmo, sossegado e feliz — nada menos do que isso — quando tudo for mal. Manter a uniformidade da alma é algo a se buscar, como o jardineiro deseja uma temperatura estável para suas seletas flores. Você indaga: "Quem deve exercitar essa virtude?". Todos nós devemos, mas o texto é especialmente direcionado às irmãs. Suponho que mulheres são exortadas a fazê-lo, pois algumas delas são temperamentais, um tanto nervosas e passíveis de se deprimirem terrivelmente e de perder o controle por completo. Não estou dizendo que tal falha é geral ou comum entre as mulheres, também não as estou culpando, apenas afirmando o fato de que algumas são assim afligidas, e é algo muito, muito afortunado se conseguem dominar isso de modo que não temam perturbação alguma.

Mas essa virtude serve especialmente em tempos de luta, quando uma prova muito séria nos ameaça. Logo o cristão não deve dizer: "O que farei agora? Jamais suportarei tal coisa, não conseguirei passar por isso. Certamente Deus se esqueceu de mim, e essa luta me esmagará. Morrerei por me desfalecer o coração". Não, não, não. Não diga isso. Minha cara amiga, não fale assim. Sendo você filha de Deus, nem mesmo pense desse jeito. Tente, em paciência, erguer sua cabeça e lembre-se de Sara "...da qual vós vos tornastes filhas, praticando o bem e não temendo perturbação alguma" (1Pe 3:6).

E assim deve ser em momentos particulares de enfermidade. Quantas são as dores e os sofrimentos que caem sobre o destino das irmãs! Mas, se você tiver fé, não temerá perturbação alguma. Eu vi uma irmã outro dia que estava prestes a sofrer pelo bisturi do cirurgião. Era uma cirurgia séria, sobre a qual todos permaneciam em dúvida, mas eu me alegrei ao vê-la tão sóbria diante de tal perspectiva, como se fosse um prazer e não sofrimento. Assim deveria ser um cristão: calmamente resignado.

Ontem fui visitar uma irmã já idosa — membro desta igreja, próxima dos 80 anos. Ela está morrendo de hidropisia[10] e, estando incapaz de deitar-se na cama, é obrigada a manter-se sempre sentada — uma postura que permite pouco ou nenhum descanso. Quando entrei em seu quarto, ela me deu calorosas boas-vindas, o que, talvez, não foi maravilhoso, pois ela era muito apegada a seu ministro; a surpresa estava no fato de que ela se expressou como estando repleta de felicidade, de deleite, repleta de expectativa de estar com Cristo. Eu fui confortá-la, mas ela me confortou. O que eu poderia dizer? Ela falou da bondade de Deus com um olhar pleno de alegria

[10] Termo arcaico para definir edema, inchaço devido ao acúmulo anormal de líquido nos tecidos do organismo, podendo indicar doença subjacente do coração, fígado ou rins, ou de desnutrição.

como se fosse uma donzela falando ao seu amado no dia de seu casamento. Nossa irmã costumava sentar-se bem ali, naquele banco mais adiante. É como se eu a visse sentada ali agora mesmo, mas ela em breve se sentará entre os reluzentes no Céu. Fiquei encantado ao ver alguém que, apesar das marcas em seu rosto evidenciar uma dor contínua há tanto tempo, trazia também tão doce serenidade — sim, mais que serenidade — com inexprimível alegria no Senhor, alegria tal que, temo eu, alguns com saúde e força no Senhor ainda não conheceram.

Uma cristã não deveria temer perturbação alguma seja na adversidade, seja na doença, mas sua paciência santa deveria comprovar que é uma verdadeira filha de Sara e Abraão.

Mulheres cristãs nos dias de Pedro estavam sujeitas à perseguição tanto quanto seus maridos. Elas eram trancadas em prisões, açoitadas, torturadas, queimadas ou mortas pela espada. Uma mulher santa nos primórdios da Igreja foi lançada sobre os chifres dos touros, outras eram obrigadas a sentar-se em uma cadeira de ferro incandescente; assim eram torturadas, sem aceitar escape. Nos primórdios do martírio, as mulheres eram guerreiras corajosas, tanto quanto os homens o eram. Elas desafiavam os tiranos a fazer o pior aos seus corpos mortais, pois o espírito vencedor delas gargalhava a cada tormento. Ocorrendo que tempos de perseguição surjam novamente, ou se já estão aqui em certa medida, ó filhas de Sara, pratiquem o bem e não temam perturbação alguma.

E, então, se forem chamadas a algum dever austero, se forem sujeitas a fazer o que sentem que não podem fazer, lembrem-se de que qualquer um pode fazer o que tem condição de fazer. É o homem crédulo que faz o que não tem condição de fazer. Nós alcançamos impossibilidades pelo poder do Deus Onipotente. Não temam, então, dever algum, mas creiam que serão capazes de executá-lo, pois a graça lhes será suficiente.

Finalmente, na perspectiva da morte, minhas caras amigas, não temam perturbação alguma! Frequentemente um leito de morte é terreno vantajoso para um cristão. Onde outros revelam seu medo e algumas vezes terror, ali o cristão deveria demonstrar sua serenidade e feliz expectativa, sem temer perturbação alguma, seja qual for o modo pelo qual morrerá.

Agora, qual é a excelência de tal virtude? Deverei responder a essa pergunta dizendo que é devido a Deus que não devemos temer qualquer perturbação. Um Deus como o nosso merece ter nossa confiança. Sob a sombra de Suas asas, o medo se torna um pecado. Se Deus fosse diferente do que é, poderíamos ficar com medo; mas, sendo Ele o Deus que, é, então, por causa dele que o medo é banido. A serenidade é verdadeira adoração. Silêncio sob condições alarmantes é devoção. Aquele que é mais tranquilo em tempos maus adora melhor.

Ademais, a excelência dessa virtude é o fato de que é muito fascinante para os homens. Eu não considero que algo possa impressionar mais os ímpios que a serena paz de espírito de um cristão em perigo ou próximo da morte. E se podemos nos alegrar num momento como esse, nossos amigos perguntarão: "O que o deixa tão sereno?". E a utilidade não é restrita a outros. É muito profícuo para nós, pois aquele que consegue manter-se sereno em tempos de luta muito provavelmente passará e verá o final. Quando você passa a temer, não consegue julgar sabiamente para escolher o melhor trajeto. Você geralmente age erroneamente quando se sente amedrontado e perde sua confiança em Deus. Quando o coração começa a palpitar, todo o sistema fica confuso para a batalha da vida. Mantenha-se calmo e observe sua oportunidade. As vitórias de Napoleão foram de tão grande extensão devido à serenidade desse magistral guerreiro, e tenham certeza de que assim será com vocês povo cristão; vocês vencerão se conseguirem aguardar. Não se apressem. Considerem o que deve ser feito. Não se alarmem a ponto de apressarem-se. Sejam pacientes, sejam serenos, esperem o tempo de Deus e assim esperem seu próprio tempo. Esperem em Deus para que Ele abra a boca de vocês. Peçam a Ele que guie suas mãos e faça tudo em prol de vocês. A tranquilidade de espírito é a mãe da prudência e da discrição; fornece o necessário e firme apoio aos pés do guerreiro quando ele está prestes a dar um golpe vitorioso. Aqueles que não ficam atônitos devido ao medo viverão para aturdirem-se com a misericórdia.

"Como podemos obtê-la?", pergunta alguém. Essa é a questão. Lembre-se de que é uma consequência da fé, e você a obterá na proporção em que tiver fé. Tenha fé em Deus e você não temerá surpresa alguma. Muito cedo em meus anos como pregador, tive fé em Deus em momentos de tempestade. Quando caminhava até o púlpito para pregar, ocorreu de estar encharcado pela tempestade e, ainda assim, não sentia qualquer aborrecimento pelo trovão e pelo relâmpago. Em uma ocasião, por conta da extrema severidade da chuva, abriguei-me em uma pequena cabana solitária e encontrei ali uma mulher com um filho que parecia de certa forma aliviada ao me receber, mas anteriormente ela estava chorando amargamente em completa inquietação e terror: "Ora, esta é uma pequena cabana circular e os relâmpagos são vistos em todas as janelas. Não há local em que possa poupar meus olhos deles". Eu expliquei a ela que para mim era agradável ver os relâmpagos, pois eram uma demonstração de que uma explosão acabara de acontecer e, uma vez que eu tinha sobrevivido para ouvir o trovão, ficava claro que agora não podia me ferir. Eu lhe disse que ouvir um trovão é algo esplêndido, é simplesmente Deus dizendo: "Acabou". Estando você viva para ver o lampejar do relâmpago, não há nada a temer; você estaria morta e não o teria visto, caso ele fosse enviado para matar você. Eu tentei consolá-la com fundamentos religiosos e me lembro bem de orar com ela e animá-la, e, quando segui meu caminho, ela estava em paz. Vocês podem ter certeza, caros amigos, de que, a menos que nossa alma tenha paz, não podemos comunicá-la a outros.

Desta forma, devemos crer em Deus com relação a tudo. Ocorreu que sobre tal questão — o trovão e o relâmpago — eu, de fato, cria em Deus profundamente e, portanto, não podia inquietar-me quanto a isso. Então, se vocês creem em Deus em relação a qualquer outro assunto, seja qual for, terão perfeita paz com Ele sobre isso. Podendo crer no Senhor quando estiverem numa tempestade no mar, crer que Ele retém as águas na palma de Suas mãos, vocês terão paz com relação à tempestade. É quanto ao que os incomoda que vocês devem crer; e quando a fé aplicar sua mão à prova em particular, então a paz de espírito lhes sobrevirá.

Esta santa bonança vem, também, do caminhar com Deus. Nenhum local é tão sereno quanto o lugar secreto dos tabernáculos do Altíssimo. Tenha comunhão com Deus e você esquecerá o medo. Mantenha a comunhão diária com Cristo em oração, em louvor, em serviço, em sondar a Palavra, em submeter seu coração à obra do Espírito eterno e, conforme você caminha com Deus, se encontrará sereno. Vocês sabem como nosso poeta coloca:

Ó, espírito calmo e celestial,
Para um caminhar próximo ao Pai.[11]

Ambos caminham juntos.

Caso você deseje alimentar-se de certas verdades que produzirão esta calma de espírito, lembre-se, primeiro, de que Deus é repleto de amor e, portanto, nada que Deus envia pode ferir Seu filho. Receba tudo do Senhor como símbolos de amor, mesmo que seja um golpe de Seu cajado ou um corte de Sua faca. Tudo que vem dessa afetuosa mão significa necessariamente amor, pois Ele disse: "Eis que nas palmas das minhas mãos te gravei..." (Is 49:16). Quando você aceitar todas as aflições como demonstrações de amor, então o seu medo acabará.

A seguir, lembre-se da fidelidade divina à Sua promessa e do fato de que há uma promessa para sua posição em particular. O Senhor está neste momento sob uma promessa feita a você, e essa promessa está registrada em Seu Livro. Procure-a e então a compreenda e diga: "Ele deve cumpri-la, Ele não pode quebrar Sua palavra". Ele disse que "De seis angústias te livrará..." (Jó 5:19). Você já chegou ao número seis? Ele afirmou: "...De maneira alguma te deixarei, nunca jamais te abandonarei" (Hb 13:5). E como pode Ele voltar atrás em Sua palavra? Sendo Ele quem não deixa, jamais abandona,

---

[11] Tradução livre de versos do hino *Walking with God*, de William Cowper (1731–1800).

como você pode temer? O que vier — pobreza, doença, vergonha, calúnia —, se todos os demônios no inferno forem soltos e todos vierem de uma única vez contra nós, ainda assim, estando o Senhor conosco, nós os atacaremos impiedosamente e os enviaremos de volta às profundezas do abismo tão rapidamente quanto os porcos da história jogaram-se no penhasco para caírem no mar e chocarem-se contra as águas. "Ó", diz o demônio, "posso vencer você". Nós, nada dizemos a ele a não ser: "Você conhece seu Mestre, você conhece seu Mestre. Prostre-se! Você conhece seu Mestre, e esse Mestre é o Cabeça de nossa aliança, nosso Noivo e nosso Senhor". Nem o mundo, nem a carne, nem o diabo poderão vencer-nos, uma vez que temos a promessa do Deus fiel de nos proteger.

Muitos de vocês aqui hoje à noite têm cabelos grisalhos e cabeças carecas. Eu sempre tive tamanha proporção de pessoas em idade avançada em minha congregação, de modo que posso dizer a vocês o que não direi aos jovens. Nós, caros amigos, não devemos temer, pois provas não são novidades para nós; sentimos o pó em nossas narinas e ficamos encardidos com a poeira do embate tantas vezes que já não se pode lembrar. Não devemos nos conturbar, já estivemos no mar outras vezes. E o Senhor não veio auxiliar-nos? Declaremos para a Sua honra: Ele tem sido socorro bem presente! Ele nos carregou ao longo de tais situações, de modo que duvidar dele seria calúnia insolente contra Seu caráter. Com relação a mim — e suponho que a linguagem que agora uso viria dos lábios de muitos aqui —, meu caminho tem sido alastrado com maravilhas da misericórdia divina. Provas abundaram e me alegro por isso; elas foram oportunidades para a demonstração da graça divina. Obras foram empreendidas das quais alguns disseram: "Essas são estratégias visionárias". Mas Deus sempre foi melhor que nossa fé. Jamais fomos confundidos e creio que neste ponto já devamos ter aprendido que confiar em Deus é a coisa mais razoável que poderemos fazer. Há especulações nos negócios, riscos mesmo nos comércios mais sólidos, porém não há especulação no crer em Deus, nenhum risco em confiar nele. Ele, que em nada pendura o mundo e, contudo, o mantém em seu lugar, pode fazer Seu povo nada ter e, ainda assim, possuir todas as coisas. Ele, que faz este arco do Céu permanecer firme sem um suporte ou esteio — um grandioso arco que engenheiro humano algum poderia jamais idealizar —, pode fazer-nos permanecer sem auxiliadores, sem amigos, sem riquezas, sem forças, e permanecer, também, quando todas as outras coisas, exceto aquelas que Deus sustenta, tenham ruído no colapso final. "Confiai no SENHOR perpetuamente, porque o SENHOR Deus é uma rocha eterna" (Is 26:4). Oro por vocês, as mais tímidas, para que, a partir de hoje, sejam verdadeiras filhas de Sara e não temam perturbação alguma. Deus abençoe vocês com este gracioso auxílio, e vocês louvarão o Seu nome. Amém.

3

AGAR: OLHOS ABERTOS[12]

Abrindo-lhe Deus os olhos, viu ela um poço de água... —Gênesis 21:19

...então, se lhes abriram os olhos, e o reconheceram... —Lucas 24:31

A queda do homem foi extremamente desastrosa em seus resultados para todo o nosso ser. "...no dia em que dela comeres, certamente morrerás" (Gn 2:17) não foi uma promessa vazia, pois Adão de fato morreu no momento em que transgrediu o mandamento — ele morreu a grande morte espiritual pela qual todos os seus poderes espirituais se tornaram

[12] Sermão nº 681, ministrado na manhã de domingo, 18 de março de 1866, no *Metropolitan Tabernacle*, Newington.

completamente mortos naquele momento e para sempre, até que Deus os restaure. Eu disse "todos os poderes espirituais", e, se eu os dividir de acordo com a analogia dos sentidos do corpo, o significado do que digo será ainda mais claro. Por meio da queda, o *paladar* espiritual do homem se tornou pervertido, de modo que ele troca amargo por doce e doce por amargo, escolhe o veneno do inferno e abomina o pão do Céu, lambe a poeira da serpente e rejeita o alimento dos anjos. A *audição* espiritual ficou gravemente avariada, pois o homem naturalmente não ouve mais a Palavra de Deus, mas fecha seus ouvidos diante da voz do Criador. Ainda que o ministro do evangelho encante sobremodo sabiamente, a alma não convertida é, contudo, como a víbora surda que não ouve a voz do encantador. O sentimento espiritual, em virtude de nossa depravação, é amortecido. Aquilo que antes teria preenchido o homem de inquietação e terror não mais desperta comoção. Até mesmo o *olfato* espiritual com que o homem deveria discernir entre o que é puro e santo e o que é detestável ao Altíssimo foi deturpado, e agora a narina espiritual do homem, enquanto não for renovada, não aufere deleite do doce aroma que há em Cristo Jesus, mas procura as alegrias pútridas do pecado. Como com os outros sentidos, de igual forma ocorre com a *visão* do homem. Ele está tão cego espiritualmente que não consegue e não deseja ver coisas imensamente simples e claras. O entendimento, que é o olho da alma, está coberto de escamas de ignorância, e, quando estas são removidas pelo dedo da instrução, a esfera visual ainda está tão afetada que apenas vê homens como árvores ambulantes.

Nossa condição é, então, excessivamente terrível, mas, ao mesmo tempo, fornece amplo espaço para uma demonstração de esplendores da graça divina. Estamos naturalmente tão arruinados que, se salvos, toda a obra deverá ter sido de Deus e toda a glória deve cobrir a cabeça do Jeová triúno. Não deve haver apenas um Cristo exaltado sobre quem se pode dizer: "Há vida no simples olhar para Aquele crucificado", mas o próprio olhar em si nos deve ser concedido, caso contrário em vão Cristo seria pregado na cruz — não haveria salvação para nós por meio de Sua morte.

1. Ocupando-me primeiro com o **caso de Agar,** *nesta manhã me dirigirei a certos não convertidos que estão em uma condição de esperança.*

Tomando o caso de Agar como um modelo sobre o qual meditar, podemos ver nela e em muitos como ela uma *prontidão para a misericórdia*. Em muitos aspectos ela estava em um estado adequado para tornar-se um alvo do auxílio da misericórdia. Ela tinha uma forte noção de necessidade. A água do odre acabara, ela mesma estava prestes a desfalecer, e seu filho estava à beira da morte; e esta noção de necessidade foi acompanhada de desejos veementes. É algo muito difícil levar um pecador a ansiar por Cristo; tão difícil que, se um pecador realmente passa a ansiar por Jesus e dele ter sede, o Espírito de Deus necessariamente agiu em secreto em sua alma, gerando e estimulando tais desejos. Quando o convite é feito: "Aquele que tem sede venha..." (Ap 22:17), você pode declarar honestamente: "Esse convite é para mim". Este precioso convite do evangelho: "...e quem quiser receba [...] a água da vida" (Ap 22:17) é evidentemente seu, pois você o deseja ávida e veementemente. Aquele que sonda todos os corações sabe que não há objeção em seu coração com relação a ser salvo ou ao modo de ser salvo; não, antes você frequentemente ergue suas mãos ao Céu e exclama: "Ó, Deus! Que eu possa dizer 'Cristo para mim!'". Você sabe que a água da vida é desejável. Você sabe mais que isso, porque deseja profundamente, com desejo interior, dela beber. Sua alma está agora em tal estado que, se você não encontrar Jesus, jamais será feliz sem Ele. Deus o trouxe a tal condição de modo que você é como a agulha magnética que, pelo dedo de algum transeunte, é desviada do polo e não repousa até voltar a seu lugar. Seu clamor constante é: "Dê-me Cristo! Dê-me Cristo ou morrerei!".

Isso é promissor, mas permita-me lembrá-lo de que somente isso não o salvará. A descoberta de um vazamento em uma embarcação pode ser a preparação para remoção da água do navio e para o reparo do vazamento; mas essa descoberta em si não manterá a embarcação flutuando. Bom é saber que se tem febre, mas o gemer devido à febre não restaurará sua saúde. Desejar Cristo é um sintoma muito bendito, mas meros desejos não o levarão ao Céu. Você pode ter fome e sede de Cristo, porém ter fome e sede não são suficientes para salvá-lo. Você precisa ter Cristo, pois sua salvação não se encontra em sua fome e sede, nem em sua modéstia, nem em suas orações. A salvação está em Jesus, que morreu na cruz, e não em você.

Como Agar, você é humilhado e levado ao desespero. Houve uma época em que você não admitia sua necessidade de um Salvador; você encontrava consolo suficiente em cerimônias e em suas orações, seus arrependimentos e assim por diante. Mas agora a água em seu odre acabou, e você está sentado com Agar, esfregando as mãos pelo nervoso e chorando em desespero — um desespero bendito! Deus leva todos a este ponto! O desespero é vizinho da confiança em Cristo. Tenha certeza de que, até que estejamos vazios, Jesus nunca nos encherá; até que estejamos despidos, Ele nunca nos vestirá; até que o eu esteja morto, Cristo não viverá em nós.

É certo que, no caso de Agar, a disposição com relação à água era mais do que suficiente. Teria sido um disparate, de fato, perguntar a Agar: "Havendo água, você está disposta a beber?". "Disposta? Veja meus lábios rachados, ouça meus clamores dolorosos, olhe para meu pobre filho ofegante e moribundo! Como você pode perguntar a uma mãe se ela está disposta a beber água enquanto seu bebê perece de sede?", ela responderia. E assim é com você. Se eu lhe fizesse a seguinte pergunta: "Você está disposto a ser salvo?", você poderia me olhar e responder: "Disposto? Ó senhor, eu há muito estou além desse estágio. Estou ofegante, gemendo, com sede, desmaiando, morrendo para encontrar Cristo. Viesse Ele até mim nesta manhã, e eu não apenas abriria ambos os portões de meu coração e diria: 'Entre', mas os portões já estão abertos, e agora, antes mesmo que Ele chegue, a minha alma diz: 'Ó, que eu saiba onde posso encontrá-lo, que eu possa chegar ao Seu trono!'". Tudo isso é louvável, mas devo novamente lembrar você de que desejar ser rico não torna um homem rico e de que desejar ser salvo não pode, por si só, salvá-lo. Ansiar avidamente por saúde não restaura um homem doente, embora possa estabelecê-lo para utilizar os meios e assim ser curado; e no seu caso o seu anelo por salvação não pode salvá-lo, você deve ir além disso tudo para encontrar o grande Médico.

Em segundo lugar, a *misericórdia estava preparada* para Agar e está preparada para aqueles em estado semelhante.

Havia água. Ela pensou ser um deserto sem uma gota de água para beber, mas havia água. Consciência perturbada, há perdão para você. Você pensa ser tudo julgamento, trovão e raios, maldição e ira, mas não é assim. Há misericórdia. Jesus morreu. Deus é capaz de perdoar os pecadores com justiça. "Deus estava em Cristo reconciliando consigo o mundo, não imputando aos homens as suas transgressões..." (1Co 5:19). Ele é o Deus pronto a perdoar, pronto a absolver. Há perdão nele para que Ele seja temido. Há água, há misericórdia.

E ainda mais, há misericórdia para você; há não apenas essa misericórdia geral que estamos destinados a pregar a toda criatura, mas, para muitos de vocês a quem descrevi, estou convencido de que há especial misericórdia. Seus nomes estão no livro do Senhor. Ele os escolheu antes da fundação do mundo, ainda que não saibam. Vocês serão dele, vocês são dele. Não está longe a hora quando, purificados na fonte, sendo límpidos, vocês se lançarão aos pés do Salvador e, pelos laços de amor, estarão unidos a Ele para sempre.

Há misericórdia para vocês agora, se confiarem em Jesus. A água não foi criada como algo novo para suprir a sede de Agar; ela já estava ali. Se Agar tivesse visto a água, talvez tivesse bebido dela antes, mas não conseguia enxergar. Há misericórdia, há misericórdia para você. Tudo o que se deseja é que você possa vê-la, pobre consciência perturbada; e, se você a tivesse visto, não teria havido necessidade alguma de permanecer dessa forma por tanto tempo, em desespero, dúvida e medo.

A água estava próxima de Agar, e assim está Cristo próximo de você. A misericórdia de Deus não é algo a se buscar ao longe entre as estrelas, nem a ser descoberto nas profundezas;

está próxima de você, está em sua boca e em seu coração. O Salvador, que caminhou pelas ruas de Jerusalém, está nestes corredores e nestes bancos. O Deus pronto a perdoar, esperando para ser gracioso. Não pense em meu Mestre como se Ele tivesse ascendido ao Céu para estar fora de alcance e não tivesse deixado misericórdia alguma. Deixe-o dizer a você que Ele está tão próximo em espírito agora como estava dos discípulos quando falou a eles em Emaús. Ó, quisera eu você pudesse vê-lo! Ele "...ontem e hoje, é o mesmo e o será para sempre" (Hb 13:8). Ele está passando, clame a Ele, você homem cego, e receberá sua visão! Chame-o, você surdo; fale, mesmo você cujos lábios são mudos, o ouvido do Senhor pode ouvir os desejos de sua alma. Ele está próximo, apenas creia em Sua presença e confie em Sua graça e você o verá. É um equívoco a ideia de que a ação da fé é muito misteriosa. Ora, a fé, no que diz respeito a ser um ato do homem (é com certeza um ato do homem como também um dom de Deus, pois "...com o coração se crê..." — Rm 10:10), é um dos atos mais simples do intelecto humano. Confiar em Jesus, reclinar-se nele com a alma, assim como com meu corpo inclino-me neste parapeito; fazer do Senhor tudo em que confio e todo o meu descanso, é algo que não necessita de aprendizado, de nenhuma educação prévia, nem carece de empenho ou esforço mental. É ação tal que o bebê e o que ainda mama poderá glorificar a Deus assim fazendo, ao passo que a fé de Sir Isaac Newton, com toda a sua erudição, não é nem um pouco mais salvadora ou menos simples do que a fé da criança de 3 anos, se levada a descansar somente em Cristo. O momento em que o ladrão moribundo olhou para o Crucificado e disse: "Jesus, lembra-te de mim..." (Lc 23:42), ele estava tão salvo quanto

Paulo ao dizer: "Combati o bom combate, completei a carreira..." (2Tm 4:7).

Preocupo-me muito em ser compreendido e, portanto, estou tentando falar de forma muito simples e ir direto ao ponto com aqueles a quem me dirijo. Meu próprio caso serve como exemplo. Eu, por alguns anos, quando criança, buscava Jesus secretamente. Se havia um coração que conhecia a amarga angústia do pecado, era o meu, e, quando passei a compreender o plano de salvação pelo ensino simples de um homem modesto e iletrado, o pensamento que tive logo após a alegria de ser salvo foi este: que tolo fui por não confiar antes em Jesus Cristo! Eu concluí que nunca ouvira o evangelho, mas acredito que estava equivocado. Acho que devo ter ouvido o evangelho milhares de vezes, mas não o compreendia até então. Eu era como Agar, com meus olhos fechados. Estamos destinados a dizer a vocês todos os sábados que confiar em Jesus Cristo é o caminho da salvação, mas, após terem ouvido isso 50 mil vezes, vocês realmente não compreenderão o que queremos dizer até que o Espírito de Deus revele o segredo. Contudo, quando vocês simplesmente souberem disso e confiarem em Jesus, de modo simples como uma criança confiaria na palavra de seu pai, vocês dirão de si mesmos: "Como pode ser? Eu sofria de sede, e a água ondulava em meus pés. Estava faminto, perecendo de fome, e o pão estava sobre a mesa. Estava inquieto como se não houvesse entrada para o Céu, mas a porta estava ali amplamente aberta logo à minha frente; se eu conseguisse simplesmente ter enxergado". "Confie em Cristo, e Ele salvará você." Reformularei melhor: "Confie nele, você é salvo". No momento em que você passa a viver pela fé no amado Filho de Deus, não resta um pecado sequer contra você no livro de Deus.

Continuando, por terceiro, notamos que, embora tanto Agar quanto a misericórdia estivessem preparadas, *havia um impedimento no caminho*, pois ela não conseguia enxergar a água. Há também um impedimento em seu caminho. Agar tinha um par de olhos radiantes, devo dizer, e, mesmo assim, não conseguiu ver a água; e homens podem ter entendimentos de grande qualidade, contudo não entendem algo tão simples: a fé no Senhor Jesus Cristo. Vocês não sofrem tanto por falta de poder para compreender a fé, mas sim por um tipo de bruma que paira sobre seus olhos e impede que olhem para o local certo. Vocês continuam a imaginar que deve haver algo muito singular que sintamos para que herdemos a vida eterna. Ora, isso tudo é um erro. A simples confiança em Jesus tem em si esta dificuldade: o fato de não ser difícil e, portanto, a mente humana recusa-se a acreditar que Deus pode planejar salvar-nos por um plano tão simples. Que cegueira é esta! Tão tola e tão fatal!

Não é tal ignorância parcialmente causada por terrores da Lei? Mestre Bunyan, que tinha uma percepção aguçada da experiência espiritual, diz que Cristão[13] estava tão transtornado com esse fardo em suas costas que, ao correr, não prestava bem atenção em seus passos e, portanto, devido ao turbilhão de coisas em sua mente, como ele descreve, também caiu no Pântano do Desânimo. Vocês ouviram o trovão da Lei de Deus por tanto tempo que não conseguem ouvir algo tão suave e doce como o convite para amar Jesus. Não se pode ouvir: "Venha, seja bem-vindo! Venha, seja bem-vindo!" devido à algazarra de seus pecados.

[13] Personagem principal do livro *O Peregrino* de John Bunyan (Publicações Pão Diário, 2021).

Acredito que a principal razão pela qual alguns não alcançam imediatamente a paz é por estarem procurando por mais do que receberão, assim seus olhos ficam deslumbrados com fantasias. Você que não ousa receber a Cristo porque não é ainda um cristão que alcançou a maturidade contente-se em ser primeiro um bebê; esteja satisfeito por passar pelo estado de semente, o estado de folha, o estado de espiga e então você será todo o milho na espiga. Contente-se em começar com Cristo e somente com Cristo. Eu verdadeiramente creio que alguns de vocês esperam ter a experiência de um choque galvânico, ou um delírio sobre-humano de horror. Vocês têm a ideia de que ser nascido de novo é algo que faz a carne arrepiar-se e os ossos estremecerem, uma sensação indescritível, bastante fora do âmbito do sentimento humano. Ora, acreditem em mim que ser nascido de novo envolve o fim da superstição e do viver por sentimento e traz você ao mundo da verdade pura e simples onde tolos não precisam enganar-se. Conseguindo você compreender isto: "...para que todo o que nele crê não pereça..." (Jo 3:16) e reivindicá-lo para si, você é nascido de novo. Contudo, embora você entenda todos os mistérios humanos, se você não nasceu de novo, não pode compreender verdadeiramente o mais simples de todos os ensinamentos: "Quem crer e for batizado será salvo..." (Mc 16:16).

Novamente, temo que algumas pessoas, com a água em seus pés, não a bebam devido aos maus direcionamentos que são dados pelos ministros. Quando um ministro encerra o ensino e se dirige ao não convertido em sua exortação: "Agora, meus caros amigos, vão para casa e orem", essa é uma exortação muito correta, mas é direcionada às pessoas erradas, como se a mensagem do evangelho fosse: "Vão para casa e orem". Eu espero que vocês orem, porém há outra questão prévia à oração, a saber, a fé em Jesus. Quando Cristo disse a Seus discípulos que fossem e pregassem o evangelho a toda criatura, Ele não lhes disse: "Aquele que orar será salvo" — embora isso seria verdade se orasse corretamente —, mas sim: "Quem crer será salvo". Portanto seu dever imediato não é orar, mas crer. Você não deve olhar para Jesus Cristo na cruz apenas como os pobres israelitas picados por serpentes olhavam para a serpente de bronze e viviam. Suas orações não lhe trarão um ínfimo bem se vocês se recusarem a confiar em Jesus Cristo.

Quando vocês passarem a confiar em Jesus Cristo, a oração se tornará seu respirar, seu ar natural, vocês não conseguirão viver sem ela. Todavia a oração, se colocada no lugar da confiança pueril em Jesus, se torna um anticristo. O que nos salva não é ir a lugares de adoração ou a leitura bíblica. Não estou depreciando tais deveres, mas os estou colocando em sua posição adequada. Trata-se de depender do Senhor Jesus Cristo somente, que é o verdadeiro ato vital pelo qual a alma é vivificada para a vida espiritual. Caso você, confiando em Cristo, não encontre paz e perdão, o evangelho que eu prego é uma mentira e eu o renunciarei; entretanto, então, a Bíblia seria falsa também, pois é desse Livro que minha mensagem vem. Este é o evangelho que recebemos e para a pregação do qual Cristo nos enviou: "...para que todo o que nele crê não pereça...".

Estou certo de que há alguns aqui a quem o Senhor pretende alcançar nesta manhã; então falaremos, em quarto lugar, sobre *a divina remoção do impedimento*. A cegueira de Agar foi removida por Deus. Ninguém mais poderia tê-la removido. Deus deve abrir os olhos de um homem para que compreenda de forma prática o que é crer em Jesus Cristo. Essa simples verdade — a salvação pela confiança em Jesus Cristo — ainda continua sendo um ponto difícil demais de ser visto. Até que todo o poder da Onipotência impacte o intelecto, o homem não a compreende realmente. Mas, tendo o impedimento sido removido divinamente, foi removido por meio de um instrumento. Do Céu, um anjo falou com Agar. Pouco importa se foi anjo ou homem, é a Palavra de Deus que remove tal dificuldade. Oro para que a Palavra de Deus possa remover sua incredulidade. Que vocês possam ver hoje a luz de Jesus Cristo por simplesmente confiar nele! Creio que há alguns que estão salvos e que ainda temem estar perdidos. Muitos homens olham dentro de si a fim de encontrar prova da graça, quando sua ansiedade e a própria luz pela qual procuram devem ser provas suficientes. Espero que haja muitos de vocês que estejam à iminência da salvação sem que saibam. Houve muito trabalho preparatório em vocês, pois foram levados a ansiar pelo Salvador e estão desejosos de serem salvos por Ele. Aqui está Jesus, tome-o! Tome-o! O cálice de água é colocado diante de você. Beba-o! Não é necessário lavar sua boca primeiro ou mudar seus trajes. Beba imediatamente. Venha a Jesus como você está.

2. Ó, que o Espírito de Deus me dê poder do alto enquanto tento falar aos santos sobre **o segundo caso,** ***a saber, o dos apóstolos em Lucas 24:31.***

Aqui não temos Agar, mas Cleopas e outro discípulo (Lc 24:18). E, entretanto, esses dois sofriam da mesma cegueira espiritual de Agar, embora, é claro, não na mesma fase. Observe cuidadosamente o caso desses discípulos, pois creio que frequentemente é o nosso próprio. Eles deveriam ter reconhecido Jesus, pelas seguintes razões: *eles o conheciam*; haviam estado com Ele por anos em público e em particular; ouviam Sua voz com tanta frequência que deveriam lembrar-se de seu tom. Eles contemplaram tão frequentemente aquele rosto marcado que deveriam ter distinguido Suas características. Eles foram recebidos na Sua intimidade e deveriam conhecer Seus hábitos. O Salvador caminhando ali não deveria ser um incógnito para eles embora o fosse para o restante dos homens. Assim ocorre conosco. Talvez você não tenha encontrado Jesus ultimamente. Você já esteve à Sua mesa e não o encontrou lá, e você está em obscura aflição nesta manhã, e embora Ele diga: "Sou eu. Não temais!" (Mt 14:27), ainda assim você não o vê ali. Irmão, devemos conhecer Cristo, devemos descobri-lo imediatamente. Conhecemos Sua voz, já o ouvimos dizer: "Levanta-te, querida minha, formosa minha, e vem" (Ct 2:10). Olhamos para o Seu rosto, compreendemos o mistério de Seu sofrimento, recostamos nossa cabeça em Seu peito. Alguns de nós tiveram uma experiência de 15 ou 20 anos, alguns de 40 ou 50 anos; e, não obstante, embora Cristo esteja próximo, você não o reconhece nesta manhã e ainda diz: "Ah! Se eu soubesse onde o poderia achar!" (Jó 23:3).

Eles deveriam reconhecê-lo, porque *Jesus estava próximo a eles*; Ele estava caminhando com eles na mesma estrada, Ele não estava no alto de uma montanha a distância. Mesmo que assim fosse, eles deveriam reconhecê-lo, mas Jesus estava ali de forma idêntica com aqueles homens; e nesta hora Ele está muito próximo de nós, compadecendo-se de todos os nossos sofrimentos. O Senhor ainda aguenta e suporta conosco, embora agora exaltado no trono de glória no Céu. Estando

Ele aqui, devemos reconhecê-lo. Estando Ele próximo de Seu povo todos os dias e sendo afligido em todas as suas aflições, devemos percebê-lo. Ó, que estranha cegueira é essa que, estando Cristo próximo, nosso bem-amado Redentor, nós, entretanto, não somos capazes de detectar Sua presença!

Eles deveriam tê-lo visto, porque *tinham as Escrituras para refletir Sua imagem* e, ainda assim, quão possível é para nós que abramos esse precioso Livro e viremos página após página e não vejamos Cristo. Eles falavam sobre Cristo partindo de Moisés até o fim dos profetas, entretanto não viram Jesus. Querido filho de Deus, você está nessa situação? Ele apascenta Seu rebanho entre os lírios da Palavra, e você está entre esses lírios e, no entanto, não o vê. Jesus está acostumado a andar por entre as clareiras das Escrituras para ter comunhão com Seu povo, como o Pai fazia com Adão na viração do dia e, contudo, você está no jardim das Escrituras, mas não consegue ver seu Senhor, embora Ele ali esteja e jamais se ausente.

Além disso, esses discípulos deveriam ter visto Jesus, pois tinham as Escrituras abertas para eles. Eles não apenas ouviram a Palavra, mas a compreenderam. Tenho certeza de que a compreenderam, pois o coração deles ardia em seu interior enquanto Jesus falava com eles pelo caminho. Eu já soube como é, e vocês também, sentir o coração arder quando pensamos na preciosa verdade de Deus e ainda assim dissemos: "Ó, quisera eu poder chegar até ele!". Vocês ouviram sobre eleição e se perguntaram se em algum momento veriam novamente a face do primeiro eleito de Deus. Vocês ouviram sobre a expiação e a lúgubre história da cruz arrebatou vocês, mas vocês passaram de uma página à outra da doutrina das Escrituras, receberam-na e sentiram sua influência, mas, ainda assim, o melhor de todos os deleites, isto é, a comunhão com o Senhor Jesus Cristo, vocês não usufruem de modo aprazível.

Havia outra razão pela qual os discípulos deveriam ter enxergado Jesus, a saber, o fato de que receberam testemunhos de outros sobre Ele. "Ora, nós esperávamos que fosse ele quem havia de redimir a Israel; mas, depois de tudo isto, é já este o terceiro dia desde que tais coisas sucederam. É verdade também que algumas mulheres, das que conosco estavam, nos surpreenderam, tendo ido de madrugada ao túmulo; e, não achando o corpo de Jesus, voltaram dizendo terem tido uma visão de anjos, os quais afirmam que ele vive" (Lc 24:21-23). Ali estava o Senhor, próximo a eles. Ó! Tão estranho é que, nas ordenanças da casa de Deus, Jesus ali esteja e, no entanto, em tristes intervalos, nosso coração se esfrie tanto, torne-se tão mundano a ponto de que não consigamos vê-lo. Algo bendito é querer ver Jesus, mas, ó, melhor ainda é de fato vê-lo. Àqueles que o buscam, Ele é doce; porém, àqueles que o encontram, além do que se pode expressar Ele é amigo amado. Na reunião de oração, vocês ouviram alguns dizerem: "Se houve um momento em que meu coração o amou, Jesus, esse momento é agora"; e o coração deles ardeu quando assim o disseram. Vocês, entretanto, não conseguiram declarar o mesmo. Vocês estiveram no quarto do enfermo e ouviram o santo moribundo cantar:

Amar-te-ei em vida, amar-te-ei na morte,
Louvar-te-ei enquanto fôlego me deres
E direi quando o gélido orvalho da morte me cobre,
Tendo eu te amado, agora o é como nunca.[14]

[14] Tradução livre de uma das estrofes do hino *My Jesus, I love Thee,* de William R. Featherston (1846–73).

Vocês invejaram esse santo moribundo porque não conseguiam então sentir o mesmo confiante amor. Bem, isto é estranho, mais do que estranho, é maravilhoso: o Salvador presente, presente com Seus próprios discípulos que há muito o conheciam e ansiavam vê-lo. Porém seus olhos estão fechados, de modo que não conseguem percebê-lo. *Por que não o vemos?* Acredito que, no nosso caso, deve-se imputar o mesmo motivo que a eles: nossa *incredulidade*. Eles evidentemente não esperavam vê-lo e, portanto, não o viram. Irmãos, em grande medida nas questões espirituais, teremos o que esperamos. O pregador comum do evangelho não espera ver conversão presente e não a vê; mas há certos irmãos que conheci que pregaram com fé plena que Deus converteria e almas foram convertidas.

Alguns santos não esperam ver Cristo. Eles leem sobre a vida de Madame Guyon[15] e seus hinos que fascinam a alma e declaram: "Ah! Que mulher abençoada!". Eles abrem as cartas de Samuel Rutherford[16] e, quando as leem, dizem: "Epístolas encantadoras! Um homem único, ele é maravilhosamente bom". Não entra em suas cabeças que eles podem ser Madames Guyon e que podem ter tanta proximidade de Cristo e tanto deleite quanto Samuel Rutherford. Nós adquirimos o hábito de pensar nos santos que se foram como posicionados em nichos elevados para serem contemplados com admiração solene e imaginamos nunca poder alcançar tal magnitude. Irmãos, eles certamente são eminentes, mas acenam para que os sigamos e apontam para algo além; nos

---

[15] Influente autora cristã do século 17.

[16] Pastor presbiteriano escocês do século 17.

convidam a superá-los, para obtermos maior proximidade de Cristo, uma noção mais clara de Seu amor e um deleite mais arrebatador de Sua presença. Você não espera ver Cristo e, portanto, não o vê. Não porque Ele não está ali para ser visto, mas porque seus olhos estão fechados por conta de sua incredulidade. Eu não conheço razão alguma pela qual não deveríamos ser cheios de alegria nesta manhã, todas as pessoas entre nós que creem. Por que você pendura as harpas nos salgueiros, amado? Você diz que passa por uma prova. Sim, mas Jesus está nela. Ele afirma: "Quando passares pelas águas, eu serei contigo; quando, pelos rios, eles não te submergirão..." (Is 43:2). Por que, então, não se regozijar uma vez que o querido Pastor está com você? Que importa se há nuvens? Elas estão cheias de chuva quando Ele ali está, e elas se esvaziarão sobre a Terra.

Agora, estou certo de que é o dever de todo cristão, assim como seu privilégio, caminhar no consciente deleite do amor do Senhor Jesus Cristo; e pode ser que você tenha vindo até aqui com o propósito de que possa começar tal caminhada. Os discípulos haviam caminhado por longa distância sem reconhecer Cristo, mas, quando se sentaram à Sua mesa, foi o partir do pão que quebrou o encanto maligno, e eles enxergaram Jesus claramente naquele mesmo momento. Não negligencie essa preciosa ordenança do partir do pão. Há nela muito mais do que alguns supõem. Algumas vezes, quando a pregação da Palavra não traz alegria alguma, o partir do pão pode fazê-lo; e quando a leitura da Palavra não produz consolo, recorrer à mesa do Senhor pode ser o meio de consolo. Não há nada em ordenança alguma por si só, mas pode haver muito pecado em negligenciá-la. Não há nada, por exemplo, na ordenança do batismo dos cristãos e, no entanto, sabendo ser um dever prescrito na Palavra de Deus, pode ocorrer que o Senhor nunca lhe dê a confortável noção de Sua presença até que você renda sua consciência a esse quesito. Mas, abdicando de toda essa questão, o que você deseja é vê-lo. Somente a fé pode levar você a vê-lo.

Faça desta a sua oração nesta manhã: "Senhor, abre meus olhos para que eu veja meu Salvador presente comigo e, após tê-lo visto, que eu jamais o deixe partir. Deste dia em diante que eu passe, como Enoque, a andar com Deus e continue andando contigo até que me venha a morte, para que, então, possa habitar com o Senhor eternamente". Considero muito simples aproximar-se de Deus, se comparado ao que significa manter-se próximo. Enoque andou com Deus por 300 anos; que longa caminhada foi essa! Que jornada esplêndida ao longo da vida! Por que não deveria você começar, caro cristão, hoje, caso não o tenha feito, e andar com Deus ao longo dos poucos anos que lhe restam? Ó, levantar-se acima de névoas distantes que ofuscam o vale! Ó, escalar até o topo da montanha que gargalha à luz do sol! Ó, escapar da pesada atmosfera do mundanismo e dúvida, de medo, de preocupação, de aborrecimento; elevar-se distante dos mundanos que estão sempre em caçada terrena, cavando minas e espreitando em busca de seus tesouros e subir à habitação de Deus, no círculo mais íntimo da privacidade celestial onde ninguém pode viver, exceto homens que foram vivificados dos mortos; onde ninguém pode andar, exceto homens que estão crucificados com Cristo e que vivem somente nele. Ó, subir até lá onde nenhuma questão referente à nossa segurança pode nos atormentar; onde nenhuma preocupação lancinante pode nos inquietar, pois tudo é lançado sobre o Senhor e apoia-se inteiramente nele. Ó, viver em tal inteireza de confiança e fé cândida de modo que agora nada temos com nada mais, exceto servir o Senhor e manifestar a gratidão que devemos a Ele que tanto fez por nós. Cristo os chamou à comunhão consigo e Ele não está na sepultura. Ele ressuscitou! Ele ascendeu ao Céu! Ascenda com Ele e aprenda o que isto significa: "...e, juntamente com ele, nos ressuscitou, e nos fez assentar nos lugares celestiais em Cristo Jesus" (Ef 2:6).

4

REBECA: SEM CONCESSÃO[17]

Disse-lhe o servo: Talvez não queira a mulher seguir-me para esta terra; nesse caso, levarei teu filho à terra donde saíste? Respondeu-lhe Abraão: Cautela! Não faças voltar para lá meu filho. O Senhor, Deus do céu, que me tirou da casa de meu pai e de minha terra natal, e que me falou, e jurou, dizendo: À tua descendência darei esta terra, ele enviará o seu anjo, que te há de preceder, e tomarás de lá esposa para meu filho. Caso a mulher não queira seguir-te, ficarás desobrigado do teu juramento; entretanto, não levarás para lá meu filho. —Gênesis 24:5-8

Gênesis é o livro dos começos e o livro das dispensações. Você sabe a aplicação que Paulo faz de Sara e

[17] Sermão nº 2047, ministrado na manhã do dia do Senhor, 7 de outubro de 1888, no *Metropolitan Tabernacle*, Newington.

Agar, de Esaú e Jacó e outros semelhantes a eles. Gênesis é, por toda sua extensão, um livro que instrui o leitor nas dispensações de Deus para com o homem. Paulo diz: "Estas coisas são alegóricas..." (Gl 4:24), pelo que ele não quis dizer que não eram fatos literais, mas que, sendo fatos literais, poderiam também ser usados instrutivamente como uma alegoria. Assim posso afirmar sobre este capítulo. Ele registra o que realmente foi dito e feito; mas, ao mesmo tempo, carrega em si uma instrução alegórica com relação às coisas celestiais. O verdadeiro ministro de Cristo é como o tal Eleazar de Damasco: ele é enviado para encontrar uma esposa para o filho de seu Mestre; seu grande desejo é que muitos sejam apresentados a Cristo no dia de Sua aparição, como a noiva, a esposa do Cordeiro.

O servo fiel de Abraão, antes de iniciar sua jornada, conversou intimamente com seu mestre; e esta é uma lição para nós que executamos as tarefas de nosso Senhor. Que nós, antes de nos comprometermos com o serviço em si, vejamos a face do Mestre, falemos com Ele e contemos a Ele sobre quaisquer dificuldades que venham à nossa mente. Antes de começarmos o trabalho, que saibamos onde e em que pé estamos. Ouçamos da boca do próprio Senhor o que Ele espera que façamos e até que ponto Ele nos auxiliará na execução disso. Eu incumbo vocês, companheiros servos, de nunca avançarem em pleitear com homens em favor de Deus antes de terem, primeiro, pleiteado com Deus em favor de homens. Não arrisquem entregar uma mensagem que vocês mesmos não tenham recebido de antemão por Seu Espírito Santo. Saiam do quarto da comunhão com o Senhor e vão ao púlpito do ministério entre homens, e ali haverá em vocês algo como vigor e poder a que ninguém poderá resistir. O servo de Abraão falava e agia como alguém que se sentia destinado a fazer exatamente o que seu mestre lhe ordenara e a dizer o que seu mestre lhe disse; logo, sua única preocupação era conhecer a essência e a medida de sua incumbência.

Durante sua conversa com seu mestre, ele mencionou um pequeno ponto sobre o qual poderia haver um obstáculo, e seu mestre prontamente dissipou a dificuldade de sua mente. É sobre esse percalço, que tem ocorrido ultimamente em grande escala e tem incomodado muitos dos servos de meu Mestre, que falarei nesta manhã. Que Deus conceda que seja para o benefício de Sua Igreja em geral!

1. Iniciando nosso sermão, pediremos a vocês que, primeiro, **pensem na tarefa jubilosa, mas importante, do servo.**

Foi uma jubilosa tarefa; os sinos matrimoniais soavam ao redor dele. O casamento do herdeiro deveria ser um evento exultante. Era algo honrável para o servo lhe ser confiada a tarefa de encontrar uma esposa para o filho de seu mestre. Porém, era, em todos os aspectos, um trabalho que exigia uma responsabilidade muito grande, nada fácil de realizar. Equívocos poderiam ocorrer muito facilmente antes que ele pudesse constatá-los, e ele precisava ser perspicaz, e algo além de sua própria perspicácia também, para uma questão tão delicada. Ele tinha uma jornada distante por terras sem trilha ou estrada; tinha que procurar uma família que não conhecia e descobrir a pessoa certa para ser a esposa do filho do seu mestre. Tudo isso era um grande serviço.

O trabalho que ele assumiu *era uma realização na qual o coração de seu mestre estava empenhado*. Isaque tinha agora 40 anos e não havia demonstrado sinal de casar-se. Ele era de espírito calmo e gentil e precisava de um espírito mais ativo para incitá-lo. A morte de Sara o havia privado do consolo de sua vida o qual ele encontrava em sua mãe e, sem dúvida, lhe fez desejar uma companhia terna. O próprio Abraão era velho, já avançado em idade e naturalmente desejou ver a promessa começar a ser cumprida para que, em Isaque, sua semente fosse chamada. Portanto, com grande ansiedade, que está demonstrada no fato de ele fazer seu servo jurar da forma mais solene, Abraão o comissionou para ir à antiga habitação da família na Mesopotâmia e ali procurar a noiva de Isaque. Embora essa família não fosse de forma alguma o que se poderia desejar, ainda assim era o melhor que ele conhecia; e dado que certa luz celestial ali perdurava, ele esperava encontrar a melhor esposa para seu filho. O trabalho que ele determinara para seu servo era, não obstante, sério.

Meus irmãos, isso nada é se comparado ao peso que está sobre o verdadeiro ministro de Cristo. Todo o coração do grandioso Pai está posto em entregar a Cristo uma Igreja que será Sua amada para sempre. Jesus não deve ficar sozinho: Sua Igreja deve ser Sua amada companheira. O Pai deseja encontrar uma noiva para o grande Noivo, uma recompensa para o Redentor, um consolo para o Salvador. Portanto Ele coloca sobre todos a quem Ele chama para anunciar o evangelho que deveríamos buscar almas para Jesus e nunca descansarmos até que corações estejam unidos em matrimônio ao Filho de Deus. Ó, que a graça exerça esta incumbência!

Tal mensagem era ainda mais importante devido à pessoa para quem o cônjuge era procurado. Isaque era um personagem extraordinário; de fato, para o servo, ele era singular. Ele era um homem nascido segundo a promessa, não segundo a carne, mas pelo poder de Deus; e vocês sabem como em Cristo, e em todos que são um com Cristo, a vida vem pela promessa e pelo poder de Deus — ela não provém do homem. Isaque era, ele mesmo, tanto o cumprimento quanto o herdeiro da promessa. Infinitamente glorioso é nosso Senhor Jesus como Filho do homem! Quem declarará a Sua geração? Onde se encontrará uma auxiliadora para Ele? Uma alma apta para ser desposada por Ele? Isaque fora sacrificado; ele foi colocado no altar e, embora não tenha morrido de fato, a mão de seu pai havia desembainhado o cutelo com o qual o mataria. Abraão em espírito havia oferecido seu filho, e vocês sabem quem é aquele que pregamos e por quem pregamos; sim, Jesus, que entregou Sua vida como sacrifício pelos pecadores. Ele foi apresentado como plena oferta queimada a Deus. Ó, pelas feridas e pelo suor ensanguentado, pergunto a vocês onde encontraremos um coração tão apto para ser desposado por Ele? Como encontraremos homens e mulheres que possam recompensar dignamente esse amor tão maravilhoso, tão divino como o dele, que morreu a morte da cruz? Isaque fora também, figurativamente, ressuscitado dos mortos. Para seu pai ele era "como morto", como disse o apóstolo, e Isaque foi devolvido a ele dos mortos. Mas nosso bendito Senhor de fato ressuscitou de uma morte verdadeira e está diante de nós neste dia como o Conquistador da morte, o Destruidor da sepultura. Quem se unirá a este Conquistador? Quem é digno de habitar em glória com este que é glorioso? Poder-se-ia pensar que todo coração anelaria tal felicidade e saltaria na perspectiva de tal inigualável honra; e que ninguém recuaria a menos por uma percepção de grande indignidade. Infelizmente, não o é assim, embora devesse ser.

Que importante tarefa temos que cumprir para encontrar aqueles que estarão para sempre conectados em santa união ao Herdeiro da promessa — Aquele que foi sacrificado e ressuscitou! Isaque era tudo para seu pai. Abraão teria dito a Isaque: "Tudo o que tenho é seu". É assim com nosso bendito Senhor, a quem Deus fez Herdeiro de todas as coisas; por quem também Ele fez os mundos, "porque aprouve a Deus que, nele, residisse toda a plenitude" (Cl 1:19). Que dignidade será colocada sobre qualquer um de vocês que estão casados com Cristo! A que altura de eminência vocês serão elevados ao tornarem-se um com Jesus! Ó pregador, que obra você tem a executar hoje, encontrar aqueles a quem você dará o bracelete e sobre cuja face você pendurará a joia! A quem eu direi: "Deseja entregar seu coração a meu Senhor? Deseja ter Jesus como sua confiança, sua salvação, seu tudo em todas as coisas? Você está disposto a tornar-se dele para que Ele seja seu?".

Não disse eu verdadeiramente que se tratava de tarefa jubilosa, mas pesada, quando você pensa em como deveria ser aquela com quem o filho de seu mestre se casaria? Ela deveria, ao menos, ser bela e estar disposta. No dia do poder de Deus, corações se tornam dispostos. Não pode haver casamento com Jesus sem um coração de amor. Onde encontraremos este disposto coração? Somente onde a graça de Deus tem agido. Ah, então, vejo como encontrarei beleza também, entre os filhos dos homens! Maculada como é nossa natureza pelo pecado, somente o Espírito Santo pode transmitir a beleza da santidade que permitirá que o Senhor Jesus veja formosura em Seus escolhidos. Ai de mim, pois há em nosso coração uma aversão a Cristo e uma indisposição para aceitá-lo e, ao mesmo tempo, uma terrível inadequação e indignidade! O Espírito de Deus implanta o amor que é de origem celestial e renova o coração com uma regeneração do alto; e assim buscamos ser um com Jesus, mas não antes disso. Veja, então, como nossa missão pede o auxílio do próprio Deus.

Pense no que se tornará aquela que se casará com Isaque! Ela deverá ser seu deleite, sua amável amiga e companheira. Ela deverá ser participante de toda a sua riqueza e, especialmente, ela deve ser participante do grande pacto de aliança que foi particularmente vinculado a Abraão e sua família. Quando um pecador vem a Jesus, o que ele passa a ser para Cristo? Seu deleite está no redimido: o Senhor comunga com ele, ouve sua oração, aceita seu louvor, age nele e com ele, bem como se glorifica nele. Cristo faz do homem que crê herdeiro com Ele, de tudo o que Ele possui e o apresenta à casa do tesouro da aliança, onde as riquezas e a glória de Deus estão armazenadas para Seus escolhidos. Ah, caros amigos! É ofício diminuto, aos olhos de alguns, pregar o evangelho e, no entanto, se Deus for conosco, nosso serviço é mais do que o de anjos. De uma maneira humilde, vocês estão falando de Jesus a seus meninos e meninas em suas aulas, e alguns os desprezarão como sendo apenas "professores de Escola Dominical". No entanto seu trabalho tem em si peso espiritual desconhecido aos conclaves de senadores e ausente dos conselhos de imperadores. Daquilo que vocês dizem dependem a morte, o inferno e os mundos desconhecidos. Vocês estão desenvolvendo os destinos de espírito imortais, tirando almas da ruína para a glória, do pecado para a santidade.

Não é trabalho de diminuto valor
Que suas obras de terno amor vindicam;
Mas o coração de um anjo conquistam
E ocupam as mãos do Salvador.[18]

Ao executar sua incumbência, *tal servo não deve poupar esforços*. Dele seria exigido que viajasse grande distância, tendo indicação geral de direção, mas sem conhecer o caminho. Ele deve ter orientação e proteção divinas. Quando chegar ao local, ele deve exercer grande bom senso e, ao mesmo tempo, uma dependência confiante na bondade e sabedoria de Deus. Seria a maravilha das maravilhas se ele encontrasse a mulher escolhida, e somente o Senhor poderia concretizar tal milagre. Esse servo tinha todo o cuidado e fé necessários. Nós lemos a história sobre como ele viajou, orou e suplicou. Nós teríamos clamado: "Quem é bom o bastante para estas coisas?", mas vemos que o Senhor Jeová o fez bom o suficiente, e a missão do servo foi executada alegremente.

Como podemos nos colocar na posição certa para chegar até pecadores e conquistá-los para Jesus? Como aprenderemos a pronunciar as palavras certas? Como adequaremos nosso ensino à condição do coração deles? Como nos adaptaremos aos seus sentimentos, seus preconceitos, suas tristezas e suas tentações? Irmãos, nós que continuamente pregamos o evangelho, bem podemos clamar: "...Se a tua presença

[18] Tradução livre de uma das estrofes do hino 399 do *The Devotional Hymn and Tune Book*, 1864.

não vai comigo, não nos faças subir deste lugar" (Êx 33:15). Buscar pérolas no fundo do mar é brincadeira de criança se comparado a alcançar almas nesta perversa Londres. Se Deus não estiver conosco, podemos procurar até cansar os olhos e, em vão, desgastar nossa língua. Somente conforme o Deus Todo-poderoso guia e orienta, influencia e inspira, podemos aplicar nossa confiança solene; somente pelo auxílio divino voltaremos jubilosamente, trazendo conosco os escolhidos do Senhor. Somos os amigos do Noivo e nos regozijamos grandemente em Sua alegria, mas suspiramos e clamamos até que tenhamos encontrado o coração dos escolhidos em quem Ele se deleitará, a quem Ele elevará para sentar-se com Ele em Seu trono.

2. Segundo, eu pediria que **considerassem o sensato temor que é mencionado.**

O servo de Abraão disse: "...Talvez não queira a mulher seguir-me para esta terra..." (Gn 24:5). Essa é uma dificuldade muito séria, importante e comum. Não estando a mulher disposta, nada poderá ser feito; a força e a fraude estão fora de cogitação, deve haver disposição verdadeira ou, neste caso, não haverá casamento. Aqui estava a dificuldade: havia uma vontade com a qual lidar. Ah, meus irmãos! Essa é nossa dificuldade ainda hoje. Permitam-me descrever em detalhes, pois, como apareceu para o servo, ela surge para nós.

A mulher pode não crer em meu relato ou não se impressionar com ele. Quando chegar a ela e lhe disser que fui enviado por Abraão, ela poderá me olhar no rosto e dizer: "Hoje em dia há muitos enganadores". Caso lhe diga que o filho de meu mestre é extremamente belo e rico e que ele alegremente a tomaria para si, ela poderá responder: "Contos e romances incríveis são comuns nestes dias, mas o prudente não deixa sua casa". Irmãos, em nosso caso esse é um fato triste. O grande profeta messiânico clamava na antiguidade: "Quem creu em nossa pregação?..." (Is 53:1). Nós também clamamos com as mesmas palavras. Homens não se importam com o relato do grande amor de Deus pelos rebeldes filhos dos homens. Eles não creem que o Senhor infinitamente glorioso está buscando o amor do homem pobre e insignificante e que, para ganhá-lo, entregou Sua vida. O calvário, com sua riqueza de misericórdia, sofrimento, amor e mérito, é desconsiderado. De fato, contamos uma história maravilhosa e pode bem parecer boa demais para ser verdade, mas é de fato triste que a multidão de homens siga seus caminhos em busca de trivialidades e considere essas grandiosas realidades como apenas sonhos. Fico prostrado em agonia pelo fato de que o grande amor de meu Senhor, que o levou a morrer pelos homens, dificilmente seja considerado digno para que ouçamos acerca dele, muito menos para que nele creiamos. Aqui temos o casamento celestial e as núpcias de realeza colocados ao nosso alcance, mas, com desdém, vocês viram as costas e preferem as seduções do pecado.

Havia outra dificuldade: *era esperado que a moça sentisse amor por alguém a quem nunca tinha visto*. Ela apenas ouvira recentemente que havia uma pessoa como Isaque, mas ela deveria amá-lo o bastante a ponto de deixar sua parentela e percorrer uma longa distância. Isso só foi possível porque ela reconheceu a vontade de Jeová na questão. Ah, meus caros ouvintes! Tudo o que lhes dizemos é concernente a coisas ainda não vistas, e aqui está a nossa dificuldade. Vocês têm olhos e querem ver todas as coisas; vocês têm mãos e tudo querem manejar. Mas há um a quem vocês ainda não podem ver, que ganhou nosso amor devido àquilo em que cremos com relação a Ele. Dele podemos dizer verdadeiramente: "...a quem, não havendo visto, amais; no qual, não vendo agora, mas crendo, exultais com alegria indizível e cheia de glória" (1Pe 1:8). Sei que vocês respondem ao nosso apelo desta forma: "Vocês exigem demais de nós ao nos pedirem que amemos o Cristo a quem nunca vimos". Eu posso apenas responder: "Assim é: pedimos a vocês mais do que esperamos receber". A menos que Deus, o Espírito Santo, realize um milagre da graça em seus corações, vocês não serão convencidos por nós a abandonar suas antigas associações e a unirem-se ao nosso amado Senhor. E, no entanto, caso de fato venham a Ele e o amem, Ele lhes satisfará mais do que tudo, pois vocês encontrarão nele o descanso para a alma e a paz que excede todo o entendimento.

O servo de Abraão pode ter pensado: *A mulher pode recusar-se a fazer tão grande mudança* como abandonar a Mesopotâmia e mudar-se para Canaã. Ela nascera e fora criada em um país estabilizado, e todos os seus relacionamentos estavam na casa de seu pai. Para casar-se com Isaque, ela deveria afastar-se deles. Da mesma forma, vocês não podem ter Jesus e o mundo. Vocês devem romper com o pecado para se unir a Jesus. Vocês devem se desprender do mundo licencioso, do mundo glamoroso, do mundo científico e do mundo que se conhece por religioso. Caso vocês se tornem cristãos, devem abandonar velhos hábitos, velhas motivações, velhas ambições, velhos prazeres, velhas pretensões, velhos modos de pensar. Tudo deve se tornar novo. Vocês devem deixar as coisas que amavam e buscar muitas das coisas que até aqui desprezaram. Deve vir a vocês tão grande mudança como se tivessem morrido e sido criados novamente. Vocês respondem: "Devo suportar tudo isso por Alguém a quem nunca vi e por uma herança na qual nunca pus os pés?". É isso mesmo! Embora eu me entristeça por vocês virarem as costas, não fico de modo algum surpreso, pois não é concedido a muitos ver Aquele que é invisível ou escolher o caminho estreito e restrito que leva à vida eterna. O homem, ou a mulher, que deseja seguir o mensageiro de Deus para casarem-se com Noivo tão insólito é um pássaro raro.

Além disso, poderia ser uma grande dificuldade para Rebeca, tivesse ela alguma dificuldade, pensar que, *dali em diante, ela teria que levar uma vida de peregrina*. Ele abriria mão de uma casa, uma fazenda, em troca de uma tenda e uma vida nômade. Abraão e Isaque não encontravam cidade na qual habitar, mas vagueavam de um lugar a outro, habitando sozinhos, peregrinos com Deus. Seu modo de vida exterior era típico do caminho da fé, pelo qual homens vivem no mundo, mas não pertencem a ele. Para todos os efeitos, Abraão e Isaque estavam fora do mundo e viviam em seu solo sem vínculo duradouro com ele. Eles eram os homens de Deus, e Deus era sua posse. O Senhor se separou para eles, e eles eram separados para o Senhor. Rebeca poderia ter dito: "Isso nunca dará certo para mim. Não posso me exilar. Não posso abandonar os confortos de uma habitação estável para vagar pelos campos para onde quer que os rebanhos exijam que se vá". Não ocorre à maioria da humanidade que seja algo bom estar no mundo e, no entanto, não pertencer a ele.

Eles não são forasteiros para o mundo, anseiam ser admitidos mais plenamente em sua "sociedade". Não são peregrinos aqui com seus tesouros no Céu, anseiam adquirir uma boa quantia na Terra e encontrar seu céu em desfrutar dela e em enriquecer suas famílias. Por serem minhocas, a Terra lhes satisfaz. Se um homem qualquer deixa de ser ímpio e faz das coisas espirituais seu único propósito, o mundo o despreza como a um entusiasta sonhador. Muitos homens pensam que as questões da religião existem meramente para serem lidas e para que se pregue sobre elas, mas que viver por elas seria viver uma existência ilusória e impraticável. Porém o espiritual é, afinal de contas, a única coisa real. O material é, na mais profunda verdade, o que é visionário e utópico. Ainda assim, quando as pessoas viram as costas devido à dureza de batalha santa e à espiritualidade da vida de fé, não nos espantamos, visto que dificilmente esperamos que reajam de outra forma. A menos que o Senhor renove o coração, homens sempre preferirão o pássaro na mão desta vida ao pássaro voando da vida vindoura.

Além do mais, talvez a mulher *pode não se importar com a aliança da promessa*. Não tendo ela consideração alguma por Jeová e Sua vontade revelada, ela provavelmente não iria com o homem para casar-se com Isaque. Ele era o herdeiro das promessas, o herdeiro dos privilégios da aliança que o Senhor por juramento havia prometido. Sua escolhida se tornaria a mãe da semente escolhida em quem Deus havia constituído bênção ao mundo ao longo de todas as eras, o Messias, a semente da mulher, que feriria a cabeça da serpente.

Entretanto a mulher poderia não ver o valor da aliança, nem apreciar a glória da promessa. As coisas sobre as quais pregamos, tais como a vida eterna, união com Cristo, ressurreição dos mortos, reinar com Ele para todo o sempre, parecem ao coração entorpecido dos homens ser contos insignificantes. Fale a eles sobre um juro mais alto para seu dinheiro, de grandes propriedades a se possuir para empreendimento ou de honras a serem prontamente recebidas e invenções a serem descobertas, e eles prontamente abrirão seus olhos e ouvidos, pois aqui há algo digno de se saber; mas as coisas de Deus, eternas, imortais, ilimitadas — estas não têm importância alguma para eles. Eles não poderiam ser induzidos a ir de Ur para Canaã por tais trivialidades como a vida eterna, o Céu e Deus.

Então, vocês veem nossa dificuldade? Muitos são completamente céticos e outros oscilam e se opõem. Um grande número nem mesmo ouvirá a nossa história, e, daqueles que de fato ouvem, a maioria é descuidada e outros hesitam e adiam a séria consideração. Infelizmente, falamos a ouvidos indispostos.

3. Terceiro, eu me **aprofundaria nesta sugestão tão natural do servo.**

Este prudente assistente argumenta: "...Talvez não queira a mulher seguir-me para esta terra; nesse caso, levarei teu filho à terra donde saíste?" (Gn 24:5). Não vindo ela até Isaque, deverá Isaque descer até ela?

Esta é a sugestão da hora presente: se o mundo não vier a Jesus, deverá Ele rebaixar Seus ensinos ao mundo? Em outras palavras, se o mundo não se elevar à igreja, não deverá a igreja descer ao mundo? Em lugar de oferecer aos homens que se convertam e saiam do meio de pecadores e deles se separem, unamo-nos com o mundo impiedoso, entremos em união com ele e assim o impregnemos com nossa influência permitindo que nos influencie. Tenhamos um mundo cristão. Para este fim, revisemos nossas doutrinas. Algumas são ultrapassadas, soturnas, severas, impopulares; a estas, vamos abandoar. Utilizem as antigas expressões, de modo a agradar os obstinadamente ortodoxos, mas dando a elas novos significados para ganhar infiéis filosóficos que ficam à espreita. Aparem as arestas de verdades desagradáveis e atenuem o tom dogmático de revelação infalível; digam que Abraão e Moisés cometeram erros e que os livros que há tanto tempo foram considerados com reverência estão repletos de erros. Denigram a antiga fé e tragam a nova dúvida, pois os tempos estão alterados e o espírito da era sugere o abandono de tudo que seja severamente justo demais e com grande certeza pertencente a Deus.

A enganosa adulteração da doutrina é acompanhada por uma falsificação da experiência. Aos homens agora é dito que nasceram bons, ou assim passaram a ser por seu batismo quando criança, e então esta grande sentença: "Importa-vos nascer de novo" (Jo 3:7) fica desprovida de sua força. O arrependimento é ignorado, a fé é uma droga no mercado comparada à "dúvida honesta", e lamentar pelo pecado e a comunhão com Deus são dispensados para abrir caminho a entretenimentos e socialismo e política de nuances variadas. Uma nova criatura em Cristo Jesus é considerada como uma invenção amarga de Puritanos fanáticos. É verdade que com o mesmo fôlego exaltam a Oliver Cromwell[19], mas lembramos

[19] General e político inglês; Lorde protetor da Inglaterra, que protagonizou a Revolução Puritana inglesa (1642–51).

que 1888 não é 1648. O que era bom e grandioso há 300 anos é mero fingimento hoje. É isso que o "pensamento moderno" está nos dizendo, e, sob sua orientação, toda a religião está sendo rebaixada. A religião espiritual é desprezada, e uma moralidade sofisticada é estabelecida em seu lugar. Arrume-se bem no domingo, comporte-se e, acima de tudo, acredite em tudo exceto no que você lê na Bíblia e você estará bem. Seja sofisticado e pense com aqueles que professam ser científicos — este é o primeiro e grande mandamento da escola moderna; e o segundo é semelhante: não seja singular, mas seja tão mundano quanto seus próximos. Assim Isaque está descendo a Padã-Arã; assim a Igreja está descendo ao mundo.

Homens parecem dizer: "Não há utilidade alguma em prosseguir da maneira antiga, atraindo um aqui e outro ali da grande massa. Queremos um modo mais rápido. Esperar até que pessoas nasçam de novo e se tornem seguidores de Cristo é um longo processo. Vamos abolir a separação entre o regenerado e o não regenerado. Venham à igreja, todos vocês, convertidos e não convertidos. Vocês têm bons desejos e boas resoluções; isso é suficiente, não se perturbem mais. É verdade que vocês não creem no evangelho, mas nós também não. Vocês creem em alguma coisa ou outra. Venham se vocês não creem em nada, não há problema, sua 'dúvida honesta' é muito melhor que a fé".

"Mas", vocês dizem, "ninguém fala dessa maneira". Possivelmente não utilizam as mesmas palavras, contudo esse é o verdadeiro significado da religião dos dias atuais; esse é o desvio dos tempos. Eu posso justificar a afirmação mais ampla que fiz, pela ação ou pelo discurso de certos ministros que estão traindo perfidamente nossa santa religião sob o fingimento de adaptá-la a esta era progressista. O novo plano é assimilar a Igreja ao mundo e assim incluir uma área ainda maior dentro de suas fronteiras. Por performances semidramáticas, eles constroem casas de oração semelhantes a teatros; transformam seus cultos em shows musicais e seus sermões em arengas ou ensaios filosóficos. De fato, eles trocam o templo pelo teatro e transformam ministros de Deus em atores, cujo negócio é entreter homens. Não é assim que o dia do Senhor está se tornando cada vez mais um dia de recreação ou de ociosidade e a casa do Senhor uma casa de adoração a ídolos [Templo Chinês ou relicário] repleta deles, ou um clube político onde há mais entusiasmo por uma festa que zelo por Deus? Ah! As coberturas estão destruídas, as paredes arrasadas e para muitos não há doravante igreja exceto como uma porção do mundo, não há Deus exceto como uma força incognoscível pela qual as leis da natureza agem.

Essa, então, é a proposta. A fim de ganhar o mundo, o Senhor Jesus deve conformar-se, conformar Seu povo e Sua Palavra ao mundo. Não mais permanecerei discutindo proposta tão repugnante.

4. Quarto, observe o repúdio categórico, fiel de seu mestre à proposta.

Abraão responde, breve e nitidamente: "Cautela! Não faças voltar para lá meu filho" (Gn 24:6). O Senhor Jesus Cristo lidera este grupo de emigrantes que saíram do mundo. Referindo-se a Seus discípulos, Jesus declara: "...eles não são do mundo, como também eu não sou" (Jo 17:14). Nós não somos do mundo por nascimento, não somos do mundo em vida, não somos do mundo em finalidade, não somos do mundo em espírito, não somos do mundo em aspecto algum. Jesus e aqueles que estão nele, constituem uma nova raça. A proposta de voltar ao mundo é repugnante a nossos melhores instintos; sim, mortal para nossa vida mais nobre. Uma voz do Céu clama: "Não faças voltar para lá meu filho". Que o povo a quem o Senhor tirou do Egito não retorne à casa da escravidão, mas que Seus filhos saiam e sejam separados, e o Senhor Jeová será para eles um Pai.

Perceba como Abraão faz a pergunta. Na verdade, ele assim argumenta: *Isto seria renunciar à ordem divina*. Pois Abraão afirma: "O SENHOR, Deus do céu, que me tirou da casa de meu pai e de minha terra natal..." (Gn 24:7). Por que, então, se Deus tirou Abraão, Isaque retornaria? Isso não pode ocorrer. Até então o modo de Deus com Sua Igreja fora separar um povo do mundo para ser Seu eleito — um povo formado por Ele mesmo, que manifestará Seu louvor. Amado, o plano de Deus não foi alterado. Ele ainda continuará a chamar aqueles a quem Ele predestinou. Não nos oponhamos a esse fato e suponhamos que podemos salvar homens em larga escala ignorando a distinção entre os mortos no pecado e os vivos em Sião. Se Deus tivesse planejado abençoar a família em Padã-Arã permitindo que Seus escolhidos habitassem entre eles, por que chamou Abraão para sair de lá? Se Isaque fizesse bem em habitar lá, por que Abraão saiu? Não havendo necessidade de uma Igreja separada agora, onde estivemos ao longo de todas essas eras? O sangue do mártir foi derramado por mera insensatez? Confessos e reformadores enlouqueceram ao contender por doutrinas que, assim aparentaria, são de pouco significado? Irmãos, há duas sementes — a semente da mulher e a semente da serpente — e a diferença será mantida até o fim; e não precisamos ignorar essa distinção para agradar a homens.

Isaque descer à casa de Naor à procura de uma esposa seria colocar Deus em segundo lugar, abaixo de uma esposa. Abraão começa imediatamente com uma referência a Jeová: "O Senhor, Deus do céu...", pois Jeová era tudo para ele e também para seu filho. Isaque nunca renunciaria sua caminhada com o Deus vivo para que pudesse encontrar uma esposa. Mas tal apostasia é suficientemente comum hoje em dia. Homens e mulheres que professam piedade renunciarão aquilo em que professam crer, a fim de encontrarem esposas ou maridos mais ricos para si ou para seus filhos. Para essa conduta mercenária, não há desculpa. "Uma sociedade melhor" é o clamor, que significa mais prosperidade e sofisticação. Para o homem verdadeiro, Deus é o primeiro — sim, tudo em todas as coisas; mas Deus é colocado onde não há interesse algum (ou nas sobras), e todo o restante é colocado à frente dele pelo cristão professo. Em nome de Deus, peço a vocês que são fiéis a Deus e à Sua verdade que permaneçam firmes independentemente do que percam e não virem as costas para Ele a despeito do que possam ganhar. Considerem a repreensão por Cristo como riquezas mais grandiosas que todos os tesouros do Egito. Desejamos o espírito de Abraão em nós, e isso alcançaremos quando tivermos a fé de Abraão.

Abraão sentia que tal atitude seria como *renunciar a promessa da aliança*. Vejam como ele coloca: "O Senhor, Deus do céu, que me tirou da casa de meu pai e de minha terra natal, e que me falou, e jurou, dizendo: À tua descendência darei esta terra..." (Gn 24:7). Devem eles, então, abandonar a terra e voltar ao lugar do qual o Senhor os chamou? Irmãos, nós também somos herdeiros da promessa de coisas ainda não vistas. Por amor a isso, caminhamos pela fé e consequentemente passamos a ser separados daqueles ao nosso redor. Nós habitamos entre homens como Abraão habitava entre os cananeus, mas nós somos de raça distinta; somos nascidos de um novo nascimento, vivemos sob diferentes leis e agimos por motivações incomuns. Caso voltemos aos caminhos dos mundanos e sejamos contados com eles, teremos renunciado a aliança de nosso Deus, a promessa já não mais é nossa e a herança eterna está em outras mãos. Vocês não sabem disso? No momento em que a Igreja diz: "Serei como o mundo", ela terá se condenado com o mundo. "...vendo os filhos de Deus que as filhas dos homens eram formosas, tomaram para si mulheres, as que, entre todas, mais lhes agradaram" (Gn 6:2). Veio então o dilúvio e os varreu a todos. Assim acontecerá novamente caso o mundo tome a igreja em seus braços; virá então julgamento esmagador e poderá ser um dilúvio de fogo devorador. A promessa da aliança e a herança da aliança não mais nos pertencerão se descermos ao mundo e abandonarmos nossa peregrinação com o Senhor.

Além do mais, caros amigos, *bem algum pode surgir do tentar conformar-se com o mundo*. Suponhamos que a política do servo pudesse ser adotada e Isaque tivesse descido à casa de Naor. Qual teria sido o motivo? Poupar Rebeca da dor de separar-se de seus amigos e do incômodo de viajar. Ocorrendo que estas coisas pudessem impedi-la, que valor ela teria para Isaque? O teste de separação era salutar e de modo algum deveria ser preterido. Pobre esposa é aquela que não faz a jornada para chegar a seu marido. E todos os convertidos que a igreja conquistar pelo abrandar de sua doutrina e por tornar-se mundana não valerão um mísero tostão. Quando os ganharmos, a pergunta seguinte será: "Como podemos nos livrar deles?". Eles não seriam de utilidade terrena alguma para nós. O número de israelitas cresceu ao saírem do Egito, dado que um grande número da classe mais baixa de egípcios foi com eles. Sim, mas esse misto de gente se tornou a praga de Israel no deserto, pois lemos: "E o populacho que estava no meio deles veio a ter grande desejo das comidas dos egípcios..." (Nm 11:4). Os israelitas eram ruins o suficiente, mas era essa turba agregada que sempre abria o caminho da murmuração. Por que há tal morte espiritual hoje? Por que a falsa doutrina é tão desenfreada nas igrejas? É porque temos pessoas impiedosas na igreja e no ministério. A avidez por números e, especialmente, a avidez por incluir pessoas respeitáveis adulteraram muitas igrejas e as fizeram afrouxar em doutrina e prática, além de torná-las afeiçoadas a distrações néscias. Essas são as pessoas que desprezam uma reunião de oração, mas apressam-se para encontrar "estátuas de cera vivas" em suas salas de aula. Que Deus nos salve de convertidos que surgem pelo padrão rebaixado e pelo macular da glória espiritual da igreja! Não, não; se Isaque deve ter uma esposa digna dele, ela se afastará de Labão e do restante e não se importará com uma jornada sobre o lombo de um camelo. Verdadeiros convertidos nunca são desencorajados pela verdade ou pela santidade — estas, na verdade, são coisas que lhes encantam.

Ademais, Abraão sentia que *não poderia haver razão para levar Isaque até lá*, pois o Senhor certamente encontraria uma esposa para ele. Abraão disse: "...ele enviará o seu anjo, que te há de preceder, e tomarás de lá esposa para meu filho"

(Gn 24:7). Você teme que, ao pregar o evangelho, não ganhará almas? Você está desanimado com relação a obter sucesso da maneira de Deus? É esse o motivo pelo qual você anseia por oratória sagaz? É por isso que vocês precisam ter música, arquitetura, flores e chapelaria? Afinal de contas, é por força e por poder e não pelo Espírito de Deus? Assim o é na opinião de muitos. Amados irmãos, há muitas coisas que posso permitir a outros adoradores e que neguei a mim mesmo ao conduzir a adoração nesta congregação. Há muito tempo trabalho, diante de seus olhos, o experimento de atrair pessoas ao evangelho de Jesus Cristo sem subterfúgios. Nosso culto é rigorosamente claro. Homem algum jamais vem até aqui para agradar os olhos de vocês com arte ou seus ouvidos com música. Eu coloquei diante de vocês, ao longo desses muitos anos, nada além do Cristo crucificado e a simplicidade do evangelho; no entanto onde encontrarão uma multidão como esta, reunida nesta manhã? Onde encontrarão uma multidão como nesta reunião, *Shabat* após *Shabat*, por 35 anos? Eu nada lhes mostrei exceto a cruz, a cruz sem as flores da oratória, a cruz sem as luzes azuis da superstição ou empolgação, a cruz sem diamantes de patente eclesiástica, a cruz sem os pilares de uma ciência jactanciosa. É profusamente satisfatório atrair homens primeiro à cruz e então à vida eterna! Nesta casa, provamos com sucesso, nesses muitos anos, esta grande verdade: o evangelho pregado claramente ganhará uma plateia, converterá pecadores e edificará e susterá a igreja. Nós suplicamos ao povo de Deus que percebam não haver necessidade de tentar recursos duvidosos e métodos questionáveis. Deus ainda salvará pelo evangelho; deixe que seja apenas o evangelho em sua pureza. Esta grande e antiga espada fenderá a espinha dorsal de um homem e dividirá em duas partes a rocha. Como pode ser que execute tão pouco considerando sua notável obra conquistadora? Eu direi a vocês. Vocês veem esta bainha de trabalho artístico, tão maravilhosamente elaborada? Muitos e muitos mantêm a espada nesta bainha e, portanto, o seu fio jamais executa seu trabalho. Tire-a da bainha. Lance fora tal bainha, arremesse-a ao Hades e então veja como, nas mãos do Senhor, essa gloriosa espada de dois gumes ceifará campos de homens como cortadores de grama nivelam o gramado com suas lâminas. Não há necessidade de descer ao Egito pedindo ajuda. Convidar o demônio para auxiliar Cristo é vergonhoso. Por favor, Deus, ainda veremos prosperidade quando a Igreja do Senhor se determinar a jamais buscá-la, exceto à maneira de Deus.

5. E agora, o quinto ponto: observe **a justa absolvição de seu servo.**

"Caso a mulher não queira seguir-te, ficarás desobrigado do teu juramento; entretanto, não levarás para lá meu filho" (Gn 24:8).

Quando estivermos morrendo, caso tenhamos pregado fielmente o evangelho, nossa consciência não nos acusará de tê-lo guardado para nós; não lamentaremos não termos feito papel de tolos ou de políticos para aumentar nossa congregação. Ó, não! Nosso Mestre nos dará absolvição plena, mesmo que poucos sejam reunidos, contanto que tenhamos sido fiéis a Ele. "Caso a mulher não queira seguir-te, ficarás desobrigado do teu juramento; entretanto, não levarás para lá meu filho." Não tente as artimanhas que rebaixam a religião.

Mantenha-se no evangelho simples e, se as pessoas não se converterem por ele, você estará desobrigado. Meus caros ouvintes, como anseio vê-los salvos! Mas eu não desmentiria o meu Senhor, ainda que fosse para ganhar a alma de vocês, se assim pudessem ser ganhas. O verdadeiro servo de Deus é responsável pela diligência e fidelidade, mas ele não é responsável pelo sucesso ou insucesso. Os resultados estão nas mãos de Deus. Ocorrendo que essa querida criança em sua classe não se converta, ainda assim, se você colocou diante dela o evangelho de Jesus Cristo com sinceridade terna e cercada de oração, você não ficará sem sua recompensa. Se eu pregar de toda minha alma a grande verdade de que a fé no Senhor Jesus Cristo salvará meus ouvintes, e eu os convenço, e a eles suplico que creiam em Jesus para a vida eterna, e eles não o fazem, o sangue deles estará sobre suas próprias cabeças. Quando eu voltar a meu Mestre, se eu tiver proclamado fielmente Sua mensagem de graça gratuita e amor até a morte, estarei desobrigado. Eu com frequência orei para que fosse capaz de finalmente dizer o que George Fox[20] podia dizer tão verdadeiramente: "Estou absolvido! Estou absolvido!". É minha maior ambição ser absolvido do sangue de todos os homens. Eu preguei a verdade de Deus, até onde sei, e não me envergonhei de suas peculiaridades. Para não invalidar meu testemunho, afastei-me daqueles que se desviam da fé e até mesmo dos que se associam a estes. O que mais posso fazer para ser honesto com vocês? Se, ao final, os homens não querem a Cristo, Seu evangelho e Seu senhorio, isso é problema apenas deles. Não tivesse Rebeca ido a Isaque, ela teria perdido sua posição na

[20] Clérigo e missionário inglês (1624–91), fundador da Sociedade de Amigos (ou Quakers).

linhagem santa. Meu amado ouvinte, você receberá Jesus Cristo ou não? Ele veio ao mundo para salvar pecadores e Ele não lança nenhum deles fora. Você o aceitará? Você confiará nele? "Quem crer e for batizado será salvo..." (Mc 16:16). Você crerá nele? Você será batizado no nome dele? Caso sim, a salvação é sua; mas, caso não, Ele mesmo declara: "...quem, porém, não crer será condenado" (Mc 16:16). Ó, não se exponham a tal condenação! Ou, se estiverem decididos quanto a isso, então, quando o grande trono branco for visto além nos Céus e o dia do juízo vier, façam-me justiça e reconheçam que eu insisti para que corressem para Jesus e que não lhes distraí com teorias romanceadas. Eu não trouxe flauta, harpa, saltério, dulcimer[21], nem qualquer outro tipo de música para agradar seus ouvidos, mas coloquei Cristo crucificado diante de vocês e lhes ofereci que cressem e vivessem. Se recusarem-se a aceitar a substituição de Cristo, vocês terão rejeitado suas próprias misericórdias. Absolvam-me nesse dia de toda cumplicidade às invenções inusitadas de homens iludidos. Quanto a meu Senhor, rogo a Ele por graça para ser fiel até o fim, tanto à Sua verdade quanto à alma de vocês. Amém.

[21] Instrumento musical pertencente à família do saltério que é composto por várias cordas de metal distribuídas ao longo de uma caixa de ressonância plana.

5

RAABE: O CORDÃO DE ESCARLATA NA JANELA[22]

...ela atou o cordão de escarlata à janela.

—Josué 2:21

Toda pequena ocorrência em uma notável conversa como esta da meretriz Raabe é digna de ser observada. O apóstolo Tiago a empregou como exemplo do fato de que a fé é sempre assistida por boas obras. Ele pergunta: "...não foi também justificada por obras a meretriz Raabe, quando acolheu os emissários e os fez partir por outro caminho?" (Tg 2:25), enquanto Paulo a menciona como um exemplo de justificação pela fé ao declarar: "Pela fé, Raabe, a meretriz, não foi destruída com os desobedientes..." (Hb 11:31). Visto que esses dois eminentes apóstolos encontraram uma ilustração

[22] Sermão nº 3168, publicado na quinta-feira, 28 de outubro de 1909; ministrado no *Metropolitan Tabernacle*, Newington.

de uma importante doutrina na vida de Raabe, nós certamente podemos fazer o mesmo. Tendo havido alguma significância em esconder os espias "entre as canas do linho", então também houve em atar "o cordão de escarlata".

Os dois espias que Raabe havia escondido fizeram um acordo com ela: Raabe ataria o cordão de escarlata à janela pela qual os havia descido, para que eles soubessem, no dia da batalha, qual era a casa em que ela habitava. Ela cumpriu a solicitação e exibiu o símbolo escolhido. Em conexão a este cordão de escarlata, eu observo quatro aspectos.

1. Primeiro, vejo aqui **uma obediente mulher de fé.**

Disseram a Raabe que amarrasse o fio escarlate à janela, e ela o fez; ali houve *obediência exata*. Não era meramente *um* fio, *um* cordão, mas o *cordão de escarlata*. Ela não o substituiu por um cordão azul, ou verde ou branco. A ordem era que fosse o cordão de escarlata, não outro, e ela usou esse específico cordão. A obediência a Deus, será vista muitas vezes em pequenas questões. O amor sempre se deleita em acompanhar as pequenas coisas e desse modo torná-las grandes. Ouvi sobre um puritano que foi acusado de ser zeloso demais, mas sua resposta foi excelente: "Eu sirvo a um Deus zeloso".

O Senhor nosso Deus é um Deus zeloso e Ele zela profundamente por Suas ordenanças. Golpear a rocha em vez de falar a ela, aparentemente, foi um pequeno erro cometido por Moisés, no entanto ele não pôde entrar no descanso prometido devido a tal ofensa. Uma pequena ação pode envolver um grande princípio, logo é nossa responsabilidade sermos muito prudentes e cuidadosos. Devemos buscar qual é a vontade do Mestre sem jamais vacilar ou hesitar por qualquer razão que seja e fazer a vontade dele assim que passamos a conhecê-la. A vida cristã deveria ser um mosaico de instantes de obediência. Os soldados de Cristo deveriam ser famosos por sua exímia disciplina.

Eu recomendo a obediência escrupulosa a todos vocês e especialmente àqueles jovens que recentemente fizeram a profissão de sua fé em Cristo. Não sejam como seus pais foram, pois a geração que está saindo de cena agora não lê sua Bíblia nem se importa em conhecer a vontade do Senhor. Caso as pessoas sondassem as Escrituras, nós as veríamos juntas em união; mas o livro menos lido no mundo, em proporção à sua circulação, é a Palavra de Deus. É distribuído em todos os cantos, porém raramente é lido em algum deles com cuidado e atenção; assim como não é seguido com sincera determinação, a todo custo. Vocês vêm e ouvem-nos, e nós lhes damos pequenas porções extraídas dela aqui e ali, mas vocês não têm uma noção razoável dela como um todo. Como conseguem? Ministros cometem erros, e vocês os seguem sem questionamentos. Um elege este líder, outro elege aquele, para assim criar variedade de opiniões e até mesmo de grupos, o que não deveria ser e não seria se todos permanecessem firmes no padrão da verdade inspirada. Se a Bíblia fosse lida e as orações fossem baseadas nela, muitos erros se extinguiriam velozmente e outros seriam gravemente mutilados. Se esse Livro inspirado tivesse sido lido no passado, muitos erros jamais teriam surgido. Peço a vocês que sondem, então, o Livro de Deus e, o que quer que encontrem nele, garantam que por isso zelarão. A qualquer custo, guardem a Palavra de Deus.

Observem, a seguir, que *a obediência de Raabe foi em uma questão muito pequena*. Ela poderia ter dito: "Eu não acredito que seja essencial amarrar um pedaço de fio à minha janela. Não posso ser preservada sem que o faça, visto que creio no Deus de Israel? Tenho fé e a demonstrei por minhas obras ao esconder os espias. Você não pode supor, sequer por um momento, que eu vá perecer apenas porque não cumpri uma ordem a respeito de um cordão de escarlata". Dessa maneira, muitos hoje em dia questionam se não podem omitir os deveres que consideram não ser essenciais à salvação. Agora, essa é uma questão que eu jamais pretendo responder a ninguém, pois não intenciono colocá-la em minha própria conta. A questão de que um cristão pode ou não perecer devido a algum dever conhecido ou ordenança das Escrituras que venham a ser negligenciados só seria levantada pelo egoísmo. Devemos realizar somente aquilo que assegurará nosso progresso ou garantirá nossa salvação? Somos egoístas a esse ponto? Um filho afetuoso diria: "Caso me recuse a fazer a vontade de meu pai, ainda não permanecerei sendo filho de meu pai? Não serei ainda alimentado e vestido por ele?". Somente um filho desobediente falaria de tal forma.

O verdadeiro filho questiona: "O que meu pai gostaria que eu fizesse? Farei com alegria por amor a ele. O que meu pai proíbe? Pois o que ele proíbe será odioso para mim". Eleve-se acima de qualquer dúvida relativa ao essencial e não essencial e aprenda a obedecer em todas as coisas ainda que seja apenas o atar um "cordão de escarlata à janela", ou banhar-se na água; faça como lhe é ordenado e em nada rebele-se contra a Palavra do Senhor.

Lembre-se, também, de que essa pequena questão de obediência, como alguns a chamam, tinha *um importante significado simbólico*. Não estou certo se o que os espias tinham em mente com o cordão de escarlata deveria ser para Raabe o mesmo que o sangue na verga da porta e em ambas as ombreiras foi para Israel no Egito, mas me parece ser muito provável. Aqueles dois homens estavam tão familiarizados com a Páscoa, a aspersão do sangue e a consequente preservação de todos naquela casa que foi muito natural darem a Raabe um sinal semelhante ao símbolo que Deus havia ordenado a Seu povo Israel quando Seu anjo passou por eles no dia da condenação. Portanto, por mais frívolo que parecesse ser a cor do cordão, possuía um profundo significado; e ainda assim, ordenanças de Deus, que são em si pequenas, são grandiosas em ensino simbólico. Grandes erros chegaram à Igreja Cristã pela alteração de pontos simples nas ordenanças de Deus e, portanto, uma vez que algo pequeno no sinal pode envolver algo grandioso em substância, convém que cultivemos a correta obediência.

Alguém dirá: "Ó, mas temo que estaremos sempre equivocados". Certamente estaremos, a menos que nos esforcemos para evitá-lo. A menos que possamos dar atenção plena à Palavra de Deus, cairemos em erros incontáveis; erros inevitáveis se não estudarmos nosso perfeito Mapa, assim como é certo que um homem perderá seu caminho se nunca averiguar nada sobre ele. De qualquer forma, não precisamos nos precipitar em equívocos omitindo o uso do julgamento e o fornecimento de informação a nosso entendimento. Peçam ao Senhor que os ensine, por Seu Espírito Santo, e vocês não serão ensinados erroneamente. Comprometam-se com a instrução dele, estejam dispostos a fazer o que Ele ensina a vocês e não agirão impropriamente.

A obediência dessa mulher surgiu também da fé verdadeira e foi o expoente dessa fé, pois, quando ela atou o "cordão de escarlata à janela", expressou sua confiança no fato de que Jericó seria destruída e que ela seria salva porque recebera uma promessa quanto a isso. O pecado não teria escondido os espias se ela não tivesse crido no Deus deles; e após assim ter feito, se sua fé tivesse falhado, Raabe não teria atendido à exigência da aliança, que era atar o cordão de escarlata à janela. Amados, obedeçam em fé. A obediência do escravo pouco vale, a obediência do filho é preciosa, porque é o fruto do amor. O guardar os mandamentos de Deus advindo do medo servil não compreende o âmago e a questão visceral da obediência, pois o amor está ausente. Mas, como filho amado de Deus, descansando somente em Jesus, confiando na promessa de seu Pai, sinta que, *pelo fato de crer, você deve obedecer*. Não porque você teme o inferno ou espera ganhar o Céu por meio de qualquer obra sua, mas porque você creu em Jesus para a salvação de sua alma e, portanto, é sua alegria fazer o que Ele ordena.

Assim eu expandi no primeiro ponto do texto que, no ato de atar o cordão de escarlata, eu discerni uma crente obediente.

2. Agora, o segundo ponto: vejo aqui uma aliança adequada.

Os dois espias fizeram uma aliança com Raabe para que tanto a vida dela quanto a de seus familiares fosse poupada, se ela ocultasse o segredo da missão deles e atasse um cordão de escarlata à janela. Ao amarrar tal cordão, ela, por assim dizer, declarou: "Eu reivindico a aliança que fizeram comigo". Amados, falemos por um momento sobre isso, pois queremos mais e mais ser capazes de tomar posse das bênçãos da aliança. Como nos apropriamos de Jesus? *Simplesmente pela fé*. A fé é a mão que toca a cabeça do grande sacrifício e coloca sobre ela o pecado, para que o pecado não mais esteja sobre o pecador. A fé compreende Jesus como o Pão da vida e faz esse Pão tornar-se nosso para que dele possamos nos alimentar e possamos viver para sempre. Assim, o aspecto grandioso de apropriar-se de Cristo é obter fé e ganhar mais e mais fé. Você se lembra de quando, pela primeira vez, atou um cordão escarlate à sua janela e declarou: "Cristo é meu"? Eu me lembro da hora e do local exatos, mas muitos não conseguem definir o momento ou a ocasião e não precisam perturbar-se por isso se ainda permanecem atando o fio a seu lugar. Ainda assim, você se lembra de que houve uma época em que você podia dizer: "Jesus é meu". Você apreendeu Cristo porque Ele havia apreendido você. Se um momento como esse nunca tiver chegado para você, que seja agora! Jesus Cristo pode salvá-lo, mas você deve apropriar-se dele ou Ele não será seu Salvador. Lembre-se de que o próprio Deus Espírito Santo, embora seja o Autor da fé, não pode crer por você; você deve crer pessoalmente por si mesmo.

Certas pessoas falam muito de arrependimento como o dom do Espírito Santo, e seu testemunho seria verdadeiro se não exagerassem em relação a isso a ponto de deixar a impressão na mente dos homens de que o Espírito Santo se arrepende e que o pecador pouco ou nada tem a ver com isso. Contudo isso não é verdade, uma vez que, obviamente, o Espírito Santo não tem que se arrepender de coisa algum. Esse arrependimento é um ato da alma do pecador contrito, e a fé é um exercício pessoal do coração, "porque com o coração se crê para a justiça...” (Rm 10:10). Caso nós mesmos não nos arrependamos e creiamos, Cristo não é nosso e nós não somos dele; nem obteremos benefício algum de Sua vida e morte. Amarre o cordão de escarlate à sua janela, pois não será amarrado ali para você; você deve fazê-lo com sua própria mão. E eu oro que, ainda agora, você possa ter ousadia por meio de Cristo e dizer: “Sim, Jesus será meu; ouso, com humilde confiança, apropriar-me dele, uma vez que Ele é concedido livremente a pobres pecadores necessitados, e eu sou um pecador”.

A fé é o primeiro e grandioso modo de atar o cordão de escarlata à janela, mas permita sua fé prosseguir *no uso das ordenanças e meios da graça*, dado que estes a auxiliam no apropriar-se de Jesus. Eu com frequência percebi ser muito mais abençoador sentar-me à mesa da ceia e sentir, enquanto comia o pão e bebia o vinho, que a fé estava em exercício ativo, de modo que dizia a mim mesmo: “Sim, tão certamente quanto esse pão é colocado em minha boca e adentra em meu organismo tornando-se parte de mim, visto que ninguém jamais poderá retirá-lo, assim, pela fé, cri no Deus encarnado e o recebi em minha alma, e dessa forma Ele se tornou meu, de modo que ninguém pode separá-lo de mim, ou separar-me dele”. A ordenança em si não concederá Cristo a você, porém, com frequência, o símbolo, de modo bendito, capacita a alma a perceber Jesus e contemplá-lo de maneira a tornar-se parte dele. Nesse escoar do vinho, tão típico de Seu sangue, com que frequência sua alma disse: “Eu descanso inteiramente no sacrifício de sangue do Redentor. Suas aflições, seus pesares e méritos substitutivos são todos a minha confiança diante de Deus, e eu os recebo como minha única garantia para a remissão de pecado e os tomo sobre mim, assim como bebo desse cálice e, em bebê-lo, o suco da vide corre por minhas veias"! Continuem, amados amigos, para assim se apropriarem de Jesus Cristo e permitirem que todo momento de Santa Ceia seja um novo atar do cordão de escarlata à janela.

Permita que toda a sua vida seja um curso de ação correspondente à crença de que Cristo é seu. Temo que muitos cristãos vivam como se Jesus Cristo não lhes pertencesse de modo algum, nem mesmo as bênçãos da aliança. Vocês acham que deveríamos ficar tão abatidos ao sofrermos perdas nos negócios, se realmente crêssemos que todas as coisas são nossas, e se tivéssemos atado o fio escarlate à janela, e tivéssemos nos apropriado de todas as coisas como nossas em Cristo? Vocês acham que deveríamos ser tão hesitantes e chegaríamos a duvidar se somos salvos ou não, em tempos de tentação, caso nossa fé se agarrasse firmemente a Cristo e atasse o cordão de escarlata à janela, fixo e firme, ao reivindicar a aliança de graça como nossa? Amados, alguns de vocês apropriaram-se apenas de uma parte de Cristo. Vocês creem ser perdoados, mas pouco compreendem que são justificados. Vocês são justificados e estão cobertos com a justiça do Senhor, mas não se apropriaram da santificação que Jesus lhes concede. Vocês têm uma medida de graça, todavia ainda não creram que Cristo pode santificá-los plenamente: espírito, alma e corpo. Somos limitados, estamos atrofiados, somos frágeis e estamos letárgicos devido ao nosso fracasso em apreender com santa confiança o tesouro infinito que está armazenado em nosso plenamente suficiente Senhor. Ele é nosso, e nele todas as coisas são nossas. "...Faça-se-vos conforme a vossa fé" (Mt 9:29) é a regra dessa grande casa que Cristo preside. Raabe tomou como sua a aliança que havia feito com os dois espias e demonstrou que o fez ao atar o cordão de escarlata à janela. A aliança foi feita com ela, e ela sabia e, da mesma forma, cria. Ó irmão em Cristo, por uma fé viva, segure firme as promessas de Deus e as reivindique como suas!

Permita-me também dizer aqui: *façamos isso demonstrando descanso correspondente*. Após Raabe ter atado o cordão de escarlata à sua janela, não lemos que ela fez algo mais, exceto trazer seu pai, sua mãe e seus irmãos para baixo de seu teto. Ela não se preparou para defender a casa contra o cerco e não há notificação de que ela apelou ao rei que enviasse guarda especial para proteger aquela parte do muro. Não creio que ela tenha sentido um medo solitário ou tido um momento de pânico. O cordão de escarlata estava na janela, e ela se sentia segura; ela havia se apropriado da promessa e cria que não seria quebrada. É um tremendo privilégio habitar pacífica e tranquilamente na obra consumada de Cristo e na promessa certa e imutável de Deus, que não pode mentir. Por que vocês se inquietam, e questionam-se, e executam suas tarefas com mil ansiedades quando a obra de salvação já foi consumada no amaldiçoado madeiro e Cristo já ascendeu à glória realizando Sua perfeita obra diante da face de Seu Pai? Por que se lamentam e duvidam de sua segurança, quando o Senhor já nos ressuscitou com Ele e já nos fez sentar juntos em lugares celestiais nele? Nós que cremos entramos no descanso, a paz de Deus é nossa; então, por meio do nosso descanso, demonstremos que atamos o cordão de escarlata à nossa janela, que reivindicamos a obra consumada de Cristo e, portanto, descansamos doravante de nossas próprias obras, como Deus o fez das Suas.

3. Terceiro ponto; vejo aqui **uma declaração aberta.**

Raabe não atou o cordão de escarlata em uma parte secreta da casa, mas à janela. Foi sua declaração pública de fé. Eu não digo que todos entenderam o significado da atitude dela, apenas aqueles que compartilhavam de tal segredo o compreenderam, e isso bastava. Ela pendurou o sinal vermelho à janela onde poderia ser visto por aqueles que precisavam vê-lo. Não que ela fosse pretenciosa ou que desejasse atrair atenção, mas dela foi exigido que fizesse um sinal público e assim ela o fez. Agora, alguns de vocês creem em meu Senhor Jesus e, no entanto, nunca se uniram ao Seu povo. Vocês descansam nele, mas têm muito medo de que alguém saiba disso. Não se envergonhem de Jesus! É surpreendente o fato de que Ele não se envergonha de vocês. Se Ele não teve vergonha de tomar sobre si a sua natureza e morrer por vocês, jamais vocês precisarão se envergonhar por reconhecerem o Seu nome. Venham, vocês trêmulos, atem o fio escarlate à sua janela e digam: "Pertencemos a Ele, e isso confessamos".

Que seja um *cordão de escarlata* que vocês atam à janela, no entanto, a saber, uma confissão de verdadeira fé no precioso sangue de Jesus, uma declaração de confiança na expiação pelo Seu sangue, pois há alguns que professam um tipo de fé, mas não é fé na substituição efetuada por Cristo. Atualmente é antiquado crer na antiga doutrina da expiação. A "cultura" moderna eliminou-a ou alterou-a de tal forma que não resta nenhuma expiação real. Há muitos que são avançados demais para confessar esse "antiquado" evangelho, mas, quanto a nós, para sempre atamos o fio escarlate à nossa janela e defendemos a verdade uma vez entregue aos santos. Nossa declaração de fé é que cremos na substituição real e literal executada por Cristo que "...morreu, uma única vez, pelos pecados, o justo pelos injustos, para conduzir-vos a Deus..." (1Pe 3:18). Em meio a milhares de novos evangelhos, nenhum dos quais vale o fôlego que os declara, mantemo-nos neste antigo evangelho do profeta Isaías: "...o castigo que nos traz a paz estava sobre ele, e pelas suas pisaduras fomos sarados" (Is 53:5). Amado cristão, se a doutrina do sacrifício de Jesus Cristo e Sua expiação substitutiva forem, de fato, sua esperança, confesse-as; declare-as ousadamente e não permita haver equívoco com relação a isso nestes tempos malignos. Amarre o fio escarlate em sua janela e, se ninguém mais o vir, seus irmãos o perceberão e serão encorajados. Caso ninguém mais se agrade disso, o seu Deus sorrirá para você, e você será aroma suave para Ele. Nenhum homem de que eu tenha notícia viu o sangue sobre a verga e as duas ombreiras, na escuridão da noite, na terra do Egito, pois não havia ninguém do lado de fora para que visse; mas Deus viu e está escrito: "...quando eu vir o sangue, passarei por vós..." (Êx 12:13). Quando Deus vir nossa confiança apenas em Seu amado Filho e nos perceber descansando em Sua Palavra sem a mistura do raciocínio e opinião humanos, então, amados, Ele nos aceitará no Amado e nossa casa permanecerá de pé enquanto outras cairão.

Todo cristão deve tornar sua fé — no precioso sangue de Cristo — visível de diversas maneiras. Ela deve ser manifesta em nossas conversas cotidianas; se estamos descansando no sangue de Jesus, não seremos capazes de falar por um quarto de hora sem que pessoas observadoras percebam que somos de fato seguidores de Jesus. Ouvi a respeito de um homem que era tão agradável e instrutivo em sua conversa que disseram que não se podia abrigar-se da chuva, por cinco minutos, debaixo do mesmo alpendre em que ele estivesse sem que se aprendesse algo com ele. Todo homem cristão deve ser desse tipo, em uma forma mais elevada, de modo que não seja possível estar com ele por muitos minutos sem perceber que é um servo de Deus. É claro, na Igreja de Cristo, o cristão deve atar o cordão de escarlata imediatamente à sua janela e deixar seus companheiros adoradores verem que ele está decidido e determinado a seguir o Senhor seu Deus, e ele deve fazer o mesmo em seus negócios. Clientes rapidamente perceberão que em sua loja os truques comuns ao comércio são detestados. O fio escarlate está também sobre esta porta. Em casa, a senhora que gerencia seus servos, o senhor como marido e pai, deveriam ser conhecidos como sendo melhores do que outros. Há um certo segmento de pessoas chamado de "pessoas peculiares", e eu gostaria que nós todos fôssemos pessoas peculiares neste aspecto, que a marca do sangue nos diferenciasse como não sendo donos de nós mesmos, mas comprados por um preço. Que o Senhor conceda que assim seja conosco!

4. O último ponto é o seguinte: aqui havia **uma casa dedicada***, uma casa com um cordão de escarlata à sua janela.*

Vindo até aqui uma outra tarde e caminhando pelas ruas dos fundos, me distraí observando quantas casas tinham seguro. Notei as marcas de diferentes companhias de seguro. Em uma havia *o sol*, com sua face reluzente olhando por nós, como se dissesse: "Aqui não haverá perda". O *globo, a estrela, a fênix*, eram todos os selos de segurança. Ora, havia apenas uma casa em Jericó que estava segurada e que tinha por símbolo e marca do seguro um cordão de escarlata atado à janela. Que misericórdia é quando casas são seguradas pela graça de Deus e dedicadas ao Senhor — as casas em si e muito mais seus moradores! Como se pode dedicar uma casa? Outro dia eu estava lendo que, na época de Cromwell, você poderia ir a Cheapside[23] em uma hora específica da manhã e veria as cortinas fechadas em todas as casas e ouviria as famílias cantando ao longo de toda rua, "pois", diz o antigo santo, "naqueles dias, uma cortina fechada era o fio escarlate na janela". As pessoas sabiam, ao passar por ali, que havia um altar erigido a Deus naquela casa. Temo que haja grande quantidade de ruas em nossas cidades e metrópoles pelas quais se pode transitar a qualquer hora do dia e não encontrar um único sinal de *oração em família* ocorrendo. Tal prática tornou-se obsoleta até mesmo entre aqueles que professam ser o povo de Deus e dá adeus a qualquer progresso na piedade até que a tragamos de volta.

Creio que, quando o lar e a igreja caminham juntos, as coisas vão bem; mas, quando a religião passa a ser algo da igreja e não do lar, quando o sacerdote é procurado no lugar do pai, quando homens deixam de ser sacerdotes em suas casas, então os próprios tendões vitais de piedade foram cortados. Caso eu tivesse que renunciar a todos os cultos semanais e fechar todos os locais de adoração à cristandade de domingo a domingo, preferiria fazer isso a perder as reuniões matutinas e vespertinas em lares devotos que adoram a Deus. Quanto a Escócia deve aos devocionais em família! Vocês não precisam que eu

---

[23] Tradicional e antiga rua londrina.

os recorde de *A noite de sábado de Cotter*[24]. É a glória desse país o fato de que adoravam a Deus em suas casas. "Há muita formalidade sobre isso", alguém diz. Bem, houve algo bom que não tenha se degenerado aqui e ali? Mas eu testemunhei, muitas e muitas vezes, a devoção sincera da oração matutina e vespertina no norte. Pergunto-me quantos lares representados por vocês alcançarão o terceiro nível de Matthew Henry[25]. Ele diz: "Aqueles que oram fazem bem". Isso vocês conseguem, eu espero. "Aqueles que leem as Escrituras e oram fazem melhor. Aqueles que leem as Escrituras, oram e cantam fazem o melhor de tudo." Penso que sim. Este é o fio escarlate com o cordão de três dobras, e eu desejaria que todas as casas pendurassem um cordão de escarlata com este significado: "Esta casa pertence ao Rei Jesus. O diabo não precisa preocupar-se em vir até aqui, pois o forte homem armado mantém seus bens em paz".

A beleza disso era que *todos dentro da casa de Raabe estavam salvos*. "Entre, querida mãe", disse ela. Quem dentre nós poderia suportar a ideia de que sua mãe se perdesse? Parte nosso coração pensar em tal coisa. Minha mãe, perdida? Ó, não, isso não pode ser! E meu pai, perdido? Ó, você tem um pai não convertido? Eu suplico a você que não conceda sono às suas pálpebras até que tenha feito tudo o que pode para estabelecer diante dele o caminho da paz e tenha suplicado por ele diante de Deus com suspiros e lágrimas. Em seguida ela disse: "Entrem, queridos irmãos e irmãs". Compartilho da alegria de Raabe por ela ter amado sua família. Caso vocês

---

[24] Tradução livre do título do poema *The Cotter's Saturday Night*, de Robert Burns (1785–86).

[25] Foi um pastor presbiteriano e comentarista bíblico inglês (1662–1714).

tenham irmãos e irmãs que ainda não estejam sob o cordão de escarlata, orem a Deus para que os traga para dentro, para que toda a sua casa possa ser dedicada ao Altíssimo e, sem exceção, todos possam habitar sob o bendito símbolo do sangue carmesim que, infalivelmente, preserva todos os que estão abrigados sob ele.

Deixo esse ponto para observar que há outras coisas além da oração familiar que deveriam ser como o cordão de escarlata na casa. Por exemplo, deveria haver, em todo lar cristão, um fio escarlate colocado *no selecionar a companhia que se cultiva.* O cristão deveria cuidadosamente *selecionar seus amigos e associações.* Ele deveria dizer: "Aquele que conta mentiras não se demorará à minha vista". Quanto ao bêbado, o maledicente e aqueles que utilizam linguagem imprópria, deixe-os ser o que forem, mas não passarão por nossas portas, não os toleraremos. Ocorrendo que somos senhores de nosso lar, tentamos encontrar, para nossos filhos, amigos de cuja companhia usufruirão na eternidade. Alguns pais apresentam seus filhos a rapazes e moças que são "muito respeitáveis", como dizem, mas que são mundanos e ímpios e, portanto, causam profunda ruína a eles. Não deveria ser assim. Pendure o cordão de escarlata à porta, e, caso eles não amem esse cordão, a conversa devota tornará o local quente demais para eles. Caso vocês falem demasiadamente sobre Jesus, os frívolos considerarão isso como um aviso de despejo para eles.

A casa de um homem cristão deveria ter um cordão de escarlata sobre *as leituras que ali se fazem.* Confesso grandioso pesar sempre que vejo, na casa de um homem cristão, comumente disposto ao uso das meninas, aquele pavoroso material amarelo (livros ou periódicos sensacionalistas ou explícitos) que polui todas as prateleiras, cujo conteúdo, em grande parte, é descaradamente impiedade e o melhor dele é disparate abominável, cuja leitura é completo desperdício de tempo. Quando há milhares de livros bons e interessantes a serem lidos, parece uma pena que cristãos cedam seu tempo à leitura que não lhes traz benefício. Deixem que os asnos tenham seus cardos, eu jamais os invejo; e então não direi que mundanos não deveriam ler tais livros, pois lhes são adequados, deixe-os tê-los. Eu nunca me queixei com um fazendeiro ao vê-lo caminhar com sua grande mistura de todo tipo de lixo para dar a seus porcos; então, desde que ele não me ofereça uma bacia de tal mistura para o jantar, eu ficarei satisfeito em permitir que os porcos tenham seu alimento. Da mesma forma há grandes romances e uma vasta massa de literatura que é vão negar aos ímpios, pois está de acordo com sua natureza; agora nós, não nos envolvamos com nada disso. Eu esperaria antes ver o arcanjo Gabriel alimentando-se da gamela de porcos a ver um que é coerdeiro de Cristo encontrando seu prazer em livros que são parte obscenos e parte absurdos. Pendure um cordão de escarlata à porta de sua biblioteca assim como em todos os outros locais.

Então, dê um fim *a todos os entretenimentos*. Há alguns entretenimentos sobre os quais não podemos afirmar serem maus em si mesmos, mas podem levar ao mal. Eles vão até a beira do precipício e há muitos que precisam apenas chegar a esse ponto para, certamente, caírem. Ademais, eles deixam o cristão tão semelhante ao ímpio de modo que ninguém pode diferenciar um do outro. Agora, amarre o fio escarlate. Eu assim agiria inclusive com relação a que *quadros* pendurar em minha casa. Eu frequentemente fico triste ao ver, principalmente nas casas dos mais pobres, quadros católicos romanos exibidos nas paredes, pois ocorre de serem muito belos ou baratos. Promulgadores papais, muito engenhosamente, conseguiram difundir quadros da Virgem e da mentirosa fábula de sua ascensão ao Céu e todos os tipos de lendas de santos e santas. E sendo os quadros vividamente coloridos e vendidos a preço muito baixo, essas coisas infames adentraram em milhares de casas. Eu já vi, para meu terror, um quadro de Deus, o Pai, representado como um homem idoso, uma concepção quase hedionda demais para ser salientada, contudo o quadro está pendurado nos chalés da Inglaterra conquanto o Senhor tenha declarado que não devemos fazer imagens Suas, ou representá-lo de forma alguma; e essa tentativa é blasfema. Caso você tenha um quadro ruim, independentemente da qualidade da obra de arte, queime-o; e se você tem um livro ruim, a despeito de quanto possa valer, não o venda para que outra pessoa o leia, mas rasgue-o em pedaços.

Que o cristão pendure um cordão de escarlata e garanta que ninguém se corromperá, na mente ou corpo, por coisa alguma que ele tolera em sua casa. Posso parecer severo demais, mas, se meu Mestre viesse a falar do Céu, Ele não repreenderia meu comportamento como pecado de minha parte, pois antes Ele diria que precisamos ser muito mais precisos e decididos com relação às coisas más.

Bem, vocês farão como bem entenderem, têm sua própria liberdade, mas "...Eu e a minha casa serviremos ao SENHOR" (Js 24:15). E o fio cor de sangue estará em minha janela. Quando eu era criança, costumava ouvir, não me lembro como, as orações do pai de meu pai em favor do meu pai e de mim. Eu me lembro bem da conversão de meu pai em resposta às orações de meu avô. E meu pai, jamais poderei esquecer do quanto lutou por nós no trono de misericórdia e que Deus não permita que, na casa de meu filho, anos à frente, não haja altar ao meu Deus! Eu antes ficaria sem uma tenda para mim a ficar sem um altar para o Senhor. Onde quer que estejamos, devemos atar o cordão de escarlata. Não podemos esperar uma bênção se não fizermos isso. É claro, não estou falando àqueles que não são pais ou chefes de famílias. Sendo servos, não podem evitar o que é feito na casa. Sendo subalternos que não têm poder, não podem dispor como gostariam; mas estou falando àqueles que temem o Senhor e podem fazê-lo. Amados, dediquem suas casas a Deus desde o sótão até o porão. Não haja nada, mesmo no porão, que vocês tenham vergonha de mostrar a Jesus Cristo. Que não haja nada na casa, exceto o que é exigido. Assim, vindo o seu Senhor, que você possa abrir a sua porta e dizer: "Venha, seja bem-vindo, Mestre. Não há nada aqui que Seu servo deseja ocultar".

Creiam em Jesus, ó vocês que não o conhecem; e vocês que o conhecem, pratiquem o que sabem e que Deus os abençoe! Amém e amém.

6

A MÃE DE SANSÃO: SEU EXCELENTE ARGUMENTO [26]

Disse Manoá a sua mulher: Certamente,
morreremos, porque vimos a Deus. Porém sua mulher
lhe disse: Se o SENHOR *nos quisera matar,*
não aceitaria de nossas mãos o holocausto e a oferta
de manjares, nem nos teria mostrado tudo isto,
nem nos teria revelado tais coisas. —Juízes 13:22-23

A primeira observação que surge da história de Manoá e sua esposa é a seguinte: frequentemente oramos por bênçãos que nos farão estremecer quando as recebermos. Manoá havia pedido que pudesse ver o anjo e o viu. Em resposta a seu pedido, Aquele que é maravilhoso cedeu e revelou-se uma segunda vez, mas a consequência foi que o bom homem ficou repleto de espanto e consternação e, voltando-se

[26] Sermão nº 1340; ministrado em 1867 no *Metropolitan Tabernacle*, Newington.

para sua esposa, ele exclamou: "...Certamente, morreremos, porque vimos a Deus...". Irmãos, temos sempre conhecimento do que estamos pedindo quando oramos? Estamos implorando por uma bênção incontestável e, no entanto, se soubéssemos o modo pelo qual tal bênção deve necessariamente chegar, deveríamos, talvez, hesitar antes de insistirmos em nosso caso. Vocês muito têm rogado por crescimento em santidade. Você sabe, irmão, que, em praticamente todos os casos, isso significa aflição acrescida? Pois não fazemos progresso considerável na vida espiritual exceto quando o Senhor se agrada de testar-nos na fornalha e purificar-nos com fogo intenso. Vocês desejam a misericórdia nessa condição? Estão dispostos a aceitá-la conforme Deus se agrada de enviá-la e dizer: "Senhor, se o crescimento espiritual implica prova, se significa uma longa doença no corpo, se significa profunda depressão da alma, se resulta em perda de propriedade, se envolve o afastamento de meus amigos mais queridos, ainda assim não tenho reservas, antes incluo na oração tudo o que é necessário para o bom fim. Quando eu digo: 'Santifica-me inteiramente, espírito, alma e corpo', deixo o processo à mercê de Sua apreciação."?

Suponha que você realmente soubesse tudo o que viria sobre você. Não seria sua oração, pelo menos, de tom mais solene? Espero que vocês não hesitem, mas, considerando todo o custo, ainda desejem ser libertos do pecado e que, de qualquer forma, apresentem sua petição com intencionalidade, pesando cada sílaba e, então, quando a resposta vier, que vocês não fiquem tão perplexos com sua forma peculiar. Com mais e mais frequência, a bênção pela qual tão avidamente costumávamos clamar é a situação de sofrimento que lamentamos. Nós não conhecemos os métodos de Deus.

Esse é o modo do Senhor de responder a oração por fé e graça. Ele vem com cajados de disciplina e nos torna perspicazes por meio de nossas tolices, pois apenas assim Ele pode libertar nossa mente infantil delas. Ele vem com arados incisivos e dilacera o solo, porque só assim podemos produzir uma colheita para o Senhor. Ele vem com ferros quentes e nos marca até o coração, e quando indagamos: "Por que tudo isso?", esta resposta vem a nós: "Foi isso que você pediu, essa é a maneira pela qual o Senhor responde os pedidos que você faz". Talvez, neste momento, o sentimento de desfalecimento que alguns de vocês vivenciam, que lhes faz temer com a certeza de que morrerão, pode ser explicado por suas próprias orações. Eu gostaria que vocês olhassem para seus pesares atuais à luz dessa probabilidade e dissessem: "Afinal de contas, vejo que agora meu Deus me deu exatamente o que eu buscava em Suas mãos. Eu pedi para ver um anjo e o vi; e agora ocorre que meu espírito está perturbado em meu interior".

Uma segunda observação é esta: muito frequentemente a profunda prostração de espírito é precursora de uma alguma notável bênção. Foi para Manoá e sua esposa a mais elevada alegria concebível em vida, o auge de sua pretensão, que fossem pais de um menino por quem o Senhor começaria a libertar Israel. Eles ficaram cheios de alegria — uma alegria inexprimível — com a ideia dessa possibilidade, mas, no momento quando as boas-novas foram comunicadas pela primeira vez, Manoá ao menos ficou tão pesado de espírito que afirmou: "...Certamente, morreremos, porque vimos a Deus...". Tome como regra geral que céus opacos são previsão de chuva de misericórdia. Espere doce favor quando vivenciar aflição brutal. Vocês não se lembram, com relação aos apóstolos, que eles temeram ao entrarem na nuvem no Monte Tabor? E, no entanto, foi nessa nuvem que viram seu Mestre transfigurado. E vocês e eu já muito tememos a nuvem em que estávamos entrando, embora ali estivéssemos para ver mais de Cristo e de Sua glória do que jamais contemplamos antes. A nuvem que vocês temem é a parede externa do quarto secreto em que o Senhor se revela.

Antes que você possa carregar Sansão em seus braços, Manoá, você deve ser levado a dizer: "Certamente morreremos". Antes que o ministro pregue a Palavra de Deus a milhares, ele deve ser esvaziado e ser levado a estremecer sob a compreensão de inabilidade. Antes que o professor de Escola Dominical conduza suas crianças a Cristo, ele deve ser levado a ver o quão fraco e insuficiente é. Eu realmente creio que, sempre que o Senhor está prestes a nos usar em Sua família, Ele nos toma como um prato, nos esfrega muito bem e nos coloca na prateleira e então, em seguida, Ele nos retira e ali coloca Sua própria carne celestial, com a qual supre a alma de outros. Deve haver, como regra, um esvaziar, um virar de cabeça para baixo e um estabelecer em um lado específico, antes que a grande bênção chegue. Manoá sentiu que deveria morrer e, ainda assim, não poderia, pois viria a ser pai de Sansão, o libertador de Israel e o terror da Filístia.

Permitam-me oferecer uma terceira observação, que é a seguinte: uma grande fé é, em muitos casos, sujeita a ajustes. Que grande fé Manoá tinha! Sua esposa era estéril, porém, quando a ela foi dito pelo anjo que geraria um filho, Manoá creu, embora nenhum mensageiro celestial tivesse vindo pessoalmente a ele. Então creia que ele não queria ver o homem de Deus uma segunda vez para que lhe fosse dito que isso ocorreria, mas apenas para ser informado sobre como educar a criança. Apenas isso. "Bem", diz o velho Bispo Joseph Hall[27], "seja pai do forte Sansão aquele que forte fé tem". Manoá de fato tinha uma fé forte e, contudo, aqui está ele afirmando em aflição: "...Certamente, morreremos, porque vimos a Deus...". Não julgue um homem por qualquer palavra ou ato isolado, pois, se o fizer, você certamente se enganará. Covardes ocasionalmente são corajosos, e os homens mais corajosos são, algumas vezes, covardes. Há homens que seriam covardes ainda piores na prática se fossem menos covardes do que são, visto que um homem pode ser covarde demais para confessar sua fraqueza. O trêmulo Manoá era tão franco, honesto e sincero que expressou seus sentimentos. Uma pessoa mais diplomática os teria ocultado. Apesar de crer plenamente no que fora dito por Deus, ainda assim, ao mesmo tempo estava sobre ele a dúvida como resultado de sua crença na tradição: "...Certamente, morreremos, porque vimos a Deus...".

Novamente, outra observação é que é grande misericórdia ter um companheiro cristão a quem recorrer para conselho e consolo sempre que sua alma estiver deprimida. Manoá se casara com uma mulher excelente. Ela era a melhor entre os dois em termos de julgamento saudável. Ela era o vaso mais fraco por natureza, mas era aquela com fé mais forte, e provavelmente por isso o anjo foi enviado a ela, pois os anjos se agradam mais de conversar com aqueles que têm fé e, se puderem escolher sua companhia, (e a esposa tem mais fé que o marido) visitarão a esposa antes de seu cônjuge, porque amam levar as

[27] Joseph Hall foi um bispo anglicano, poeta e escritor britânico entre os anos 1627 e 1656.

mensagens de Deus àqueles que as receberão com confiança. Ela era, evidentemente, repleta de fé e, então, quando seu marido, trêmulo, disse: "...Certamente, morreremos, porque vimos a Deus...", não creu em tal dedução apreensiva. Além disso, ainda que digam que mulheres não têm habilidade para ponderar, contudo aqui estava uma mulher cujos argumentos eram lógicos e irrefutáveis. Certo é que as percepções femininas são geralmente muito mais claras do que as ponderações masculinas; elas averiguam imediatamente uma verdade, enquanto nós, homens, estamos em busca de nossos óculos. Seus instintos são geralmente tão seguros quanto nossas ponderações e, portanto, quando têm em acréscimo uma mente lúcida e lógica, passam a ser as conselheiras mais sábias.

Bem, a esposa de Manoá não só tinha percepções claras, mas também excelentes habilidades de julgamento. Ela alegou, segundo a linguagem do texto, que não seria possível que Deus os matasse após o que viram e ouviram. Ó, que todo homem tivesse tal esposa prudente e graciosa como Manoá tinha! Ó, sempre que um homem estiver abatido, um irmão ou irmã cristão esteja pronto para alegrá-lo com algum lembrete da bondade passada do Senhor, ou com alguma promessa graciosa da Palavra divina! Pode ocorrer que seja um marido que alegra a esposa e, em tal caso, é igualmente belo. Conhecemos uma irmã cristã que sofre de ansiedade e depressão e é muito atribulada; que bênção para ela ter um marido cristão cuja força da fé pode encorajá-la a sorrir afastando suas tristezas, descansado na eterna fidelidade e bondade do Senhor!

Deus, o Espírito Santo, nos auxiliará; sigamos o argumento da esposa de Manoá e veremos se também não confortará o nosso coração. Essa boa mulher tinha três dobras em seu cordão. Uma era: o Senhor não pretende matar-nos, pois aceitou nossos sacrifícios. A segunda e a terceira eram: Ele não pretende matar-nos, caso contrário, Ele não teria, em tal momento, nos revelado o que revelou nem nos dito coisas como estas. Então as três dobras de seu cordão eram *sacrifícios aceitos*, *revelações graciosas* e *promessas preciosas*. Debrucemo-nos sobre cada uma delas.

1. Primeiro, sacrifícios aceitos.

Suponho aqui que estou me dirigindo a um irmão que é tristemente provado e terrivelmente abatido e que, portanto, passou a lamentar:

> *O Senhor abandonou-me inteiramente;*
> *Meu Deus não mais será gracioso.*[28]

Irmão, é possível? Deus, desde a antiguidade, não aceitou, em nosso favor, a oferta de Seu Filho Jesus Cristo? Você cria em Jesus, caro amigo. Não crê nele agora. Coloque sua mão sobre seu coração e questione-se solenemente: "Você crê no Filho de Deus?". Você é capaz de dizer: "Sim, Senhor, não obstante toda a minha infelicidade, eu creio em ti e coloco a tensão e o peso dos interesses de minha alma em Teu poder para salvar". Bem, então, você tem a palavra do próprio Deus, registrada em Seu livro infalível, garantindo que Jesus Cristo foi aceito por Deus em seu favor, pois Ele entregou Sua vida por tantos quantos nele crerem, para que nunca pereçam. Ele se colocou como

[28] Tradução livre de versos do hino 69 de *A selection of psalms and hymns*, Londres, 1832.

garantia para eles e sofreu como seu substituto. É possível que isso seja ineficaz e que, depois de tudo, eles ainda sejam rejeitados? O argumento da esposa de Manoá era exatamente este: "Não colocamos o cabrito sobre a rocha e, quando o colocamos ali, não foi ele consumido? Foi consumido em nosso lugar; não morreremos, pois a vítima foi consumida. O fogo não nos queimará; esgotou-se no sacrifício. Você não viu a chama que saiu do altar subir ao Céu e o anjo subir no meio dela? O fogo se foi, não pode cair sobre nós e destruir-nos".

Isso interpretado pelo evangelho é exatamente o seguinte: não vimos o Senhor Jesus Cristo preso à cruz? Não o contemplamos em agonias extremas? O fogo de Deus não o consumiu? Não o vimos ressuscitando, por assim dizer, do fogo sagrado na ressurreição e ascensão a fim de adentrar à glória? Porque o fogo da ira de Jeová esgotou-se nele, não morreremos. Ele morreu em nosso lugar. Não pode ser que o Senhor o fez sofrer, o Justo pelos injustos, e agora fará o cristão sofrer também. Não pode ser que Cristo tenha amado Sua Igreja e por ela tenha se entregado e, que agora, a Igreja deva perecer também. Não pode ser que o Senhor, que colocou sobre si a iniquidade de nós todos, agora colocará nossa iniquidade sobre nós também. Não seria consistente com Sua justiça. Faria o sacrifício vicário de Cristo ser uma nulidade, uma superfluidade de crueldade que nada alcançou. A expiação não pode ser sem efeito algum, tal suposição seria blasfêmia. Ó, veja, minha alma, olhe para a cruz do Redentor e, conforme vê como Deus aceita Cristo, seja cheia de contentamento. Ouça como o "está consumado" de Jesus na Terra é ecoado do trono do próprio Deus ao levantar Seu filho dos mortos e conceder glória a Ele. Ouça isso, eu digo, e, à medida que você ouve, perceba o poder deste argumento: se

Deus quisera matar-nos, não teria aceitado o sacrifício de Seu Filho por nós. Quisesse Ele que morrêssemos, teria enviado Seu Filho para morrer também? Como pode ser? O sacrifício de Jesus deve efetivamente prevenir a destruição daqueles por quem Ele se ofereceu como sacrifício. Jesus, morrendo por pecadores e, no entanto, os pecadores negam a misericórdia! Inconcebível e impossível! Minh 'alma, quaisquer que sejam seus sentimentos interiores e o tumulto de seus pensamentos, o sacrifício aceito demonstra que Deus não se agrada de matar você.

Mas, se você observar, no caso de Manoá, eles ofereceram um sacrifício queimado e uma oferta de carne também. Bem, agora, em acréscimo ao maior, ao grandioso sacrifício de Cristo, que é nossa confiança, nós, caros irmãos e irmãs, oferecemos outros sacrifícios a Deus e, em consequência de Sua aceitação de tal sacrifício, não podemos imaginar que Ele pretende destruir-nos.

Primeiro, permita-me conduzir seus pensamentos novamente à oferta de oração que vocês apresentaram. Falarei por mim mesmo. Lembro-me agora, passando mentalmente pelo diário, de muitas instâncias em que busquei o Senhor em oração e Ele muito graciosamente me ouviu. Tenho tanta certeza de que meus pedidos foram ouvidos quanto Manoá poderia ter certeza de que seu sacrifício foi consumido sobre a rocha. Não poderei deduzir a partir disso que o Senhor não pretende destruí-lo? Você sabe que assim tem sido com você, caro irmão. Você está hoje abatido nos aterros, começando a questionar o amor divino, mas houve momentos — você sabe que houve — em que buscou o Senhor e Ele ouviu. Você pode dizer: "Clamou este aflito, e o SENHOR o ouviu e o livrou de todas as suas tribulações" (Sl 34:6). Talvez você não tenha anotado o fato em um diário, mas sua memória guarda o registro indelével. Sua alma se vangloriou pessoalmente no Senhor por causa de Sua fidelidade à Sua promessa de auxiliar o Seu povo na hora da necessidade, pois você felizmente assim provou em seu caso. Agora, irmão, se o Senhor se agradasse de matá-lo, teria Ele ouvido suas orações? Se Ele tivesse planejado expulsar você no fim das contas, teria Ele ouvido você tantas vezes? Caso Ele tivesse buscado uma querela contra você, Ele teria tido motivo para isso há muitos anos e dito a você: "...ainda que [ofereça] muitas orações, não [o] ouvirei..." (Is 1:15 NVT). Mas, já que Ele ouviu seus clamores e lágrimas e muitas vezes respondeu às suas petições, Ele não pode pretender matar você.

Novamente, você levou a Ele, há muitos anos, não apenas suas orações, mas a si mesmo. Você se entregou a Cristo; corpo, alma, espírito, todos os seus bens, todas as suas horas, todos os seus talentos, todas as habilidades e toda aquisição possível. E disse: "Senhor, não sou dono de mim, mas fui comprado por um preço". Agora, naquele momento, não foi você aceito pelo Senhor? Você tem, exatamente agora, uma lembrança vivaz da doce percepção de aceitação que teve naquela época. Embora neste momento você esteja gravemente afligido, ainda assim você não desejaria retirar-se da consagração que desde então fez, mas, ao contrário, declarar:

Altos Céus, que o solene voto ouviram,
Ouço diariamente esse voto renovado;
Até na última hora da vida me curvo
E bendigo na morte um elo tão precioso.[29]

[29] Tradução livre de uma das estrofes do hino *Renewal of self dedication*, de Philip Doddrige (1702–51).

Então, o Senhor teria aceitado sua oferta de si mesmo caso pretendesse destruí-lo? Teria Ele deixado você dizer: "...sou teu servo e filho da tua serva; quebraste as minhas cadeias" (Sl 116:16)? Teria Ele permitido que você declarasse, como pode fazê-lo ousadamente hoje à noite: "...trago no corpo as marcas de Jesus" (Gl 6:17), deleitando-se em lembrar o tempo de seu batismo nele, pelo qual seu corpo foi limpo pelo corpo dele, que é puro, e declarado como propriedade do Senhor para sempre? Teria Ele o capacitado a sentir alegria na própria marca de sua consagração assim como na consagração em si, se Ele pretendesse matá-lo? Ó, certamente não! O Senhor não deixa que um homem se entregue a Ele e então o expulsa. Isso não pode ser.

Alguns de nós, caros amigos, podem se lembrar de como, ao amadurecer com este último sacrifício, houve outros. O Senhor aceitou nossas ofertas em outros momentos também, pois nossas obras, nossa fé e nossos labores foram reconhecidos por Seu Espírito. Há alguns de vocês, agrado-me de lembrar, a quem Deus abençoou com a conversão de pequenas crianças as quais vocês trouxeram ao Salvador, e há os outros na Terra que vocês podem contemplar com grande alegria porque Deus agradou-se de fazer de vocês instrumentos para a convicção e o período pós-conversão. Alguns de vocês, eu percebo, são ministros do evangelho, outros pregam nas esquinas das ruas, e houve tempos na vida de vocês — estou certo de que desejariam que fossem dez vezes mais — em que Deus se agradou de conceder êxito aos seus esforços, de modo que corações se renderam à influência de Jesus. Agora vocês não colocam confiança alguma nessas coisas, nem reivindicam mérito algum por terem servido a Seu Mestre, mas eu ainda acho que devem ser consideradas como questão de consolo e vocês podem afirmar: "Pretendesse o Senhor destruir-me, teria Ele me capacitado a pregar Seu evangelho? Teria Ele me ajudado a chorar pelas almas dos homens? Teria Ele me permitido reunir aqueles filhos amados como ovelhas em Seus braços? Teria Ele me concedido meu desejo profundo de dar fruto em Sua videira, se não planejasse me abençoar?".

2. Agora, o segundo argumento era que eles haviam recebido revelações graciosas.

"Se o SENHOR nos quisera matar, não [...] nos teria mostrado tudo isto..." (Jz 13:23). Agora, o que o Senhor mostrou a você, meu caro irmão? Eu mencionarei uma ou duas coisas.

Primeiro, o Senhor mostrou a você — talvez há anos, ou possivelmente, neste momento, Ele esteja mostrando a você pela primeira vez — *o seu pecado*. Que cena foi essa quando a contemplamos pela primeira vez! Alguns de vocês nunca viram seus pecados, mas eles ainda assim estão ali. Em uma antiga casa, talvez haja um porão em que ninguém vai e jamais penetra a luz. Você vive confortavelmente na casa, sem saber o que há ali. Mas certo dia você pega uma vela acesa e desce pelos degraus, abre a porta embolorada e, quando a abre, como é terrível! Que odor sufocante e pestilento! Como o chão é imundo! Todos os tipos de criaturas vivas saltitam para longe de seus pés. Há colônias nas paredes — um monte de raízes no canto, expandindo seus braços amarelos que se assemelham aos dedos da morte. Há uma aranha e há centenas delas de tamanho tal como se não pudessem ser maiores, a menos que vivam em lugares tão terríveis como este. Você sai o rápido possível. Você não se agrada do que vê. Ora, não foi a luz da vela que deu essa terrível aparência ao porão, ela não o tornou imundo. Não, a vela apenas mostrou o que havia nele.

E quando você (contrata) o carpinteiro para remover aquela veneziana que de qualquer forma você já não conseguia abrir, pois há anos não era aberta, e quando a luz entra, o lugar parece ainda mais horrível do que quando iluminado pela luz da vela e você se pergunta, de fato, de que maneira passava por ali com todas essas coisas pavorosas ao seu redor e agora não consegue se contentar em viver no andar de cima até que esse porão tenha sido perfeitamente limpo. Isso é exatamente o que ocorre em nosso coração. É repleto de pecado, mas não sabemos. É um covil de pássaros impuros, um zoológico de todo tipo de animal medonho, feroz e raivoso — um pequeno inferno povoado com demônios. Tal é nossa natureza; tal é o nosso coração. Agora, o Senhor mostrou-me os meus anos passados, como mostrou alguns para vocês, e o resultado de ver o coração é horrível. O Dr. Young[30] coloca isso muito bem: "Deus poupa todos os olhos, exceto os Seus próprios, desta horrenda visão: um coração humano, nu". Ninguém jamais viu seu coração por completo como ele de fato é. Vocês viram apenas uma parte dele, mas, quando é visto, é tão terrível que ver o mal de sua própria natureza é suficiente para acabar com os sentidos de um homem.

Agora colhamos algum mel desse leão morto. Irmão, se o Senhor pretendesse destruir-nos, Ele não nos teria mostrado nosso pecado, porque, antes, estávamos felizes o suficiente, e,

[30] Thomas Young foi um polímata britânico, com grandes contribuições aos campos de visão, luz, mecânica sólida, fisiologia, linguagem, harmonia musical e egiptologia. Seu trabalho foi fundamental para decifrar hieróglifos, como a Pedra de Roseta.

se Ele não pretendesse conceder-nos perdão, não seria da Sua índole nos mostrar o nosso pecado e então atormentar-nos antes de nossa hora, a menos que Ele pretendesse removê-lo. Nós éramos porcos, mas estávamos bastante satisfeitos com as alfarrobas que comíamos. E por que não nos deixar permanecer como porcos? Que bem faria deixar-nos ver nossa imundície se Ele não pretendesse retirá-la? Não, jamais será possível Deus se propor, aplicadamente, a torturar a mente humana tornando-a consciente de seu mal, se Ele não pretender nunca fornecer uma solução. Ó, não! Uma profunda noção do pecado não salvará você, mas é uma garantia de que algo se iniciou em sua alma, e isso pode levar à salvação, dado que essa profunda noção de pecado causa tanto bem quanto dizer: "O Senhor está expondo a doença para que possa curá-la. Ele está permitindo que você veja a imundície do porão subterrâneo de sua corrupção, pois Ele pretende limpá-lo para você".

Entretanto Ele nos mostrou mais do que isso, pois Ele nos fez ver como o mundo é *vazio e oco*. Há alguns aqui presentes que em certo momento ficaram muito satisfeitos com os prazeres e diversões do mundo. O teatro era grande deleite para eles. O salão de baile lhes fornecia satisfação suprema. Poder vestir-se exatamente segundo sua extravagância e gastar dinheiro em seus caprichos eram o apogeu do deleite; mas chegou um tempo em que, passando por tudo isso, a alma percebeu uma misteriosa caligrafia, que, ao ser interpretada, significava o seguinte: "...vaidade de vaidades, tudo é vaidade" (Ec 1:2). Essas mesmas pessoas se entregaram aos mesmos entretenimentos, mas pareciam tão entorpecidas e estúpidas que saíram dizendo: "Não nos importamos nem um pouco com isso. As alegrias se foram por completo. O que parecia ouro mostra-se uma camada dourada fina, e o que pensávamos ser mármore era apenas tinta branca. O verniz está craquelado, o ouropel desbotou, o colorante desapareceu. A jocosidade gargalha como uma idiota, e o prazer sorri forçadamente como a insanidade".

Nós ouvimos as palavras: "...vaidade de vaidades, tudo é vaidade" soando em nosso coração, e agora vocês acham que, se o Senhor pretendesse nos matar, Ele teria nos ensinado isso? Ora, não. Ele teria dito: "Deixe-os sós, estão entregues a ídolos. Terão apenas um mundo no qual podem se regozijar, deixe que aproveitem". Ele teria deixado os porcos permanecerem com suas alfarrobas se não tivesse a intenção de transformá-los em Seus filhos e aproximá-los de si.

Mas Ele nos ensinou algo melhor que isso, a saber, *a preciosidade de Cristo*. A menos que estejamos terrivelmente enganados — um autoengano — quero dizer que sabemos o que é deixar o fardo de nosso pecado ao pé da cruz. Nós sabemos o que é ver a pertinência e suficiência plena do mérito de nosso amado Redentor e nos regozijamos nele com alegria indizível e plena de glória. Caso Ele pretendesse destruir-nos, Ele não teria nos revelado Cristo.

Algumas vezes também temos fortes desejos por *Deus*! Que profundo anseio sentimos após termos comunhão com Ele! Que aspiração por sermos libertos do pecado! Que anelo por sermos perfeitos! Que aspirações por estarmos com Ele no Céu e que desejos por ser como Ele enquanto estamos aqui! Ora, estes anseios, esta avidez, estes desejos, anelos, você acha que o Senhor os teria derramado em nosso coração se pretendesse destruir-nos? Qual seria o bem disso? Não seria atormentar-nos como Tântalo[31] foi atormentado? Não seria, de fato, uma superfluidade de crueldade assim fazer-nos desejar o que nunca poderíamos ter e ansiar pelo que nunca deveríamos ganhar? Ó amados, sejamos consolados com relação a estas coisas. Pretendesse Ele matar-nos, não nos teria mostrado coisas como essas.

3. Não terei tempo para me estender na última fonte de consolo, que é o que o Senhor falou a nós: **muitas preciosas promessas.**

"...nem nos teria revelado tais coisas". Em quase qualquer momento quando um filho de Deus está deprimido, se ele recorrer à Palavra de Deus e à oração e olhar para o alto, geralmente se apropriará de uma promessa ou outra. Eu sei que comigo, geralmente, é assim. Eu não poderia dizer a você, caro irmão, hoje à noite, qual promessa seria adequada ao seu caso, mas o Senhor sempre sabe como aplicar a palavra certa no momento exato; e, quando uma promessa é aplicada com grande poder à alma e você é capacitado a pleiteá-la no trono de misericórdia, você poderá dizer: "Se o Senhor pretendesse matar-nos, não nos teria feito uma promessa como essa". Eu tenho uma promessa que se coloca diante dos meus olhos sempre que acordo todas as manhãs e tem se mantido em seu lugar por anos. É uma estada para minha alma, ei-la: "De maneira alguma te deixarei, nunca jamais te abandonarei" (Hb 13:5). Dificuldades surgem, fundos ficam reduzidos,

[31] Mito grego que narra o castigo aplicado por Zeus ao rei Tântalo: um suplício de fome e de sede eternas.

a doença chega; mas, de alguma forma ou outra, meu texto sempre parece fluir como uma fonte: "De maneira alguma te deixarei, nunca jamais te abandonarei". Pretendesse o Senhor nos matar, Ele não nos teria dito isso.

Qual é sua promessa, irmão? De que você se apropriou? Se você não tiver se apropriado de nenhuma e sente como se nenhuma pertencesse a você, ainda assim há palavras tais como estas: "Fiel é a palavra e digna de toda aceitação: que Cristo Jesus veio ao mundo para salvar os pecadores..." (1Tm 1:15), e você é um deles. Ah, se Ele pretendesse destruir você, Ele não teria pronunciado palavras de caráter tão amplo para incluir seu caso. Mil promessas vão até os mais profundos abismos onde um coração pode descer, e, se o Senhor pretendesse destruir uma alma nas profundezas, Ele não teria enviado a promessa do evangelho até mesmo a esse extremo.

Eu gostaria de dizer estas duas ou três palavras a vocês que não são convertidos, mas que estão atribulados em sua alma. Vocês pensam que Deus pretende destruir vocês. Ora, caro amigo, eu considero que, se o Senhor pretendesse matá-lo, Ele não lhe teria enviado o evangelho. Caso houvesse um propósito e um decreto para destruí-lo, Ele não o teria trazido aqui. Agora você está sentado para ouvir que Jesus morreu para salvar alguém tal como você. Você está sentado onde foi convidado a confiar nele e ser salvo. Se o Senhor pretendesse matá-lo, não creio que Ele teria me enviado numa tarefa tão infrutífera para lhe falar de um Cristo que não pode salvá-lo. Alguns de vocês tiveram a vida poupada de maneira notável. Vocês sofreram acidentes na terra ou no mar, talvez em batalha ou naufrágio. Vocês foram erguidos de um leito em que jaziam enfermos. Pretendesse o Senhor destruí-los, certamente

Ele lhes teria deixado morrer; mas Ele lhes poupou, e vocês avançam em anos; certamente é tempo de se renderem à Sua misericórdia e de se entregarem às mãos da graça. Pretendesse o Senhor destruí-los, certamente não os teria trazido aqui, pois, possivelmente, estou me dirigindo a alguém que veio até aqui perguntando-se por quê. Todo o tempo em que esteve sentado aqui, está dizendo a si mesmo: "Não sei como cheguei a este lugar, mas aqui estou". Deus pretende abençoá-lo hoje à noite, eu creio, e Ele o fará se você sussurrar esta oração ao Céu: "Pai, perdoa-me! Pequei contra o Céu e contra ti, mas, por amor a Cristo, perdoa-me! Coloco minha confiança em Teu Filho". Você encontrará vida eterna, regozijo no sacrifício que Deus aceitou. Um dia destes, você se regozijará nas revelações de Seu amor e nas promessas que Ele lhe faz e dirá como dizemos hoje à noite: "Se o SENHOR nos quisera matar, não [...] nos teria mostrado tudo isto..." (Jz 13:23).

7

RUTE: DECIDINDO-SE POR DEUS [32]

Disse, porém, Rute: Não me instes
para que te deixe e me obrigue a não seguir-te;
porque, aonde quer que fores, irei eu e,
onde quer que pousares, ali pousarei eu;
o teu povo é o meu povo, o teu Deus
é o meu Deus. —Rute 1:16

Essa foi uma confissão de fé muito valente e franca. Por favor, observe que foi feita por uma mulher; uma jovem mulher, pobre, viúva e estrangeira. Lembrando-me de tudo isso, eu deveria pensar que não há condição de mansidão, de obscuridade, de pobreza ou de pesar que deva impedir qualquer pessoa de fazer uma confissão pública de lealdade a

[32] Sermão nº 2680. Leitura planejada para o dia do Senhor, 24 de junho, 1900. Ministrado na noite de quinta-feira, 21 de abril de 1881, no *Metropolitan Tabernacle*, Newington.

Deus quando a fé no Senhor Jesus Cristo tiver sido exercitada. Sendo essa sua experiência, meu caro amigo, então seja quem você for, encontrará uma oportunidade, em algum lugar ou outro, de declarar que está do lado do Senhor. Alegro-me pelo fato de que todos os candidatos a membros de nossa igreja fazem sua confissão de fé nas reuniões de nossa congregação. Tenho falado que tal prova deve impedir que muitos se unam a nós, no entanto, perceba que, onde não há tal agonia, tem-se frequentemente pouquíssimos membros, mas aqui temos 5.600, algo em torno disso, na comunhão da igreja. E muito raramente, se é que houve algum caso, encontrou-se alguém impedido por ter que fazer uma confissão pública de fé em Cristo. Faz tão bem ao homem, à mulher, ao menino ou à menina, seja quem for, dizer, ao menos uma vez, diretamente: "Creio no Senhor Jesus Cristo e não me envergonho", de modo que não acredito que jamais nos desviaremos de nosso costume.

Também observei que, quando as pessoas confessam a Cristo uma vez diante dos homens, é muito provável que o façam novamente em outro local e assim adquirem certo tipo de ousadia e franqueza com relação a questões religiosas e uma santa coragem como seguidoras de Cristo. Isso mais do que compensa qualquer abnegação ou receio que tal esforço lhes possa ter causado.

Acredito que Noemi estava certa ao conduzir Rute, por assim dizer, a tomar essa posição corajosa, na qual se tornou necessidade absoluta que ela declarasse diretamente e afirmasse conforme as palavras de nosso texto: "...Não me instes para que te deixe e me obrigue a não seguir-te; porque, aonde quer que fores, irei eu e, onde quer que pousares, ali pousarei eu; o teu povo é o meu povo, o teu Deus é o meu Deus". O que há para qualquer um de nós de vergonhoso no reconhecimento de que pertencemos ao Senhor Jesus Cristo? O que pode haver que nos faça ter vergonha de Jesus, ou nos faça corar o rosto por reconhecermos o Seu nome?

Envergonhar-se de Jesus! O grande Amigo
De quem minhas esperanças do Céu dependem.
Não! Quando corar-me a face, seja esta minha vergonha,
Porque não mais reverencio o Seu nome.[33]

Devemos nos envergonhar de nos envergonharmos de Jesus. Devemos temer que temamos reconhecê-lo. Devemos tremer diante da ideia de estremecermos ao confessá-lo e decidir que utilizaremos todas as oportunidades adequadas que encontrarmos para declarar, primeiro aos parentes, e, então, a todos os outros com quem temos contato: "Servimos ao Senhor Jesus Cristo".

Devo pensar que Noemi ficou — certamente ela deve ter ficado — muito confortada ao ouvir essa declaração de Rute, especialmente a última parte: "...o teu povo é o meu povo, o teu Deus é o meu Deus". Noemi havia sofrido grande perda temporal, ela havia perdido seu marido e seus dois filhos, mas agora encontrara a alma de sua nora. Creio que, segundo a balança do verdadeiro juízo, deve ter havido mais alegria em seu coração pela conversão da alma de Rute do que pesar pela morte de seu marido e seus filhos. Nosso Senhor Jesus nos disse que "...há júbilo diante dos anjos de Deus por um

[33] Tradução livre de uma das estrofes do hino *Ashamed of Jesus! that dear friend,* de Joseph Grigg (1720–68).

pecador que se arrepende" (Lc 15:10), e, por essa expressão, sempre entendo que há alegria no coração do próprio Deus com o arrependimento de cada pecador. Bem, então, se o marido e os filhos de Noemi criam verdadeiramente — se vinham caminhando de forma justa diante do Senhor, como esperamos que fizessem —, ela não precisaria sentir tal pesar por eles que pudesse se comparar à alegria por sua nora ser salva.

Talvez alguns de vocês, caros amigos, tiveram perdas em seus lares. Mas, se a morte — a morte temporal — de alguém vem a ser o meio para vida espiritual de outro, há um ganho evidente, e estou certo de que há. E, apesar de vocês terem ido até a sepultura lamentando, se vocês, contudo, tiverem evidências de que com essas lágrimas houve também lágrimas de arrependimento da parte de outros de sua família e de que, com esse triste olhar para a sepultura, houve também um olhar de fé para o Salvador que morreu, ressuscitou e vive, vocês são decididamente ganhadores e não precisam afirmar como Noemi: "Ditosa eu parti, porém o SENHOR me fez voltar pobre..." (Rt 1:21). Noemi realmente, com sua nora convertida a seu lado, se pudesse apenas ver o futuro, poderia ter sido uma mulher mais feliz do que quando partiu com seu marido e seus meninos, pois agora ela tinha consigo alguém que estaria na linhagem direta dos ascendentes de Cristo — uma verdadeira mulher da realeza, pois considero que a linhagem de Cristo é a verdadeira linhagem imperial, e eles foram mais altamente honrados entre os homens e as mulheres que, de alguma forma, estavam associados ao nascimento do Salvador neste mundo. E Rute, apesar de ser moabita, foi uma das eleitas para compartilhar deste elevado privilégio. Então, eu imploro a vocês, se têm estado entristecidos devido a alguma morte em seu círculo familiar, que orem a Deus pedindo que suplante esse pesar com uma medida ainda maior de alegria porque, por Sua graça, Ele levou outros membros de sua família a confiarem em Jesus.

Outro pensamento me ocorre aqui: quando Noemi retornou à terra da qual nunca deveria ter saído; quando ela deixou os moabitas idólatras entre os quais ela tinha, como vocês veem, parentes, amigos e conhecidos; quando ela decidiu voltar a seu país, a seu povo e a seu Deus foi que o Senhor então concedeu a ela a alma desta jovem mulher que era tão proximamente ligada a ela. Pode ocorrer que alguns de vocês, cristãos professos, estejam vivendo distantes de Deus. Vocês não estão vivendo de forma separada, têm tentado ser amigáveis com o mundo assim como com Cristo e seus filhos não estão crescendo como vocês gostariam. Vocês dizem que seus filhos não estão se tornando boas pessoas e que suas meninas estão preocupadas com estilo, são levianas e mundanas. Vocês se surpreendem por ser desse jeito? Vocês dizem: "Ó!, escolhi um bom caminho para tentar agradá-los, pensando que, talvez, fazendo assim, os ganharia para Cristo". Ah! Vocês nunca ganharão alma alguma para o certo, cedendo ao errado. É a decisão por Cristo e por Sua verdade que tem o maior poder na família e, também, o maior poder no mundo. Se um soldado no quartel é convertido e declara: "Pretendo ser cristão, mas, ao mesmo tempo, me juntarei aos homens o máximo que puder. Algumas vezes entrarei em bares com eles", e assim por diante, ele não fará bem algum. No entanto, no momento em que ele ousadamente assume postura por seu novo Capitão e nunca cede, no menor grau que seja, mas é fiel a seu Senhor e Mestre, então ele provavelmente verá conversões entre seus companheiros soldados.

Foi enquanto Noemi estava a caminho de volta para sua terra que ouviu as boas-novas de que sua querida nora havia decidido ser seguidora de Jeová, pois Rute declarou: "...o teu povo é o meu povo, o teu Deus é o meu Deus" (Rt 1:16). Isso trouxe grande alegria a Noemi, mas como alguns de vocês cristãos devem se sentir quando descobrem que outros tropeçaram por viverem distantes de Cristo? Que pontadas de remorso cercarão vocês quando descobrirem que seu braço paralisou definitivamente, que foram incapazes de levar outros ao Salvador, por vocês mesmos estarem tão distantes de Cristo! Esta questão é séria: o fato de estarem se desenvolvendo como adoradores de ídolos moabitas e abrindo mão por completo da sua declaração de seguidores do único Deus verdadeiro! Agora, com isso como introdução, chego claramente ao assunto do texto. Aqui está uma jovem mulher que diz a uma seguidora de Jeová: "...o teu povo é o meu povo, o teu Deus é o meu Deus".

1. Minha primeira observação é que a **afeição pelo piedoso deverá nos influenciar à piedade.**

Foi isso que aconteceu nesse caso. A afeição por sua piedosa sogra influenciou Orfa e Rute por certo tempo, e elas disseram a Noemi: "...Iremos contigo ao teu povo" (Rt 1:10). Ambas foram atraídas até parte do caminho em direção a Canaã, mas infelizmente a afeição natural não tem poder suficiente em si mesma para atrair ninguém a decidir-se por Deus. Pode ser um auxílio para esse fim, pode ser as "cordas humanas" e os "laços de amor" que Deus, em Sua infinita misericórdia, frequentemente usa no atrair pecadores a si, mas deve haver algo mais do que a mera afeição humana. Ainda assim, deve ser proveitosa para levar à decisão, e é algo muito pavoroso quando aqueles que têm pais piedosos parecem ser piores, em vez de melhores, justamente por esse fato; ou quando homens que têm esposas cristãs rebelam-se contra a luz e se tornam ainda mais iníquos porque Deus abençoou seus lares com mulheres piedosas que lhes falam com amor e ternura sobre as reivindicações da religião de Jesus. Essa é uma situação terrível, pois deve sempre acontecer que nossa afeição por pessoas piedosas nos ajude a sermos atraídos em direção à piedade. No caso de Rute, pela graça de Deus, foi esse o meio de levá-la à decisão expressa em nosso texto: "...o teu povo é o meu povo, o teu Deus é o meu Deus".

Muitas forças podem ser combinadas para trazer outros a tal decisão. Primeiro, *há a influência da companhia.* Ninguém duvida que a má companhia tende a tornar mau um homem, e é igualmente certo que a boa companhia tem a tendência de influenciar homens em direção àquilo que é bom. Algo feliz é ter a seu lado alguém cujo coração é repleto de amor por Deus. É grande bênção ter como mãe uma verdadeira santa ou ter como irmão, ou irmã, alguém que teme ao Senhor, e é privilégio especial estar vinculado por toda a vida, nos laços mais próximos, a alguém cujas orações possam subir com as nossas e cujos louvores possam também mesclar-se com os nossos. Há algo relacionado a uma companhia cristã que necessariamente indica a direção correta, a menos que o coração esteja determinadamente inclinado à transgressão.

Há, entretanto, algo a mais além disso: *a influência da admiração.* Não devemos duvidar de que Rute olhava com amável reverência e admiração para Noemi, pois ela viu em sua sogra um caráter que ganhou o apreço e a afeição de seu coração. Os poucos vislumbres que temos dessa piedosa mulher, no livro de Rute, nos mostram que ela era uma pessoa muito generosa e altruísta. Noemi não era alguém que, por sua grandiosa dor, colocaria fardos sobre outros e os rebaixaria a seu nível para que, de alguma forma, a auxiliassem. Ela era alguém que considerava os interesses de outros antes dos seus próprios, e todas as pessoas que agem como ela certamente ganham admiração e apreço. Quando um homem cristão vive de tal forma que outros veem algo nele que não percebem em si mesmos, esse é um modo pelo qual são frequentemente atraídos à vida cristã. Quando o cristão enfermo é paciente, quando o cristão pobre é jubiloso, quando o crente em Jesus é perdoador, generoso, caridoso, solidário, honesto, íntegro, é então que o observador diz: "Aqui está algo digno de se olhar. De onde vem toda essa excelência?". E nesse momento reconhecem que se trata de alguém que esteve com Jesus e que aprenderam do Senhor essas coisas, e nisso eles próprios inclinam-se a tornarem-se Seus seguidores.

Também não é apenas pela companhia e admiração que pessoas são ganhas para o Salvador; há também *a influência da instrução*. Não tenho dúvida de que Noemi deu à sua nora muito ensino útil. Rute poderia desejar saber sobre o Deus de Noemi, e Noemi muito se alegraria de contar a Rute tudo o que sabia. Quando os espanhóis foram à América do Sul, trataram os pobres indígenas tão mal que eles não desejaram saber coisa alguma sobre o deus do espanhóis, porque pensaram, a partir das crueldades que haviam sofrido, que ele deveria ser um demônio; e há certos tipos de professos que são tão cruéis, têm tal ausência de tudo o que é gentil e generoso em si, que ninguém deseja saber coisa alguma sobre o deus deles, pois, se esses crentes forem como o seu deus, provavelmente ele é o diabo.

Contudo, caros amigos, assim não deve ser conosco. Nós deveríamos fazer as pessoas desejarem saber qual é de fato a nossa religião, e então estar prontos para falar-lhes. Não tenho dúvida de que, muitas vezes, na terra de Moabe, quando suas noras se encontravam com ela, Noemi começava a lhes contar sobre o livramento no mar Vermelho, como o Senhor levou Seu povo pelo deserto e como a terra formosa que manava leite e mel fora entregue a eles pela mão de Josué. Então ela lhes contava sobre o Tabernáculo e sua adoração e conversavam a respeito do cordeiro, da novilha vermelha, do boi, da oferta pelo pecado e assim por diante. E desse modo foi, provavelmente, que o coração de Rute fora ganho para Jeová, o Deus de Israel. E, talvez, por essa razão — devido à instrução de Noemi — Rute tenha dito a ela: "O teu povo será o meu povo. Eu sei tanto sobre eles que quero ser contada entre eles. O teu Deus é o meu Deus. Você me falou sobre Ele, as maravilhas que Ele realizou, e eu decidi confiar minha vida a Ele, estar sob a sombra das Suas asas". Bem, amados, isso deve ocorrer também conosco. Deveríamos cuidar para que a influência de nossa companhia, a influência de nossa vida, onde deveria haver algo para os observadores admirarem, e a influência de nossa conversa, a qual deveria ser repleta de instrução graciosa, conduza aqueles que estão sob nossa influência ao caminho correto.

Além disso, tenho certeza de que algumas pessoas são atraídas a coisas boas por *um desejo de alegrar pessoas piedosas a quem amam* e, ainda que eu não coloque este à frente como um dos motivos mais consideráveis e fortes, ainda assim sinto-me à vontade para sugerir a alguns jovens aqui que seus pecados são grande angústia aos seus amorosos pais e mães e que, se entregassem seu coração a Cristo, toda a casa seria cheia de alegria santa. Foi grande alegria para mim quando meus filhos nasceram, mas foi alegria infinitamente inigualável quando, um após o outro, me disseram que haviam buscado e encontrado o Salvador. Orar com eles, direcioná-los ainda mais plenamente a Cristo, ouvir a história de suas lutas espirituais e ajudá-los a superar suas dificuldades espirituais foi uma satisfação imensa para a minha alma. Ah, meus jovens amigos, vocês não sabem o quanto aqueles que amam vocês se alegrariam se vocês se convertessem — especialmente qualquer um de vocês que não tem vivido como deveria, que, talvez, inclusive tenha saído de casa e agido de forma que bem poderia levar os cabelos grisalhos de seu pai à sepultura em pesar. Acredito que ele quase chegaria a dançar de deleite se pudesse apenas ouvir que você tenha verdadeiramente se convertido a Deus.

Conheço um ministro que tirou de seu bolso uma antiga carta que estava praticamente despedaçada. Ele fez uma viagem do interior para trazê-la a fim de que eu a visse. Não era de fato antiga, estava apenas muito desgastada porque ele a retirava constantemente do bolso para lê-la. A história era algo mais ou menos assim: seu filho fora um patife e uma tremenda desgraça para a família, o rapaz recebeu uma ajuda para viajar ao exterior e veio a Londres a fim de juntar-se ao navio. Visto que ele ouvira seu pai falar de mim, o moço pensou que poderia passar sua última noite de quinta-feira, antes de partir na sexta de manhã, ouvindo-me neste tabernáculo, e Deus encontrou-se com ele aqui, pois eu fui movido pelo Espírito Santo a dizer: "Aqui está você, Jack, saindo de casa, da casa de seu pai. Ó, que o grande Pai no Céu o tome para si!". Ocorreu que o nome do rapaz era Jack, então era uma palavra exata para ele, e o Senhor o abençoou com ela naquele momento. Ele foi à América e não escreveu a seu pai para contar-lhe sobre sua conversão até que tivesse tempo de provar a realidade do que ocorrera. Então, passados seis meses, depois que fora batizado e de ter se associado à igreja caminhando consistentemente nos caminhos do Senhor, enviou as boas-novas para casa. Então, o homem me disse: "Eu pensei que ele estivesse perdido no mar, mas Deus o salvou por meio de sua pregação. Deus o abençoe, senhor!". Eu tive mil bênçãos amontoadas sobre minha cabeça por aquele pai agradecido. Foi apenas um simples sermão que eu havia pregado em uma noite de quinta-feira, mas foi o meio para a conversão desse filho e foi a fonte de grande alegria para esse pai. Ele não se importava por seu filho estar na América ou com o que ele estivesse fazendo, apenas com o fato de que havia se tornado um verdadeiro crente no Senhor Jesus Cristo. Que misericórdia seria se este sermão fosse bendito como aquele fora!

Penso, também, que houve outro aspecto que teve grande influência sobre Rute, como teve sobre muitas outras pessoas: *o medo da separação*. "Ah!", disse-me alguém na semana passada, "costumava ser grande tormento para mim quando minha esposa descia para a ceia e eu tinha que voltar para casa ou permanecer com os espectadores na galeria. Eu não gostava de estar separado dela mesmo aqui; e então, senhor, o pensamento surgiu sorrateiramente: 'E se eu tiver que ficar separado dela para sempre e sempre?'". Acho que uma reflexão semelhante deve, com a bênção de Deus, impressionar muitos. Jovem, se você viver e morrer impenitente, não mais verá sua mãe, a menos que seja de grande distância, com um enorme abismo entre ela e você, de modo que ela não pode cruzá-lo para alcançá-lo nem você chegar até ela. Chegará um dia quando um será levado e outro deixado, e, antes que a grande separação ocorra, no trono do julgamento de Cristo, quando será feita uma separação entre os bodes e as ovelhas e entre joio e trigo, imploro a você que deixe a influência dos piedosos a quem você ama atrair você para a decisão por Deus e Seu Cristo.

***2. Meu tempo seria pouco se permanecesse neste ponto, embora seja muito interessante, então devo passar à minha segunda observação que é:* a determinação à piedade será testada.**

Rute fala muito positivamente: "…o teu povo é o meu povo, o teu Deus é o meu Deus". Esta foi sua resolução, mas uma resolução que já havia sido colocada em teste e, de maneira satisfatória, tinha passado por ele.

Primeiro, *fora testada pela pobreza e o pesar de sua sogra.* Noemi disse: "…grande amargura me tem dado o Todo-Poderoso". Porém Rute declara: "…o teu Deus é o meu Deus". Gosto da brava determinação dessa jovem moabita. Algumas pessoas dizem: "Nós gostaríamos de nos converter, pois desejamos ser felizes". Sim, mas suponha que você soubesse que não seria feliz, da maneira que deseja, após a conversão, ainda assim você deve desejar ter esse Deus como o seu Deus. Noemi perdeu seu marido, perdeu seus filhos, perdeu tudo. Ela está voltando a Belém sem um centavo sequer e, contudo, sua nora diz a ela: "...o teu Deus é o meu Deus". Ó caros amigos, se vocês puderem compartilhar da sorte dos cristãos quando estão em angústia, se forem capazes de aceitar a Deus e a aflição, se puderem aceitar Cristo e uma cruz, então sua decisão de ser Seu seguidor é verdadeira e real. Terá sido testada pelas aflições e provas que vocês sabem ser inerentes ao povo de Deus, no entanto vocês se contentam em sofrer com ele ao receber o Deus deles para ser o seu Deus também.

A seguir, a decisão de Rute foi testada quando *a ela foi proposto que considerasse o custo*. Noemi havia colocado diante dela toda a situação. Ela disse à sua nora que não havia esperança de que ela, Noemi, algum dia gerasse um filho que pudesse vir a ser marido de Rute, e que melhor seria ela ficar e encontrar um marido em sua própria terra. Noemi colocou diante de Rute o lado negro da situação — possivelmente com muita sinceridade. Ela parecia querer convencer Rute a voltar, mesmo eu não acreditando que, em seu coração, ela desejasse realmente isso. Mas, meu jovem amigo, antes que você diga a qualquer cristão: "...o teu povo é o meu povo, o teu Deus é o meu Deus", considere o custo. Lembre-se de que, se você está seguindo negócios malignos, terá que abrir mão deles; se você formou maus hábitos, terá que abandoná-los; e se você teve maus companheiros, terá que deixá-los. Há grandes quantidades de coisas que lhe proporcionavam prazer, que deverão tornar-se dolorosas para você e devem ser renunciadas. Você está preparado para seguir Cristo pelo lodo e o charco, assim como pela estrada, e descer ao vale assim como subir as colinas? Você está pronto para carregar a cruz do Senhor para, posteriormente, como espera, compartilhar de Sua coroa? Caso você possa suportar o teste em detalhes — tal como o teste que Cristo colocou diante daqueles que desejavam ser Seus seguidores na Terra, então sua decisão é acertada, mas, sendo diferente disso, não.

Rute também fora provada pela aparente frieza de alguém em quem ela confiava e em quem tinha direito de confiar, pois Noemi de forma alguma a encorajou. De fato, ela parecia desencorajá-la. Eu não tenho certeza de que Noemi deveria ser culpada por isso e não estou certo de que ela deveria ser muito elogiada. Vocês sabem, é muito possível que você encoraje as pessoas em excesso. Conheci alguns encorajados em suas dúvidas e seus medos de modo que chegaram ao ponto de não conseguirem se livrar deles. Ao mesmo tempo, pode-se certamente, com muita facilidade, desencorajar inquiridores e seguidores. Embora Noemi demonstrasse seu amor a Rute, ela ainda assim não parecia ter grande desejo de conduzi-la a seguir Jeová. Esse é um teste que muitos jovens consideram dificílimo, mas esta jovem mulher disse à sua sogra: "Não me instes para que te deixe e me obrigue a não te seguir; porque, aonde quer que fores, irei eu e, onde quer que pousares, ali pousarei eu; o teu povo é o meu povo, o teu Deus é o meu Deus" (Rt 1:16).

Outro teste para Rute foi o recuar da cunhada. Orfa beijou Noemi e a deixou; e vocês conhecem a influência de um jovem sobre outro quando têm a mesma idade ou quando são parentes como essas duas eram. Você foi à reunião de avivamento com uma amiga, e ela ficou tão impressionada quanto você. Ela voltou ao mundo, e a tentação é que você faça o mesmo. Você consegue se posicionar contra isso? Vocês dois jovens rapazes foram ouvir o mesmo pregador e ambos sentiram a força da Palavra, mas seu colega voltou ao ponto onde costumava estar. Você consegue permanecer agora e dizer: "Seguirei Cristo sozinho se não puder encontrar um companheiro que vá comigo"? Sendo assim, está tudo bem com você.

Podes ser leal a teu Senhor?
Podes ser leal a teu Senhor,
Quando muitos se extraviam?
Podes testemunhar que Ele e ninguém mais na Terra
Tem a Palavra viva?
E podes permanecer com o grupo imaculado,
Os simples e puros de coração,
Que, aonde quer que o Cordeiro os guie,
De Seus passos nunca se afastam?

É a resposta: "Podemos"? É a resposta? "Podemos,
Por meio do poder constrangedor de Seu amor"?
Mas, ah! Lembra-te, a carne é fraca,
E encolher-se-á na hora da tribulação.
Contudo, rende-te ao Seu amor que agora te cerca,
Às cordas humanas lançadas
Aos laços de Seu amor, dado por ti,
Que ao altar firmemente te prendem.[34]

Entretanto uma das piores provas pelas quais Rute passou foi *o silêncio de Noemi*. Creio que havia um motivo, pois,

[34] Tradução livre de estrofes do hino *Counting the cost*, de *Songs of Christian Chivalry*. Londres, 1848.

depois que ela declarou solenemente que seguiria o Senhor, lemos: "Vendo, pois, Noemi que de todo estava resolvida a acompanhá-la, deixou de insistir com ela" (Rt 1:18). Ela deixou de afirmar o lado negro da situação, mas não parece que ela falou com Rute sobre o lado promissor. "...deixou de insistir com ela". A boa mulher estava tão entristecida que não conseguia falar, sua desolação era tão grande que não conseguia conversar, mas tal silêncio deve ter sido muito penoso para Rute, e quando um jovem acaba de se unir ao povo de Deus, é um teste severo ser colocado face a face com um cristão muito pesaroso e não receber uma única palavra encorajadora. Algumas vezes, irmãos e irmãs, devemos engolir nossas próprias pílulas amargas o mais rápido possível, para que não desencorajemos outros apresentando-lhes um semblante abatido. Algumas vezes, a melhor coisa que uma pessoa entristecida pode fazer é dizer: "Não devo entristecer-me, aí vem aquele jovem. Devo apresentar-me alegre agora, pois aí vem alguém que pode desencorajar-se por meu pesar". Vocês se lembram de como o salmista, quando em um estado muito lamentoso de mente, disse: "Se eu pensara em falar tais palavras, já aí teria traído a geração de teus filhos. Em só refletir para compreender isso, achei mui pesada tarefa para mim" (Sl 73:15-16). Deixe que seja pesaroso demais para nós o fornecer qualquer motivo de tropeço ou desinquietação àqueles que acabaram de se achegar ao Salvador, mas vamos alegrá-los e encorajá-los em tudo o que pudermos.

Entretanto, o silêncio de Noemi não desencorajou Rute. Ela, evidentemente, era uma mulher de forte decisão, mesmo gentil, e entregou-se a Deus e a Seu povo sem qualquer reserva. Mesmo não tendo sido muito auxiliada pela crente mais velha e que possa até mesmo ter sido desencorajada por ela, e mais ainda pela partida de sua cunhada Orfa, ainda assim ela permaneceu na trajetória que havia escolhido. Bem, faça você o mesmo, Maria; e vocês, Jane, e John, e Thomas. Você será como Flexível e voltará à Cidade da Destruição? Ou, como o Cristão, você buscará seu caminho e firmemente permanecerá ao longo do Pântano do Desânimo, ou o que quer que esteja em seu caminho, até a Cidade Celestial?[35]

3. Agora, muito brevemente o terceiro aspecto: a verdadeira piedade deve estar principalmente na escolha de Deus.

Essa é a verdadeira essência do texto: "...o teu Deus é o meu Deus".

Primeiro, caros amigos, *Deus é a posse mais seleta do cristão*; por certo, é a marca distintiva de um cristão o fato de que possui um Deus. Noemi não tinha muito mais — não tinha marido, nem filho, nem terras, nem ouro, nem prata, nem mesmo prazer; mas ela tinha um Deus. Venha, agora, meu amigo, você está determinado que doravante e para sempre, o Senhor seja sua principal posse? Você pode dizer: "Deus será meu, minha fé o apreenderá agora e se apegará a Ele"?

A seguir, *Deus passou a ser, dali em diante, para Rute, o que era para Noemi; seu Soberano e Juiz.* Quando alguém diz verdadeiramente: "Deus será meu Deus", há certo sentido prático com relação a essa declaração que significa: "Ele me

[35] Nomes de personagens e lugares do livro *O Peregrino*, de John Bunyan (Publicações Pão Diário, 2021).

influenciará, Ele me direcionará, Ele me guiará, Ele me governará, Ele será meu Rei. Eu me renderei a Ele e o obedecerei em tudo. Esforçar-me-ei para fazer tudo de acordo com a Sua vontade. Deus será meu Deus". Você não deve desejar Deus como seu colaborador no sentido de fazer dele seu servo, mas no de ser seu Mestre e assim auxiliar você. Caros amigos, o Espírito Santo os guia a fazer esta bendita escolha e a declarar: "Este Deus será meu: meu Juiz e Soberano daqui em diante?".

Bem, então, *Ele deve também ser seu Instrutor*. Nos tempos atuais, temo que nove entre dez pessoas não creiam no Deus que nos é revelado na Bíblia. "O quê?", você questiona. Assim o é, sinto dizer. Eu posso indicar a você jornais, revistas, periódicos e inúmeros púlpitos, em que há um novo deus estabelecido para ser adorado; não o Deus do Antigo Testamento de quem se diz ser rígido demais, severo demais, austero demais para nossos mestres modernos. Eles não creem nele. O Deus de Abraão é destronado por muitos hoje em dia e em Seu lugar eles têm um Moloque (deus ídolo de Moabe). Como aqueles de quem Moisés falou: "...novos deuses que vieram há pouco, dos quais não se estremeceram seus pais" (Dt 32:17). Eles estremecem com a simples menção do Deus dos Puritanos[36]. Caso Jonathan Edwards[37] se levantasse dos mortos, eles não o ouviriam por um único minuto e diriam que possuem um deus completamente novo desde que se passaram os dias de Edwards. Porém, irmãos, eu creio no Deus de Abraão, de Isaque e de Jacó. Esse Deus é o meu Deus — sim,

[36] O puritanismo foi um movimento de reforma religiosa que surgiu dentro da Igreja da Inglaterra, no final do século 16, o qual desejava ver a igreja livre de elementos do catolicismo ainda evidentes em seus cultos.

[37] Conhecido como um dos maiores teólogos e filósofos da história norte-americana e um dos precursores da era da expansão missionária protestante no século 18.

o Deus que afogou Faraó e seu exército no mar Vermelho e inspirou o Seu povo a cantar "aleluia" enquanto os afogava; o Deus que fez a terra se abrir e engolir Corá, Datão e Abirão e todo o seu grupo. Um Deus terrível é o Deus a quem eu adoro. Ele é o Deus e Pai de nosso Senhor e Salvador Jesus Cristo, repleto de misericórdia, compaixão e graça, é terno e gentil, contudo, justo e temível em Sua santidade e terrível quando fora de Seus lugares santos. Esse é o Deus a quem adoramos, e aquele que vem a Ele em Cristo e nele confia o terá como seu Instrutor e assim aprenderá corretamente tudo o que precisa saber. Mas ai dos homens destes dias, que fizeram para si um bezerro concebido por eles mesmos o qual não tem poder para abençoar ou salvá-los! "...o teu Deus", diz Rute a Noemi — nenhum outro Deus; não Quemós ou Moloque, mas Jeová — "é o meu Deus", e assim ela o tomou como seu Instrutor, como nós também devemos fazer.

Então, o recebamos para ser *nossa completa confiança e habitação.* Ó, meus amados amigos, a coisa mais feliz na vida é confiar em Deus — primeiro, confiar nele com nossa alma por meio de Jesus Cristo, o Salvador, e, então, confiar nele com tudo e em tudo. Estou falando do que eu sei. A vida dos sentidos é morte, mas a vida de fé é, de fato, vida. Confie em Deus com relação às questões seculares — não, eu não conheço divisão alguma entre secular e espiritual — confie em Deus com relação a tudo, à sua subsistência diária, à sua saúde, à sua esposa, aos seus filhos. Tenha uma vida de fé em Deus e você verdadeiramente viverá, e todas as coisas com relação a sua vida estarão bem. É pelo fato de confiarmos parte em Deus e parte em nós mesmos que tão frequentemente estamos tão infelizes. Mas, quando, pela simples fé, vocês unicamente se lançam em Deus, então encontram a mais elevada alegria e bem-aventurança possíveis na Terra e toda uma série de maravilhas se espalha diante de vocês. Sua vida se torna um milagre, ou uma sucessão de milagres: Deus ouvindo suas orações e, do Céu, respondendo-lhes, libertando-os na hora da angústia, suprindo todas as suas necessidades e os guiando sempre adiante por um caminho inigualável que ainda não conhecem, que em todos os momentos causará perplexidade e deleite mais grandiosos conforme veem as revelações do caráter de Deus. Ó, que cada um de vocês diga: "O teu Deus é o meu Deus. Eu confiarei nele, por Sua graça, confiarei nele agora".

4. A última observação é que essa decisão deveria nos levar a nos unir ao povo de Deus assim como a Ele próprio, *pois Rute declarou: "o teu povo é o meu povo".*

Ela poderia ter dito: "Não se fala bem de vocês judeus, israelitas. Os moabitas entre quem eu vivi odeiam vocês". Porém, na verdade, ela disse: "Agora não sou moabita. Pertencerei a Israel e contra mim também falarão. Eles têm todo tipo de coisas más a dizer em Moabe acerca de Belém, Judá, mas não me importo, pois doravante serei uma habitante de Belém e serei reconhecida no número de belemitas, porque não mais sou de Moabe e dos moabitas".

Sendo assim, caro amigo, você se unirá ao povo de Deus e, embora se fale contra eles, estará disposto a ser malfalado também? Ouso dizer que os belemitas não eram tudo o que Rute teria desejado que fossem. Nem mesmo Noemi o era. Ela estava triste e pesarosa demais, mas, ainda, imagino que

Rute pensava que sua sogra era uma mulher melhor do que ela própria era. Ouvi pessoas encontrarem faltas em membros de nossas igrejas e afirmarem que não podem unir-se a eles, pois são pessoas de certo modo inferior. Bem, conheço muitos tipos diferentes de pessoas e, afinal de contas, me contentarei em ser contado com o povo de Deus que vejo em Sua igreja visível, antes de ser contado com quaisquer outras pessoas no mundo inteiro. Considero o povo de Deus, que é desprezado, como a melhor companhia com que me deparei e frequentemente digo em relação a este tabernáculo o que espero que membros de outras igrejas possam dizer quanto aos seus locais de adoração:

Aqui estão meus melhores amigos, minha parentela
Aqui, Deus, meu Salvador, reina.[38]

"Ó!", alguém diz: "Eu me unirei à igreja quando encontrar a perfeita". Então você jamais se unirá a nenhuma. "Ah!", você diz, "mas talvez eu o faça". Bem, mas não será uma igreja perfeita a partir do momento em que você passar a fazer parte dela, pois deixará de ser perfeita assim que o receber como membro. Creio que, se uma igreja é de tal modo que Cristo possa amar, é de tal modo que eu possa amar; e se é de tal modo que Cristo a considere Sua Igreja, eu bem poderei ser grato por ser membro dela. Cristo "...amou a igreja e a si mesmo se entregou por ela" (Ef 5:25), então não posso eu considerar uma honra ter a permissão de entregar-me a ela?

[38] Tradução livre de versos do hino *How did my heart rejoice to hear,* de Isaac Watts (1674–1748).

Rute não estava se unindo a um povo do qual esperava receber muito. Envergonhem-se aqueles que pensam em participar da igreja pelo que podem receber! Ainda assim os pães e os peixes são sempre uma "isca" para algumas pessoas. Mas lá estava Rute, indo com Noemi a Belém, e tudo o que o os moradores locais fariam seria virar-se, olhar para elas e dizer: "Aquela é Noemi? E quem é essa jovem mulher que vem com ela? É Noemi! Que coisa! Como está diferente! Parece desgastada! Uma idosa se comparada a como era quando nos deixou". Não lhes foi demonstrada muita compaixão pelo que percebo nesta observação, contudo Rute parecia dizer: "Não me importo com o modo como me tratam. Eles são o povo de Deus mesmo que tenham grandes falhas e imperfeições, e eu me unirei a eles". E eu convido todos vocês que podem dizer: "o seu Deus é nosso Deus" a juntar-se ao povo de Deus de forma pública, manifesta e decidida sem hesitação, ainda que não recebam nada com isso. Talvez não ganhem, mas, por outro lado, serão grande acréscimo, pois esse é o verdadeiro espírito de Cristo: "Mais bem-aventurado é dar que receber" (At 20:35). No entanto, de qualquer modo, unam-se ao povo de Deus e compartilhem de modo que todos recebam equanimemente.

Eu concluo dizendo que, independentemente de quem possam ser os outros belemitas, havia entre eles um ser notável, e era precioso fazer parte dessa nação em prol de unir-se a Ele. Rute descobriu tudo isso em etapas. Havia um remidor próximo entre esse povo e seu nome era Boaz. Ela foi colher em seu campo e, eventualmente, casou-se com ele. Ah! Essa foi a razão pela qual me uni ao povo de Deus, pois disse: "Há Um entre eles que, a despeito das falhas que possam ter, é tão justo e amável que compensa grandemente todas as imperfeições do povo. Meu Senhor Jesus Cristo, no meio de Seu povo, os torna todos justos em Sua justiça e faz-me sentir que ser pobre com os mais pobres e mais iletrados da Igreja de Cristo, reunindo-se no celeiro de uma vila, é honra indescritível, dado que Ele está entre eles". O nosso Senhor Jesus Cristo está sempre presente onde quer que dois ou três estejam reunidos em Seu nome. Estando o nome dele na lista, pode haver um número de quinquilharias junto a Ele — membros de diferentes denominações, algumas pessoas estranhas, algumas muitos idosas; mas, estando o nome do Senhor na lista, não me importo com os outros que ali estão; coloque meu nome também. Ó, que eu tenha a honra eterna de ter meu nome escrito mesmo que no fim da página abaixo do nome de Jesus, meu Senhor, o Cordeiro!

Como Boaz estava lá, isso era suficiente para Rute. Cristo está aqui, e isso é bastante suficiente para mim. Assim, espero ter dito o suficiente para convencê-lo a dizer que o nosso Deus é o seu Deus e a juntar-se a nós, ou a alguma outra parte da Igreja de Cristo, e então fazer do povo dele o seu povo. E lembre-se de fazer isso de uma vez e de modo bíblico. Que Deus o abençoe ao fazer isso, por amor a Cristo! Amém.

8

RUTE: SUA RECOMPENSA [39]

O SENHOR retribua o teu feito, e seja cumprida a tua recompensa do SENHOR, Deus de Israel, sob cujas asas vieste buscar refúgio. —Rute 2:12

Essa foi a declaração de Boaz, um homem de posses e influente em Belém, a uma pobre estranha de quem ele tinha ouvido falar que deixara sua parentela e os ídolos de sua nação para que pudesse se tornar uma adoradora do Deus vivo e verdadeiro. Ele desempenhou um nobre papel quando a saudou e lhe disse que tivesse bom ânimo agora que se unira a Noemi e à nação escolhida. Observe que ele a saudou com palavras ternas de encorajamento, pois é precisamente isso o que eu desejo que os cristãos mais velhos

[39] Sermão nº 1851, ministrado na noite do dia do Senhor, 29 de junho de 1885, no *Metropolitan Tabernacle*, Newington.

entre vocês façam àqueles que são equivalentes a Rute. Vocês que há muito são crentes no Senhor Jesus, que cresceram em rica experiência, que conhecem o amor e a fidelidade de nosso Deus de aliança e que são fortes no Senhor e na força do Seu poder, quero que vocês tenham o objetivo de procurar os jovens convertidos e de falar-lhes palavras piedosas e confortáveis pelas quais possam ser encorajados e fortalecidos. Há um texto, muito curto, que eu frequentemente gostaria de pregar em referência àqueles que são recém-salvos e eu gostaria de convidar vocês a praticarem-no continuamente. O texto é: "*Encoraje-o*". Muitos jogarão água fria no aspirante à santidade, de modo que apelo a outros de vocês que o incentivem cordialmente. Onde a vida espiritual é fraca, deveria haver nutrição com afetuoso cuidado. Nós desejamos apreciar, não censurar. Para que cresçam, os cordeiros devem ser pastoreados. Para que se tornem fortes membros da família divina, os delicados bebês da família devem ser acalentados e alimentados. Se Rute deve ser feliz na terra de Israel, um Boaz deve zelar por ela e ser seu verdadeiro amigo. Que seu remidor mais próximo seja célere no cumprimento do seu dever.

Estou certo de que muita angústia poderia ser prevenida se palavras de encorajamento fossem proferidas mais frequentemente e em tempo; portanto, retê-las é pecado. Temo que muitas pobres almas permaneceram nas trevas, fechadas em si mesmas, quando 2 ou 3 minutos de incentivo fraternal teriam arrancado as venezianas deixando entrar a luz do dia. Muitas questões que são dificuldades reais para jovens cristãos já não são dificuldades para nós que estamos há mais tempo no caminho. Você e eu poderíamos esclarecer, em uma conversa de 10 minutos, questionamentos e dúvidas que causam, a nossos amigos menos esclarecidos, meses de miséria. Por que somos tão reticentes quando uma palavra poderia enviar nossos irmãos mais fracos regozijando em seu caminho? Portanto, eu realmente rogo a vocês todos a quem Deus abençoou grandemente que zelem por aqueles que são de condição mais limitada nas questões espirituais e tentem entusiasmá-los e encorajá-los. Enquanto fizeram isso, Deus os abençoará em retorno. Entretanto, se negligenciarem esse afetuoso dever, pode ocorrer que vocês mesmos fiquem abatidos e passem a necessitar desse auxílio amigável. O encorajamento é oportuno para jovens convertidos; toda Rute deve ser consolada quando se une ao povo de Deus.

Acho que posso dizer por todos os cristãos aqui que os jovens convertidos entre nós são alvos de nossos mais sinceros votos. Desejamos para eles todas as boas dádivas espirituais. Será sabedoria de nossa parte transformar nossos bondosos desejos em orações. Os desejos são coxos, mas orações têm pernas, sim, e asas, com as quais correm até voarem para Deus. Desejos são cestos, mas as orações os enchem de pão. Os desejos são nuvens, mas a oração é a chuva. Veja como Boaz, desejando tanto bem à humilde donzela de Moabe, falou com Rute benignamente, e então falou com Deus em oração por ela. Considero que meu teste é uma oração assim como uma bênção: "O SENHOR retribua o teu feito, e seja cumprida a tua recompensa do SENHOR, Deus de Israel, sob cujas asas vieste buscar refúgio" (Rt 2:12). Oremos mais do que nunca pelos fracos de espírito e pelos jovens. Pensem neles sempre que o rei lhes conceder uma audiência. Procurem-nos com cuidado gentil, como um pastor procura seus cordeirinhos, e então os acalentem nos seus braços de amor e os carreguem pelos locais adversos.

Nós deveríamos, em todos os casos, ver um crescimento muito mais rápido em graça entre nossos jovens convertidos se fossem mais bem acolhidos e protegidos. Alguns de nós, nos dias em que éramos mais jovens, devíamos muito a cristãos com experiência. Eu sei que comigo foi assim. Eu respeitarei para sempre a memória de uma humilde serva na escola em que eu era assistente, em New Market. Uma mulher mais velha, que falava comigo sobre as coisas do Reino e ensinou-me o caminho do Senhor mais perfeitamente. Ela conhecia as doutrinas da graça melhor do que muitos doutores em teologia, e era tão tenazmente apegada a elas como se tivesse encontrado nelas a sua vida. Foi meu grande privilégio ajudá-la em sua velhice; faz apenas algum tempo que ela partiu para o Céu. Muitas coisas aprendi com aquela senhora, sobre as quais hoje me deleito em pregar. Que seja dito de nós, quando também envelhecermos, que aqueles que eram crianças quando éramos jovens foram por nós auxiliados a tornarem-se úteis em seus anos de colheita. Eles não se esquecerão de nós se tivermos sido para eles o que Áquila e Priscila foram para Apolo, ou Ananias para Paulo, ou Paulo para Timóteo. Eles orarão por nós, e Deus nos abençoará em resposta às suas orações quando o gafanhoto para nós se tornar um fardo[40] e nossas enfermidades forem multiplicadas.

Tendo assim introduzido o texto, percebamos nesse modelo de encorajamento o seguinte: *o que o jovem convertido fez* para que o encorajemos; segundo, *qual é plena recompensa que ele receberá*; e, terceiro, seguindo a conexão histórica do texto, gostaria de concluir observando *que figura*

[40] Conforme Eclesiastes 12:5.

essa plena recompensa estabelece — a recompensa que desejamos para cada Rute que deixou em Moabe aqueles estavam fora da aliança a fim de vir e unir-se ao Israel de Deus e ao Deus de Israel.

1. Primeiro, então, **o que o jovem convertido fez?** *Ilustraremos o assunto com o exemplo de Rute.*

Muitos jovens convertidos merecem encorajamento porque *abandonaram todos os seus antigos relacionamentos.* Rute, sem dúvida, tinha muitos amigos em seu país natal, mas ela se afastou para apegar-se a Noemi e a seu Deus. Talvez ela tenha se separado de uma mãe e de um pai; caso estivessem vivos, ela certamente deixou-os a fim de ir para país dos israelitas. Possivelmente, ela se despediu de irmãos e irmãs, certamente abandonou velhos amigos e vizinhos, pois decidiu ir com Noemi e compartilhar de sua sorte. Ela disse: "...Não me instes para que te deixe e me obrigue a não seguir-te; porque, aonde quer que fores, irei eu e, onde quer que pousares, ali pousarei eu; o teu povo é o meu povo, o teu Deus é o meu Deus. Onde quer que morreres, morrerei eu e aí serei sepultada; faça-me o SENHOR o que bem lhe aprouver, se outra coisa que não seja a morte me separar de ti" (Rt 1:16-17).

O jovem convertido é um emigrante vindo do mundo que, por amor a Cristo, tornou-se um estrangeiro. Possivelmente tinha muitos companheiros, amigos que o alegravam segundo seus hábitos, homens de modos fascinantes, que facilmente poderiam despertar suas risadas e fazer as horas passarem sem que se percebesse, mas, visto que não encontrou neles o aroma de Cristo, ele os abandonou e graças a Cristo eles o abandonaram. Entre seus antigos companheiros, ele se tornou um pássaro pintado e estão todos contra ele. Talvez vocês já tenham visto um canário que voou de seu lar, onde desfrutava da afeição de sua senhora; vocês já o viram entre os pardais. Eles o perseguem como se fossem despedaçá-lo e a ele não concedem descanso em parte alguma. Assim é com o jovem convertido: não tem mais as mesmas penas que seus colegas e é alvo de sua perseguição. Ele suporta provações de cruel zombaria e que são como ferro quente para a alma. Ele é agora, para eles, um hipócrita e um fanático, eles o tratam com nomes ridículos pelos quais expressam seu desprezo. No coração, eles o coroam com a boina do tolo e o depreciam como idiota e patife. Ele precisará exibir anos do viver santo antes que eles sejam forçados a respeitá-lo; e tudo isso porque ele está desistindo da Moabe deles para unir-se a Israel. Por que ele deveria deixá-los? Ele se desenvolveu melhor do que eles? Pretende ser um santo? Não pode mais beber com eles como fazia antes? Ele é um protesto contra seus excessos e homens não se importam com tais declarações. Não pode cantar uma canção divertida como eles fazem? De fato, tornou-se um santo, e o que é um santo senão um hipócrita? Ele é um caso escrupuloso e puritano demais e não deve ser suportado em sua sociedade livre.

Conforme o grau na vida, essa oposição toma uma forma ou outra, mas em caso algum Moabe admira a Rute que abandona seus ídolos para adorar o Deus de Israel. Não é natural que o príncipe das trevas aceite perder seus súditos ou que homens do mundo amem aqueles que os envergonham.

Não é altamente adequado que vocês cristãos mais velhos, que há tempos foram separados do mundo, estejam endurecidos contra suas zombarias, se posicionem e defendam os novatos? Não deveriam vocês dizer: "Venha conosco e agiremos bem, seremos melhores amigos para você do que aqueles a quem você deixou. Acompanharemos você em uma estrada melhor do que esta da qual você desviou e encontraremos para você alegrias melhores que os mundanos jamais poderiam conhecer"? Quando nosso grande Rei é representado como dizendo à Sua esposa: "...esquece o teu povo e a casa de teu pai" (Sl 45:10), Ele acrescenta: "Então, o Rei cobiçará a tua formosura; pois ele é o teu senhor..." (v.11); assim Ele concede a ela nova companhia para suprir o lugar daquilo de que ela abre mão. Colhamos daqui sugestão e sejamos comunidade àqueles a quem o mundo expulsa. Talvez tenha vindo a esta casa neste momento um homem ou uma mulher que acabou de correr para fora da Cidade da Destruição[41], sobremodo feliz por estar fora de seus muros. A pobre alma não sabe para que lado correr, sabe apenas que deve fugir de seu antigo lugar malévolo, pois sabe que a cidade será destruída. Ó irmãos, enquanto tais fugitivos estão se perguntando para que lado ir e seus maus companheiros os convidam a retornar, intervenham e mostrem-lhes o verdadeiro lugar de abrigo. Corram com eles para a fenda da Rocha. Ergam-nos se tropeçarem, guiem-nos se perderem a direção. Afaste seus antigos tentadores, formem um cerco de segurança ao seu redor, escoltem-nos até que estejam fora de perigo imediato, atraiam-nos com sua conversação amorosa até que esqueçam seus falsos amigos. Tendo Rute abandonado suas antigas conexões, foi sábio e gentil da

[41] Lugar que Cristão abandona para seguir em direção à Cidade Celestial. Referência ao livro *O Peregrino*, de John Bunyan (Publicações Pão Diário, 2021).

parte de Boaz dirigir-se a ela com as palavras de consolo que eu novamente citarei para vocês: "O SENHOR retribua o teu feito, e seja cumprida a tua recompensa do SENHOR, Deus de Israel, sob cujas asas vieste buscar refúgio" (Rt 2:12).

A seguir, Rute, tendo deixado suas antigas companhias, *colocou-se entre estranhos*. Ela não estava ainda familiarizada na terra de Israel, mas confessou ser "uma estranha". Ela conhecia Noemi, porém, em toda a cidade de Belém, ela não conhecia ninguém mais. Quando chegou ao campo de colheita, os vizinhos estavam coletando, mas não eram vizinhos dela. Nenhum olhar de simpatia veio deles para ela; talvez a tenham olhado com curiosidade fria. Podem ter pensado: "O que faz essa moabita vindo até aqui apanhar da parte das espigas que pertence aos pobres de Israel?". Eu sei que tais sentimentos surgem no povo rural quando um estranho de outra área vem respigar no campo. Rute era uma estrangeira, e, é claro, aos olhos dos habitantes, uma intrusa. Ela se sentia sozinha, embora sob as asas do Deus de Israel. Boaz, muito adequadamente, sentiu que ela não deveria pensar que a cortesia e a bondade haviam morrido em Israel e fez questão (embora fosse, em muitos graus, seu superior em posição) de ir até ela e proferir uma palavra de encorajamento. Não deveriam alguns de vocês seguir a mesma prática? Não posso chamá-los para assim fazer imediatamente? Virão às nossas assembleias aqueles que ultimamente se impressionaram com uma noção de culpa ou recentemente buscaram e encontraram o Salvador. Deveriam sofrer permanecendo prolongadamente como estranhos entre nós? Não deveriam o reconhecimento, o companheirismo e a hospitalidade ser estendidos a eles para fazê-los sentir-se em casa conosco?

Eu sinceramente garantiria a qualquer um que há certo tempo vem a este tabernáculo e ainda não tenha sido abordado que são singularmente desafortunados, pois, via de regra, um estranho recebe cuidado e em todos os casos será bem-vindo. Tendo você sido negligenciado, deve estar se sentando numa parte específica do edifício, pois certos amigos nossos se colocam na tarefa de procurar novatos e conversar com eles, de modo que de vez em quando recebo reclamações por sua intrusão, reclamações que muito me encantam, porque demonstram que a sinceridade ainda sobrevive entre nós. Sejam prudentes, gentis e corteses, é claro, mas estejam alertas procurando qualquer um que esteja buscando o Senhor e desejoso de unir-se ao Seu povo. Eu, ocasionalmente tenho que ouvir um amigo dizer: "Senhor, eu frequento o seu ministério há meses, mas aqueles que se sentam ao meu lado no banco jamais me notaram. Muitas vezes desejei que o fizessem, pois realmente ansiava por ser guiado pela mão ao Salvador". Eu não gosto de ouvir tal acusação. Preferiria infinitamente que as pessoas se queixassem de que vocês falaram demais sobre religião a elas do que jamais terem dito uma única palavra. Sua suposta intrusão pode ser de grande crédito para vocês, mas sua indiferença silenciosa deverá ser para sua desonra. Tentemos de todo o nosso coração assim olhar para todos antes de qualquer outra questão a ser resolvida, de modo que nenhuma única alma jamais se sinta abandonada. Aqueles que buscam deveriam ser poupados da agonia de exclamar: "Homem algum importa-se com minha alma!". Você é um cristão? Então é meu irmão. Não somos mais estranhos e estrangeiros, mas concidadãos com os santos e membros da família de Deus. Nós desejamos dispor-nos para trazer nossos semelhantes a Jesus e para auxiliar novos convertidos a encontrarem a perfeita paz aos pés do Senhor.

Aprendamos a arte da abordagem pessoal. Não sejamos tão tímidos e retraídos a ponto de deixarmos outros tristes por não criarmos coragem a fim de dizer uma palavra gentil e afetuosa em nome do Senhor Jesus. Venham, juntemos coragem e encorajemos todas as Rutes quando estiverem tímidas entre desconhecidos. Ajudemo-las a sentirem-se em casa na terra de Emanuel.

O novo convertido é como Rute em outro aspecto: ele é *muito insignificante a seus próprios olhos*. Rute disse a Boaz: "...como é que me favoreces e fazes caso de mim, sendo eu estrangeira?" (Rt 2:10). Ela disse novamente: "...Tu me favoreces muito, senhor meu, pois me consolaste e falaste ao coração de tua serva, não sendo eu nem ainda como uma das tuas servas" (v.13). Ela tinha baixa autoestima e, portanto, ela ganhou a estima de outros. Ela se sentia como uma pessoa insignificante, para quem qualquer ato de bondade seria grande favor. E assim se sentem os novos convertidos, se forem honestos e verdadeiros. Encontramos uma certa classe deles que é bastante descarada e atrevida, como são os costumes de hoje em certos lugares; então, não pensemos tanto *neles* da mesma forma como eles pensam em si mesmos. Porém os genuínos, que são verdadeiramente renovados e que realmente resistem e continuam até o fim, são sempre humildes e com frequência muito temerosos, tímidos e reservados. Eles se consideram indignos de estar entre os filhos e vão à mesa do Senhor com santa fascinação.

Eu me lembro de quando fui pela primeira vez à casa de Deus como um jovem cristão que recentemente conhecera o Senhor. Olhei com veneração a todos os diáconos e membros da igreja. Eu os considerei, se não como anjos, quase tão bons quanto. De qualquer forma eu não tinha propensão para criticá-*los*, porque me sentia desmerecedor demais. Não acho que eu tenha hoje um conceito tão elevado de todos os cristãos professos como tinha antes, pois temo que não poderia ponderá-lo verdadeiramente. Mas, apesar de tudo isso, tenho opinião muito melhor deles do que muitos têm. Eu creio que jovens, quando levados a Cristo, têm um senso tão profundo de sua própria imperfeição e conhecem tão pouco as debilidades alheias que olham para os membros da igreja com elevadíssima estima e isso coloca sobre tais membros, diáconos e pastores uma grande responsabilidade. Uma vez que em seu próprio entendimento esses convertidos são insignificantes, é adequado e seguro encorajá-los; ademais, é gentil e necessário fazê-lo. Nunca seja crítico e severo com eles, mas lide ternamente com suas graças florescentes: uma sentença indiferente pode bloqueá-los, uma palavra cordial os desenvolverá.

Nosso Senhor ordena que vocês alimentem os cordeiros, ajam como pastores para com eles e nunca os enfastiem, para que não desfaleçam no caminho. É uma cena encantadora ver uma cristã experiente motivando seu grupo de meninas, suportando seu comportamento voluntarioso e sua insensatez e fomentando tudo o que é promissor nelas. Essas são as mães em Israel, a quem será a honra. Eu amo ver o servo de Deus já avançado dando apoio caloroso a um jovem, amando-o e aconselhando-o, sim, e acrescentando uma palavra de louvor quando pode ser criteriosamente aplicada. Com passos desiguais, os recrutas inexperientes estão tentando manter o ritmo do passo dos soldados mais bem treinados. Que seus companheiros sorriam para eles e vejam neles os guerreiros do futuro, que terão alcançado o padrão quando nossa guerra findar.

Mais uma vez, o jovem convertido é como Rute porque ele *passou a viver em confiança sob as asas de Jeová, o Deus de Israel.* Aqui está uma bela metáfora. Vocês sabem que a asa de um pássaro vigoroso, em especial, e de qualquer pássaro em geral, é forte. Forma uma espécie de arco e, do lado exterior, tem-se a ideia arquitetônica de força. Sob as asas, ainda que de uma criatura tão débil como uma galinha, há refúgio completo e perfeito para seus pequenos pintinhos, considerando a condição exterior. E então o interior de uma asa é disposto como se impedisse qualquer atrito da força das asas com a fraqueza da pequena ave. Eu não conheço um lugar mais aconchegante do que sob as penas da asa de uma galinha. Vocês nunca pensaram nisto? O Senhor não nos colocaria, em tempo de dificuldade, escondidos sob a grande asa do Seu amor onipotente, exatamente como os pintinhos sob as asas da mãe?

Aqui temos a passagem: "Cobrir-te-á com as suas penas, e, sob suas asas, estarás seguro; a sua verdade é pavês e escudo" (Sl 91:4). Que defesa calorosa! Nas vezes em que vi pequenas aves colocarem suas cabeças para fora das penas do peito de sua mãe, a aparência era de perfeita felicidade e, quando soltavam suas pequenas notas de chilreios, pareciam dizer o quanto estavam aquecidos e seguros, embora houvesse muitos ventos tempestuosos ao redor da galinha. Não poderiam estar mais felizes do que estão. Caso corram uma pequena distância, em breve retornam à asa, pois é casa e lar para eles, é seu escudo e socorro, sua defesa e seu deleite.

Foi isto que nossos jovens convertidos fizeram: eles vieram, não para confiar em si mesmos, mas para confiar em Jesus. Eles vieram para encontrar justiça em Cristo — sim, para encontrar tudo nele e assim estão confiando, confiando sob as asas de Deus. Não é isso o que vocês estão fazendo? Vocês santos completamente desenvolvidos — não é essa sua condição? Eu sei que é. Muito bem então, encorajem os mais novos a fazer o que vocês se deleitam em fazer. Digam a eles: "Não há lugar como esse; habitemos juntos jubilosamente sob as asas de Deus". Não existe descanso, paz, quietude, sossego perfeito, como quando se abandona toda preocupação, pois você a lança em Deus, renunciando todo o medo, e o seu único temor é o de ofender a Deus. Ó, a bem-aventurança de saber que ocorrerá a dissolução do Universo antes que o grande coração que bate acima de você deixe de ser repleto de ternura e amor por todos aqueles que debaixo de Suas asas se abrigam! A fé, independentemente de quão pequena seja, é um precioso terreno da plantação da destra do Senhor; não o pisoteie, mas trate-o com cuidado e regue-o com amor.

***2. Mas agora devo aproximar-me do texto. Tendo demonstrado a vocês o que esses convertidos fizeram para necessitar de encorajamento, quero, em segundo lugar, responder à pergunta:* Qual é a recompensa plena daqueles que passam a confiar sob as asas de Deus?**

Eu responderia que uma recompensa plena virá a nós no dia em que o nosso corpo de carne e sangue repousar, dormir em Jesus; assim, enquanto nosso espírito despido está ausente do corpo, estamos presentes com o Senhor. No estado desencarnado, desfrutaremos da perfeita felicidade de espírito; mas uma recompensa muito maior e plena nos aguarda quando Cristo vier pela segunda vez e nosso corpo se levantar da sepultura para compartilhar do glorioso reino do chegado Rei. Então em nossa perfeita humanidade contemplaremos a face daquele que amamos e seremos como Ele. Então virá a adoção, a saber, a redenção de nosso corpo; e nós, como corpo, alma e espírito, uma trindade em unidade, estaremos para sempre com o Pai, o Filho e o Espírito Santo, nosso Deus triúno. Essa indescritível bem-aventurança é a recompensa plena de confiar sob as asas de Jeová.

Entretanto existe um galardão presente e a esse Boaz fez referência. Há neste mundo uma recompensa presente para os piedosos, não obstante o fato de que muitas são as verdadeiras aflições do justo. Anos atrás, um irmão ministro imprimiu um livro — *How to Make the Best of Both Worlds* (Como conseguir o melhor de ambos os mundos, tradução livre), que continha muita sabedoria, mas, ao mesmo tempo, muitos de nós contestaram o título como dividindo a busca do cristão e colocando os dois mundos em nível muito semelhante. Certamente, seria errôneo que qualquer homem piedoso fizesse de seu alvo na vida o ato de conseguir o melhor de ambos os mundos do modo como o título provavelmente sugere. Este mundo presente deve ser subordinado ao mundo vindouro e deve ser jubilosamente sacrificado para o porvir, se houver necessidade. Entretanto, não esqueça jamais: se qualquer homem deseja viver para Deus, ele terá o melhor de ambos os mundos, pois a piedade tem a promessa da vida que agora é, assim como da que está por vir. Mesmo no perder a vida presente por amor a Cristo, estamos poupando-a, e o negar-se a si mesmo e tomar a sua cruz não passam de meios de bem-aventurança. Caso busquemos primeiro o reino de Deus e a Sua justiça, todas as outras coisas nos serão acrescentadas.

Vocês me perguntam: "Como seremos recompensados por confiar no Senhor?". Eu respondo, primeiro, que pela *profunda paz de consciência* que Ele concederá a vocês. Pode alguma recompensa ser melhor do que essa? Quando um homem diz: "Eu pequei, mas estou perdoado", não é tal perdão uma dádiva indescritível? Meus pecados foram colocados sobre Jesus, e Ele os levou sendo o meu bode expiatório, de modo que se foram para sempre, e eu estou conscientemente absolvido. Não é essa uma garantia segura? Não vale os mundos? Uma quietude instala-se no coração que está sob o poder do sangue da aspersão; uma voz interior proclama a paz de Deus e o Espírito Santo sela essa paz por Seu próprio testemunho; e assim tudo é descanso. Fossem vocês oferecer tudo o que têm para comprar essa paz, não poderiam comprá-la; mas, se ela fosse comprável, compensaria renunciar o dote de uma miríade de mundos para ganhá-la. Tivessem vocês todas as riquezas, todo poder e honra, não poderiam alcançar o preço da pérola da paz. As receitas de reinos não poderiam comprar minimamente uma olhadela para tal joia. Uma consciência culpada é o verme imortal do inferno, a tortura do remorso é o fogo que nunca pode ser apagado. Aquele que tem esse verme corroendo seu coração e esse fogo queimando em seu peito já está perdido. Por outro lado, aquele que confia em Deus por meio de Cristo Jesus é liberto das aflições interiores do inferno. A ardente febre da perturbação é curada. Ele bem poderá cantar pela alegria de alma, pois o Céu nasceu dentro de si e está em seu coração como o Cristo repousando na manjedoura. Ó harpas de glória, suas notas não são mais doces que a transgressão afastada pelo sacrifício expiatório!

Isso, ainda assim, é apenas o início da recompensa do cristão. Aquele que passa a confiar em Deus estará "...tranquilo e sem temor do mal" (Pv 1:33). Que bênção deve ser! "Não se atemoriza de más notícias; o seu coração é firme, confiante no SENHOR" (Sl 112:7). Quando um homem está no ápice com relação às alegrias deste mundo, ele ouve o sussurro de um espírito obscuro questionando: "Durará?". Ele examina o amanhã com apreensão, pois não sabe o que pode estar espreitando em seu caminho. Mas, quando um homem não mais teme, antes está preparado para receber o que quer que venha por ver nisso a designação de um Pai amoroso, ora veja, então está ele em feliz estado. Suponham que alguém volte para casa hoje à noite e descubra, como Jó descobriu, que todos os bens foram queimados ou roubados e que sua família toda repentinamente morreu. Em que condição esplêndida ele deve estar se puder dizer em meio à sua agonia natural: "...o SENHOR o deu e o SENHOR o tomou; bendito seja o nome do SENHOR!" (Jó 1:21)! Tal controle da alma em paciência é uma das plenas recompensas da fé. Aquele que a tem usa mais nobre condecoração em seu peito do que todas as estrelas que a realeza poderia conferir. A libertação das aflições da consciência e liberdade dos pesares do medo compõem tal favor seleto que somente Deus pode conceder.

Mais do que isso: o homem que confia em Deus descansa nele com relação a todos os suprimentos de que precisa agora, ou poderá precisar a qualquer momento. Que feliz canção alegra os verdes pastos do Salmo 23! Estou levemente inclinado a pedir a vocês que se levantem e o cantem, pois meu coração salta de alegria enquanto recito sua primeira estrofe:

O Senhor é meu Pastor
E bem me suprirá.
Sendo Ele meu e eu dele,
O que mais posso desejar?[42]

Geralmente o homem é inclinado a desejos — e provavelmente deve ter alcançado a terra de abundante prosperidade aquele que com ousadia pergunta: "O que mais posso desejar?". Jamais estamos de fato satisfeitos, sempre é necessário um pouco mais para preencher o cálice até a borda; mas apenas pense em cantar: "O que mais posso desejar?". Não é este doce contentamento uma plena recompensa do Senhor em quem confiamos? A natureza humana engoliu uma sanguessuga e de agora em diante clama noite e dia: "Mais, mais!" (Pv 30:15 NVT). Quem senão o Senhor pode deter essa avidez? O vórtice da insatisfação ameaça sugar oceanos e ainda permanecer insatisfeito, mas o Senhor recompensa a fé satisfazendo sua boca com boas coisas e fazendo-a cantar:

Que necessidade nosso Deus não suprirá
De Seus abundantes armazéns?
Que correntes de misericórdia das alturas
Um braço onipotente derrama![43]

[42] Tradução livre de uma das estrofes do hino *The Lord My Shepherd Is*, de Isaac Watts (1674–1748).

[43] Tradução livre de uma das estrofes do hino *My God shall supply all your need*, de Philip Doddridge (1702–51).

Não consigo imaginar uma recompensa presente mais plena do que o descanso completo de toda ansiedade e confiança serena em uma Providência que jamais pode falhar.

Outra parte do grande ganho do cristão está *na consciência de que todas as coisas estão cooperando para o seu bem*. Nada é, no fim das contas, capaz de nos ferir. Nem as dores do corpo, ou sofrimentos da mente, nem perdas nos negócios, nem golpes cruéis da morte, nada pode causar-nos verdadeiro mal. Os furtos de ladrões, os murmúrios de caluniadores, as mudanças no comércio, a fúria da natureza, tudo será para sempre revogado. Essas muitas drogas e esses muitos venenos, combinados no pilão do infalível Químico, produzirão uma poção saudável para nossa alma. "Sabemos que todas as coisas cooperam para o bem daqueles que amam a Deus, daqueles que são chamados segundo o seu propósito" (Rm 8:28). É grande alegria saber que isso é um fato inquestionável e assistir com expectativa vendo se repetir em nosso caso. Isso retira o ferrão de todas essas vespas, que, caso contrário, teriam nos preocupado, e as transforma em abelhas, cada uma delas juntando mel para nós. Não é essa uma recompensa pela qual um homem bem pode abdicar das lisonjas do pecado? Ó, fé, você enriquece e enobrece todos os que a levam em conta!

Então, permitam-me dizer a vocês: aqueles que confiam em Deus e o seguem têm outra recompensa plena, a saber, *a bem-aventurança do fazer o bem*. Pode alguma felicidade sobressair-se a essa? Tal alegria é um diamante de primeira água (da mais elevada qualidade). Encontre algo que se equipare, se puder, à alegria de ajudar a viúva e os órfãos! Ache equivalente ao deleite de salvar uma alma da morte e cobrir multidão de pecados. Valeria mundos ter fé em Deus mesmo que aqui vivêssemos para sempre, se nossa permanência pudesse ser repleta do fazer o bem ao pobre e ao necessitado e do resgatar o transgressor e caído. Caso desejem provar a mais pura alegria que já fluiu das fontes do paraíso, bebam da bem-aventurança altruísta de salvar uma alma perdida. Quando a fé em Deus lhe ensina a abdicar do eu e a viver plenamente para glorificar a Deus e beneficiar seus semelhantes, ela o coloca na trajetória do Senhor dos anjos e, ao segui-la, você virá a reinar com Ele.

Recentemente faleceu de nosso meio, deste lado do rio, alguém que desde muito cedo conheceu a maldição da embriaguez, mas foi levado, pelo ouvir do evangelho nas ruas, a buscar e encontrar o Salvador e assim escapar da escravidão de um hábito maligno. Ele se tornou um homem de sobriedade cristã, devotando-se à causa — eu estava prestes a dizer: "todos os dias da semana", pois acredito que assim ele fazia. Todo o seu tempo livre era investido nesse sagrado propósito. Ele faleceu há pouco, mas não sem ter desfrutado de uma recompensa de seu Deus. Quando eu olhava para o rosto de nosso amigo, Sr. Thorniloe, sentia que ele havia recebido um retorno completo por lançar-se no Senhor, pois a alegria de seu coração resplandecia em seu semblante e o deleite que tinha em seu trabalho transformava-o em lazer. Ó bêbado, se você pudesse se tornar como esse homem, a total abstinência não seria provação, mas um prazer! Ó professo ocioso, se você fosse tão diligente no servir seu Senhor como ele foi, a vida seria música para você. Aquele que caiu em certo pecado deveria encontrar sua alegria suprema em buscar reaver outros de condenação semelhante, e ao fazê-lo, ele repentinamente encontraria nuvens de felicidades e rebanhos de alegrias. Como um pastor se alegra imensamente quando encontra sua ovelha desgarrada, assim será com vocês que confiam no Senhor caso, no futuro, se disponham a arrancar homens da ruína eterna.

Irmãos e irmãs, resta a singular e requintada alegria que vem de uma humilde *percepção de crescimento pessoal*. Filhos se alegram quando percebem que estão se tornando mais parecidos com seus pais e esperam em breve estar fortes e plenamente crescidos. A maioria de nós recorda-se da jocosidade de nossa infância quando começamos a vestir trajes que acreditávamos que nos fariam parecer homens. Quando eu usei botas pela primeira vez e caminhei sobre o restolho com meu tio, senti que era alguém. Isso, é claro, era orgulho pueril, mas tem sua analogia admirável no prazer de reunir força espiritual e tornar-se semelhante a labores elevados e experiência profundas. Quando você descobre que não perde o controle sob provocações, como há um ano perdia, fica humildemente grato. Quando uma luxúria maligna é afugentada e não mais o assombra, você se regozija serenamente e se deleita em tremor. Quando você suporta uma prova que antes o teria esmagado, a vitória é extremamente doce. Todo avanço na santidade é um avanço na felicidade secreta. Ser um pouco condigno do Céu é ter um pouco mais do Céu no coração. Conforme amadurecemos para o celeiro celestial, temos consciência de uma doçura mais generalizada, que em si mesma não é má recompensa de virtude.

Permitam-me falar a vocês de outra parte esplêndida dessa recompensa plena que é ter *primazia com Deus em oração*. Alguém me chamou, por escrito, de hipócrita porque eu disse que Deus havia ouvido minhas orações. Isso foi evidentemente malicioso. Um homem pode ser chamado de fanático por tal afirmação, mas não vejo justiça em imputar hipocrisia por essa razão. Caso, por hipocrisia, queira-se falar de uma sincera convicção de que o grande Deus responde a orações, serei mais e mais hipócrita enquanto viver. Gloriar-me-ei no nome de Deus — o Deus que ouve minha oração. Tivesse esse escritor alegado que *ele* orou e fora ouvido, é possível que fosse culpado de hipocrisia; ele está pessoalmente mais bem informado sobre esse assunto, e eu deixo a questão com ele. Porém ele não tem direto de mensurar meus grãos com seu alqueire. Certamente não utilizarei seu alqueire para mensurar meus grãos, mas falarei sobre o que sei e do que estou convencido. Com profunda sinceridade, posso prestar testemunho de que o Senhor ouve a oração e de que é Seu desejo fazê-lo. Muitos santos de Deus precisam apenas pedir para receber. Quando tais homens lutam com Deus em oração, sempre prevalecem, como Jacó no vau de Jaboque quando segurou o anjo e não o deixou ir sem que o abençoasse[44]. Tendo você esse poder em alto grau, amiúde dirá a si mesmo: "Se eu nada mais tivesse exceto poder acessar o trono da graça, tenho mais que suficiente para recompensar-me por toda a autonegação". O que são os motes e zombarias de um mundo impiedoso e ignorante em comparação à honra de ser favorecido pelo Senhor para pedir o que almejamos e receber o máximo daquilo que anelamos?

Muitos outros itens compõem a plenitude da recompensa, mas talvez o principal de todos é *comunhão com Deus* — ter permissão para falar com Ele como um homem fala com seu amigo, ser guiado pelo Noivo divino a sentar-se na casa de banquete enquanto Sua bandeira sobre nós é o amor. Aqueles

[44] Conforme Gênesis 32:22-30.

que habitam fora do palácio do amor nada sabem sobre nossos êxtases e arrebatamentos secretos. Nós não lhes podemos falar em excesso sobre nossos deleites espirituais, pois eles apenas se voltariam contra nós para nos destroçar. Os deleites da comunhão celestial são sagrados demais para serem expostos de modo simples. Há uma alegria, a antecipação mais clara do Céu aqui embaixo, quando a alma se torna como a carruagem de Abinadabe pelo poder do Espírito Santo. Eu creio, irmãos, que nossa sorte, ainda que sejamos pobres, estejamos aflitos e abatidos, deve ser infinitamente mais valorizada do que a do mais elevado imperador que não conhece o Salvador. Ó, pobres reis, pobres príncipes, pobres nobres, pobre alta sociedade que não conhecem a Cristo! Mas felizes os necessitados que o conhecem! Felizes os escravos que o amam! Felizes os moribundos que nele se alegram! Têm alegria sólida e deleite duradouro aqueles que têm a Deus como o seu tudo em todas as coisas. Venham, então, e coloquem sua confiança sob as asas divinas e vocês serão benditos em seu corpo e em sua alma, benditos em sua doença e em sua saúde, no temporário e na eternidade, pois os justos são benditos do Senhor e sua descendência com eles. Minha oração para todo jovem convertido é a bênção de Boaz: "O Senhor retribua o teu feito, e seja cumprida a tua recompensa do Senhor, Deus de Israel, sob cujas asas vieste buscar refúgio" (Rt 2:12). Que essa bênção repouse sobre cada um de vocês para sempre.

3. Finalmente, quem estabelece essa recompensa plena?

O que foi a recompensa plena que Rute obteve? Não creio que Boaz sabia o significado pleno do que disse. Ele não podia prever tudo o que estava designado pelo Senhor. À luz da história de Rute, leremos a bênção desse bom homem. Esta pobre estranha, Rute, ao passar a confiar no Deus de Israel, estava abrindo mão de tudo; sim, mas também estava ganhando tudo. Pudesse ela olhar por trás do véu que esconde o futuro, não poderia ter se portado de modo mais vantajoso do que fez. Ela não tinha perspectiva de ganho, seguiu Noemi esperando pobreza e escuridão, mas, ao fazer o que era correto, encontrou a bênção enriquecedora. Ela perdeu sua parentela moabita, contudo encontrou um nobre remidor em Israel. Ela deixou o lar de seus pais em outra terra para encontrar uma herança entre as tribos escolhidas, uma herança redimida por alguém que a amava. Ah! Quando você passa a confiar em Cristo, você encontra no Senhor Jesus Cristo alguém que é sua parentela próxima, que redime sua herança e une você a Ele. Você considerava o Senhor um estranho, você temia aproximar-se dele, mas Ele se aproxima de você, e você se encontra próximo ao coração dele, um com Ele para sempre.

Sim, esta é uma imagem apropriada do prêmio de cada convertido. Rute encontrou o que ela não procurava, encontrou um marido. Foi exatamente o que seria seu consolo e sua alegria, pois descobriu descanso na casa de seu marido e se tornou proprietária do grande patrimônio de seu esposo em virtude de sua união com ele pelo casamento. Quando um pobre pecador confia em Deus, ele não espera tão grandiosa dádiva, mas, para a sua surpresa, seu coração encontra um marido, um lar e uma herança inestimável, além de qualquer concepção; e tudo isso é encontrado em Cristo Jesus nosso Senhor. Então a alma é levada à união amorosa, viva, duradoura, indissolúvel com o Bem-amado, o insuperável Senhor de amor. Nós somos um com Jesus. Que glorioso mistério é esse!

Rute obteve uma herança entre o povo escolhido de Jeová. Ela não poderia tê-la obtido exceto por meio de Boaz, que redimiu essa herança para ela, mas, assim, ela passou a possuí-la de modo irrefutável. Quando uma pobre alma vem a Deus, pensa estar voando para Ele apenas em busca de refúgio, todavia, de fato, vai por muito mais. Ela vai por uma herança imaculada e que não se esvanece. Ela se torna herdeira de Deus, coerdeira em Jesus Cristo.

Ao concluir, dou meu testemunho pessoal para o benefício da piedade para esta vida. Além das glórias do Céu, eu desejaria viver confiando em meu Deus e descansando nele nesta vida presente, uma vez que preciso de Seu auxílio constante para todos os dias tão verdadeiramente quanto precisarei no último dia. Homens falam de *secularismo* como cuidado pelas coisas concernentes à nossa vida presente, e eu ouso afirmar que o melhor e mais puro secularismo é aquele que coloca sua confiança em Deus para aquilo que está imediatamente ao nosso redor. Seremos sábios ao transformarmos as questões seculares em sagradas, confiando ao Senhor todas elas. A fé não é somente para a eternidade, mas para esta hora fugaz também. É boa para a loja, para o mercado, para o campo e a lareira doméstica. Para as preocupações do momento assim como para todo o restante, refugiemo-nos sob as asas de Deus. Ali, seremos abençoados por amor a Cristo. Amém.

9

RUTE: HORA DA REFEIÇÃO NOS CAMPOS DE CEREAIS[45]

À hora de comer, Boaz lhe disse: Achega-te para aqui, e come do pão, e molha no vinho o teu bocado. Ela se assentou ao lado dos segadores, e ele lhe deu grãos tostados de cereais; ela comeu e se fartou, e ainda lhe sobejou. —Rute 2:14

Caso vivêssemos na zona rural, não seria necessário que eu os lembrasse de que o tempo de colheita chega, mais uma vez, alegremente para nós. Eu vi, certo dia na semana passada, uma bela amostra do trigo novo, parte de uma considerável quantia que acabara de ser vendida, e em muitos lugares observei os campos cedendo seus feixes à foice do ceifeiro. Levantemos, em alta voz, nosso louvor a Deus pela abundância

[45] Sermão nº 522, ministrado na manhã de domingo, 2 de agosto de 1863, no *Metropolitan Tabernacle*, Newington.

que carrega o solo. Uma colheita excepcionalmente abundante foi produzida em muitos trimestres e praticamente em lugar nenhum houve carência. Enquanto há tanta instabilidade no exterior — e a grande manufatura de nosso país permanece firme —, deveríamos ser gratos porque Deus se agradou de aliviar os sofrimentos do pobre por uma safra extraordinariamente generosa. E nós não devemos nos esquecer de orar para que, durante as próximas poucas semanas, o Senhor se agrade de conceder clima adequado para que os grãos sejam colhidos com segurança para o celeiro, a fim de que haja abundância de pão e nenhuma queixa em nossas ruas. Sempre me parece ser necessário, exatamente nesta época, dar essas sugestões visto que as lembranças naturais quanto a Deus não nos alcançam. Não ouvimos a cotovia ensinando-nos a louvar, nem os campos de grama verde e as espigas amarelas de milho pregam para nós sobre a generosidade do Senhor. Pouco há para ser aprendido destes longos corredores de melancólicas células que chamamos de ruas e casas. Tijolos marrons ou brancos sujos vejo em todo lugar, o suficiente para nos tornar mundanos, independentemente do quanto possamos anelar pelas coisas celestiais. Não vemos a folha verde nem o grão inteiro na espiga e somos tão prontos a esquecer de que todos nós dependemos do trabalho do campo. Unamo-nos ao camponês e seu senhor, em bendizer e louvar o Deus da providência, que, primeiro de tudo, cobriu os campos com grama para o gado e agora com plantas para o alimento do homem.

Nesta manhã iremos às searas, como fizemos ano passado; entretanto não tanto para colher nem para descansar com os ceifeiros e respigadores quando, sob algum espaçoso carvalho, sentam-se para refrescar-se. Esperamos que se encontre aqui alguns tímidos respigadores, que aceitem nosso convite de vir e comer conosco e que tenham confiança suficiente para molhar seu bocado no vinho. Que tenham coragem para banquetear até fartarem-se e então carregar para casa uma porção para seus amigos necessitados que lá ficaram.

1. Nosso primeiro ponto nesta manhã é o seguinte: o fato de que os ceifeiros de Deus têm seus momentos de refeição.

Aqueles que trabalham para Deus encontrarão nele um bom mestre. Ele se importa com os bois e ordenou a Seu Israel: "Não atarás a boca ao boi quando debulha" (Dt 25:4); muito mais se importa com Seus servos que o servem. "Dá sustento aos que o temem; lembrar-se-á sempre da sua aliança" (Sl 111:5). Os ceifeiros nos campos de Jesus não apenas receberão uma recompensa bendita ao final, mas também terão confortos abundantes ao longo do caminho. Ele se agrada de pagar Seus servos em dobro primeiro pelo trabalho em si e uma segunda vez pelos doces resultados do trabalho. O Senhor lhes dá tanta alegria e consolo no serviço de seu Mestre de modo que se torna um amável emprego, e eles declaram: "...agrada-nos fazer a tua vontade, ó Deus meu" (Sl 40:8). Como o Céu é constituído do servir a Deus dia e noite, assim para os verdadeiros trabalhadores seu constante serviço a Deus na Terra traz consigo uma rica amostra do Céu.

Deus ordenou certos momentos de refeição para Seus ceifadores e designou que um desses será *quando se juntarem para ouvir a Palavra pregada*. Estando Deus com nossos ministros, eles agem como os discípulos no passado, pois receberam os pães de cevada e peixes de Cristo quando Ele os multiplicou e entregou-os ao povo. Nós, por nós mesmos, não podemos alimentar uma alma sequer, muito menos milhares; porém, quando o Senhor está conosco, podemos oferecer uma mesa tão excelente quanto a de Salomão, com toda a sua fina farinha e seus bois gordos, cabritos e corças. Quando o Senhor abençoa as provisões de Sua casa, não importa quantos milhares possa haver, todos os Seus pobres serão fartos de pão. Espero, amados, que vocês saibam o que é sentar-se sob a sombra da Palavra com grande deleite e encontrar seu fruto doce ao paladar. Onde as doutrinas da graça são entregues ousada e claramente a vocês em conexão às outras verdades da revelação; onde Jesus Cristo em Sua cruz é *para sempre* exaltado, onde a obra do Espírito não é esquecida; onde o glorioso propósito do Pai jamais é desprezado, ali certamente haverá alimento para os filhos de Deus. Nós aprendemos a não nos alimentar de floreios oratórios ou refinamentos filosóficos; deixamos essas belas coisas, tais ornamentos de bolo festivo, para serem ingeridos por aquelas criancinhas que encontram deleite nessas iguarias nocivas. Nós preferimos ouvir a verdade, mesmo quando falada asperamente, aos finos adornos da eloquência sem ela. Pouco nos importamos com o modo como a mesa é servida, ou de que material os pratos são feitos, contanto que o pão da aliança, a água, o óleo prometido e o vinho nos sejam oferecidos. Certos resmungões entre os ceifeiros do Senhor não se alimentam da Palavra pregada, visto que não pretendem alimentar-se; eles vêm à Casa do Pão com o propósito de encontrar falhas e, portanto, saem vazios. Meu veredito é: "Nada mais justo!". Pouco me importo em agradar tais ouvintes. Eu preferiria antes alimentar ursos e chacais a tentar suprir as necessidades de cristãos professos resmungões. Quanto estrago é causado por observações feitas sobre o pregador! Quantas vezes censuramos onde nosso Deus aprova.

Ouvimos sobre um diácono altamente doutrinário que disse a um jovem ministro que falava no púlpito em período probatório: "Eu muito teria desfrutado de seu sermão, senhor, não fosse pelo último apelo ao pecador. Eu não acho que pecadores mortos devam ser exortados a crer em Jesus". Quando esse diácono chegou em casa, encontrou sua filha em lágrimas. Ela havia se convertido a Deus e se unido à igreja da qual esse jovem rapaz, no fim das contas, se tornou ministro. *Como foi que ela se converteu?*, questionam vocês. Por aquela abordagem ao final do sermão de que seu pai não havia se agradado. Tenham cuidado com afrontas àquilo pelo que o Espírito Santo salva almas. Pode haver muito no sermão que pode não ser cabível a você ou a mim, mas não somos as únicas pessoas a serem consideradas. Há uma ampla variedade de personalidades, e todos os nossos ouvintes devem ter "...sua porção de alimento no tempo devido?" (Lc 12:42 NVI). Não é egoísmo contraditório ao espírito de um cristão, o que me faria criticar as provisões, devido ao fato de eu não poder comê-las todas? Deveria haver um leite não adulterado para o bebê na graça, assim como a carne consistente e substancial para o cristão suficientemente desenvolvido. Amados, eu sei que, embora murmuradores possam chamar nosso maná de "pão vil", nosso gracioso Deus "...dará neste monte a todos os povos um banquete de coisas gordurosas, uma festa com vinhos velhos, pratos gordurosos com tutanos e vinhos velhos bem-clarificados" (Is 25:6)

Frequentemente, também, nosso gracioso Senhor nos dá designação de momentos de refeição *em nossas leituras e meditações particulares*. É aqui que Suas "...pegadas destilam fartura" (Sl 65:11). Nada pode ser mais farto à alma do cristão do que alimentar-se da Palavra e digeri-la por constantes meditações. Não é surpresa o fato de que alguns crescem tão pouco dado que meditam tão pouco. O gado deve ruminar. Não é o que apanham com os dentes, mas aquilo que mastigam e depois digerem pela ruminação que os nutre. Devemos tomar a verdade e "mastigá-la" vez após vez no interior de nosso espírito e assim extrairemos nutrição divina dela. Meus irmãos, vocês com frequência não encontram uma porção de Benjamin preparada para vocês em uma seleta promessa de seu Deus? Não é a meditação a terra de Gósen para vocês? Se homens uma vez disseram: "...há cereais no Egito..." (Gn 42:2), não podem sempre dizer que o trigo mais fino é encontrado na oração em secreto? A devoção em particular é uma terra da qual fluem leite e mel; um paraíso que produz todo tipo de frutos; uma casa de banquete de vinhos seletos. Assuero poderia oferecer grande banquete, mas todas as suas 127 províncias[46] não poderiam fornecer iguarias como as que a recâmara oferece à mente espiritual. Onde podemos nos alimentar e deitar em verdes pastos com tão doce sensação como nós fazemos em nossas meditações na Palavra? A meditação destila a quintessência das Escrituras e satisfaz nossa boca com uma doçura que excede o mel puro gotejando do favo. Suas épocas e ocasiões de reclusão para oração deveriam ser para vocês lazer suntuoso, ou, ao menos, estação revigorante em que, como os ceifeiros ao meio-dia, se sentam com Boaz e comem das generosas provisões de seu Mestre.

[46] Conforme Ester 8:9.

Em *The Sheperd of Salisbury Plain* [O pastor da planície de Salisbury, tradução livre] —vocês que leram esse excelente livro se lembrarão — costuma-se dizer: "Quando estava ele só e quando seu porta-moedas estava vazio, sua Bíblia era para ele alimento, bebida e, também, companhia" (tradução livre). Ele não é o único homem que encontrou plenitude na Palavra quando há carência exterior.

Durante a batalha de Waterloo, um soldado piedoso ferido mortalmente foi carregado por seu companheiro até a retaguarda e, sendo colocado com as costas apoiadas numa árvore, ele suplicou a seu amigo que abrisse seu alforje e retirasse a Bíblia que ali carregava. Ele disse: "Leia para mim um versículo, antes que feche meus olhos na morte". Seu amigo leu para ele este versículo: "Deixo-vos a paz, a minha paz vos dou; não vo-la dou como a dá o mundo..." (Jo 14:27), e ali, tendo acabado de se apartar do ruído das balas, do rufar dos tambores e da tempestade do conflito humano, aquele espírito cristão desfrutou de tal quietude santa de modo que, antes de adormecer nos braços de Jesus, ele disse: "Sim, eu tenho uma paz com Deus que excede todo entendimento, que guarda meu coração e mente por meio de Jesus Cristo". Os santos, com certeza, têm seus momentos de refeição quando estão sozinhos em meditação.

Não nos esqueçamos de que há um momento de refeição especialmente ordenado que deve ocorrer com mais frequência, mas que, mesmo mensalmente, é muito revigorante para nós. Refiro-me à Ceia do Senhor. Ali vocês têm, literalmente assim como espiritualmente, uma refeição. A mesa é ricamente posta; sobre ela há carne e bebida, há o pão e o vinho, e, olhando para o que esses elementos simbolizam, temos diante de nós a mesa mais rica que aquela que reis poderiam oferecer. Ali temos a carne e o sangue de nosso Senhor Jesus Cristo, dos quais, se um homem comer, nunca mais terá fome e sede, pois esse pão será para ele vida eterna. Ó, as doces estações que conhecemos na Ceia do Senhor. Caso alguns de vocês realmente compreendessem o deleite de alimentar-se de Cristo nessa ordenança, se repreenderiam por não se unirem à igreja em comunhão. Há "grande recompensa" em guardar os mandamentos do Mestre e, consequentemente, há grande perda de recompensa em negligenciá-los. Cristo não está tão atado à mesa sacramental a ponto de ser sempre encontrado por aqueles que dela participam, mas ela ainda é a maneira onde podemos esperar que o Senhor se encontre conosco. "Se me amais, guardareis os meus mandamentos" (Jo 14:15) é uma sentença de poder marcante. "...ora, os seus mandamentos não são penosos" (1Jo 5:3) é a confissão de todos os filhos obedientes. Sentando-se à referida mesa, nossa alma eleva-se do símbolo para a realidade; nós comemos pão no reino de Deus e apoiamos nossa cabeça no peito de Jesus. "Leva-me à sala do banquete, e o seu estandarte sobre mim é o amor" (Ct 2:4). Em tais ocasiões, podemos comparar-nos ao pobre Mefibosete que, embora coxo e desprezível a seus próprios olhos, foi colocado à mesa do rei Davi; ou podemos comparar-nos ao cordeirinho na parábola que comia do pão de seu Mestre, bebia de seu cálice e dormia em seu peito. O pródigo que se alimentou de alfarrobas senta-se para comer o pão dos filhos. Nós, que éramos dignos de ser considerados cães, estamos aqui com permissão de assentarmo-nos à mesa de Deus como Seus filhos e filhas adotados.

Além dessas refeições regulares, há outras que Deus nos dá, em épocas em que talvez pouco esperemos. Você estava caminhando pela rua e repentinamente sentiu um santo fluir de sua alma para Deus; ou em meio ao trabalho, seu coração se enterneceu com amor e saltou de alegria, assim como os riachos sujeitos ao gelo no inverno saltam ao sentir o toque da primavera. Você estava gemendo, aborrecido e estagnado, mas o doce amor de Jesus o envolveu quando você mal pensava nele, e seu espírito, todo livre e inteiramente em chamas, regozijou-se em dançar diante do Senhor com tamborins e címbalos altissonantes, como Miriã na antiguidade. Já tive ocasiões em pregações em que alegremente teria continuado muito além da hora designada, pois minha alma feliz era como uma embarcação querendo respiradouro. Vocês também tiveram fases em seus leitos, quando enfermos, que teriam se contentado em permanecer sempre doentes se sua cama pudesse ser tão bem arrumada e sua cabeça tão suavemente sustentada.

Estas são as alegrias que Ele nos permite ter
Em campos e vilarejos poder
Do sabor de seu amor desfrutar,
Mas nas alturas nós vamos banquetear.[47]

Nosso bendito Redentor vem a nós pela manhã e nos acorda com tão doces pensamentos em nossa alma que não sabemos como surgiram; como se, quando o orvalho visita as flores, algumas gotas do orvalho celestial tivessem caído sobre nós. No fresco anoitecer também, ao nos deitarmos, nossa

[47] Tradução livre de uma das estrofes do hino 77 do *Psalms and Hymns of Isaac Watts*.

meditação nele tem sido aprazível. Não, nas vigílias da noite, quando nos reviramos de um lado para outro e não conseguimos dormir, Ele se agrada em se tornar nossa canção noturna.

Ele é a primavera de todas as minhas alegrias,
A vida de meus deleites;
A glória de meus dias mais radiantes
E consolo de minhas noites.[48]

Os ceifeiros de Deus sentem dificuldade no trabalho de ceifar, mas consideram o bendito consolo quando se sentam e comem das ricas provisões de seu Mestre; então, com força renovada, vão com a foice afiada ceifar novamente no calor do meio-dia.

Deixem-me apontar que, embora não saibamos exatamente quando esses momentos de refeição acontecem, há certas estações em que podemos aguardá-los. Os ceifeiros do Oriente geralmente se sentam sob o abrigo de uma árvore, ou uma tenda para refrescar-se durante o calor do dia. E estou certo de que, quando a prova, a aflição, a perseguição e o luto se tornam profundamente dolorosos para nós, é então que o Senhor distribui os consolos mais doces. Como dissemos na última quinta-feira à noite, algumas promessas são escritas com tinta compassiva, e seu significado pode apenas ser realçado se as colocarmos diante do fogo da aflição. Alguns versículos das Escrituras devem ser colocados diante do fogo até que sejam chamuscados, antes que o glorioso significado seja

[48] Tradução livre de uma das estrofes do hino *My God, the Spring of All My Joys*, de Isaac Watts (1674–1748).

ressaltado em letras claras diante de nossos olhos. Devemos trabalhar até que o sol quente arranque suor de nosso rosto, devemos carregar o fardo e suportar o calor do dia antes que possamos esperar ser convidados a essas refeições seletas que o Senhor prepara para aqueles que são diligentes em Sua obra. Quando seu dia de luta estiver mais quente, então o amor de Jesus será mais doce; quando sua noite de prova estiver mais escura, então a Sua vela brilhará mais intensamente para você; quando sua cabeça doer mais fortemente, quando seu coração palpitar mais terrivelmente, quando coração e carne falharem, então Ele será a força de sua vida e sua porção para sempre.

Novamente, esses momentos de refeição frequentemente ocorrem antes de uma prova. Elias deve ser acolhido sob o zimbro, pois iniciará uma jornada de 40 dias com a força daquela carne. Vocês podem suspeitar de algum perigo próximo quando seus deleites estão transbordando. Vendo um navio recebendo grandes quantidades de provisão, sabe-se que seu destino é um porto distante. E quando Deus concede a vocês temporadas extraordinárias de comunhão com Jesus, vocês devem esperar longas léguas de mar tempestuoso. Doce tônico é preparado para conflitos austeros. Tempos revigorantes também ocorrem após dificuldades ou serviço árduo. Cristo foi tentado pelo diabo e depois anjos vieram e cuidaram do Messias. Jacó lutou com Deus e então, depois, em Maanaim, exércitos de anjos o encontraram. Abraão guerreia com os reis e retorna depois de abatê-los, então é que Melquisedeque o revigora com pão e vinho. Após o conflito, satisfação; após a batalha, banquete. Quando você tiver esperado em seu Senhor, então se sentará, e seu Mestre se cingirá e o servirá. Sim, deixe o mundano dizer o que quiser sobre a rigidez da religião, não é como vemos. Nós confessamos que ceifar não é brincadeira de crianças, que labutar para Cristo tem suas dificuldades e suas lutas, mas ainda assim o pão que comemos é muito doce e o vinho que bebemos é espremido dos cachos celestiais —

Não mudaria meu bendito patrimônio
Por tudo o que é bom ou incrível para o mundo .
E, enquanto minha fé se sustentar,
O ouro do pecador jamais vou invejar.[49]

2. *Acompanhem-me enquanto nos voltamos para o segundo ponto:* a respigadora é afetuosamente convidada a estas refeições.

Isso significa: a pobre e trêmula estrangeira que não tem força suficiente para colher, que não tem direito de estar no campo, exceto o direito à caridade — a pobre e trêmula pecadora consciente de seu demérito e sentindo pouquíssima esperança e pouquíssima alegria. Às refeições dos ceifeiros de braço forte, plenamente confiantes, a *respigadora* é convidada.

A respigadora é convidada, no texto, para *vir*. "À hora de comer [...] achega-te..." (Rt 2:14). Nós conhecemos alguns que sentiram vergonha de vir à casa de Deus, mas confiamos que nenhum de vocês será mantido distante do lugar de banquete por vergonha alguma de sua vestimenta, caráter pessoal ou sua pobreza; não, nem mesmo por razão de suas enfermidades físicas. "À hora de comer [...] achega-te...".

---

[49] Tradução livre de uma das estrofes do hino 43 do *Psalms and Hymns of Isaac Watts.*

Ouvi sobre uma mulher surda que nunca pôde ouvir um som sequer e ainda assim estava sempre presente na casa de Deus e, quando lhe perguntaram por que, sua resposta foi que uma amiga lhe abrira o texto bíblico, e então Deus se agradou de dar-lhe muitos doces pensamentos sobre aquele texto enquanto ela estava assentava em Sua casa; ademais ela disse sentir que, como cristã, devia honrar Deus com sua *presença* em Seus átrios e reconhecer sua união com o povo dele. E, ainda melhor, ela sempre estaria na melhor companhia e, visto que a presença de Deus estava ali, assim como a dos santos anjos e a dos santos do Altíssimo, pudesse ela ouvir ou não, ela iria.

Há um irmão cujo rosto eu raramente deixo de ver nesta casa, que, eu creio, nunca em sua vida ouviu um som e não pode expressar-se oralmente, contudo é um cristão jubiloso e ama o lugar onde a honra de Deus habita. Bem, agora penso que, se tais pessoas encontram prazer em vir, nós que podemos ouvir, embora sintamos indignidade, ainda que estejamos conscientes de que não somos merecedores de vir, deveríamos ansiar por ficar estendidos na casa de Deus como os enfermos estavam no tanque de Betesda, esperando que as águas fossem agitadas para que pudessem entrar e ser curados. Alma trêmula, nunca deixe as tentações do diabo impedirem você de vir à casa de Deus. "À hora de comer [...] achega-te...".

Além disso, a ela foi oferecido não apenas que viesse, mas que comesse. Agora, do que quer que haja de doce e agradável na Palavra de Deus, vocês que estão com o espírito abatido e contrito são convidados e tomar parte. "...Cristo Jesus veio ao mundo para salvar os pecadores..." (1Tm 1:15) — pecadores tais como vocês são. "...Cristo [...] morreu a seu tempo pelos ímpios" (Rm 5:6) — por ímpios tais como vocês se sentem. Nesta manhã, vocês estão desejosos de pertencer a Cristo. Bem, poderão pertencer a Cristo. Em seu coração estão dizendo: "Ó, quem me dera eu pudesse comer o pão dos filhos!". Afirmo-lhes que podem comê-lo, mas vocês retrucam: "Não tenho direito". Porém Ele lhes entrega o convite! Venham sem qualquer outro direito, exceto o direito ao convite que o Senhor lhes faz. Eu sei que vocês dirão quão indignos são.

Não permita que a consciência o atrase,
Ou a concretização de ternos sonhos.[50]

Mas, uma vez que Ele propõe a você que "venha", confie em Sua palavra e, se houver uma promessa, creia nela; havendo rica consolação, beba dela; havendo uma palavra encorajadora, aceite-a e deixe que seja sua a doçura a ela inerente.

Observe ainda que ela não foi apenas convidada para comer o pão, mas para molhar o seu bocado no vinho. Não devemos olhar para isso como sendo algo azedo. Sem dúvida há almas ranzinzas na igreja que sempre mergulham o seu bocado no vinagre mais ácido que se possa imaginar, e, com uma generosidade cruel, convidam outros para compartilhar com elas de uma pequena miséria confortável; mas o vinagre em meu texto é outra coisa, completamente diferente. Isso era um composto de variados doces de frutas, ou era o tipo de vinho fraco misturado a água que é ainda comumente

---

[50] Tradução livre de versos do hino *Come, ye sinners, poor and wretched*, de Joseph Hart (1712–68).

utilizado nos campos de colheita da Itália e nas partes mais quentes do mundo — uma bebida não necessariamente forte, mas excelentemente refrescante e boa o suficiente para incutir sabor ao alimento dos ceifadores. Era, para utilizar a única palavra que dará um significado, um molho que os orientais usavam com seu pão. Como usamos manteiga — ou como eles, em outras ocasiões, usavam azeite —, assim no campo de colheita, crendo que tinha propriedades refrescantes, eles utilizavam o que aqui é chamado de vinagre.

Amados, os ceifeiros do Senhor têm molho com o seu pão; eles têm doces consolações, eles não têm meramente doutrinas, mas a santa unção que é a essência das doutrinas, eles não têm meramente verdades, mas um deleite santificado e arrebatador que acompanha as verdades. Tome, por exemplo, a doutrina da eleição que é como o pão; há molho no qual banhá-la. Quando posso afirmar: "...me amaste antes da fundação do mundo" (Jo 17:24), a aplicação pessoal, a satisfação pessoal do meu interesse pela verdade se torna o molho no qual mergulho o meu bocado. E vocês, pobres respigadores, são convidados a nele molhar seu bocado também. Eu costumava ouvir pessoas cantarem certo hino de Toplady[51] que assim começa:

Um devedor somente à misericórdia,
A misericórdia da aliança eu canto;
Não temo, com Tua justiça sobre mim,
Meu eu e minhas ofertas trazer.

[51] Augustus Montague Toplady (1740–78) foi um clérigo anglicano e escritor de hinos do Reino Unido. Os versos aqui citados, tradução livre, são do hino *A debtor to mercy alone.*

E chega ao ápice:

Sim, até o fim suportarei,
Tão certo quanto o penhor é dado;
Mais feliz, garantia incontestável,
Espírito glorificado no Céu.

Eu costumava pensar que jamais poderia cantar esse hino. Era o molho, vocês sabem. Eu conseguiria comer uma parte do pão puro, mas não poderia mergulhá-lo nesse molho. Era doutrina elevada demais, doce demais, consoladora demais. Porém agradeço a Deus, pois, desde então, aventurei-me a molhar meu bocado nesse molho e agora eu dificilmente usufruo do meu pão sem ele. Eu diria a todo pecador temeroso que se preparasse para aceitar as partes *confortáveis* da Palavra de Deus, até mesmo as chamadas "elevadas". Espero, irmãos, que vocês jamais cresçam como alguns cristãos que desfrutam de todo o molho sem nenhum pão. Há alguns irmãos ambiciosos que aceitam apenas o vinho, e muito amargo se torna no estômago deles também. Espero que vocês amem o pão. Um pouco do vinho, um pouco do tempero e muito sabor; mas aceitemos o pão da mesma forma, amemos toda a verdade revelada. E se há aqui uma respigadora temerosa, permita-me lhe convidar e convencê-la a vir até aqui para comer o pão e mergulhar seu bocado no molho.

Agora eu acho que a vejo e ela está em parte preparada para vir, pois está muito faminta e nada trouxe consigo nesta manhã, mas agora argumenta: "Não tenho direito de ir, pois não sou ceifeira, nada faço por Cristo. Eu nem mesmo vim até aqui nesta manhã para honrá-lo. Vim, como respigadores que vão ao campo de cereais, por motivo egoísta, para pegar o máximo que pudesse para mim, e toda a religião que tenho está nisto: a esperança de que *eu* seja salva. Eu não glorifico a Deus, não faço o bem a outras pessoas, sou apenas uma respigadora egoísta, não sou ceifeira". Ah! Mas você é *convidada* a vir. Não faça perguntas com relação a isso. Boaz oferece o convite a você. Pegue-o e entre imediatamente. Contudo, você declara: "Eu sou uma respigadora *pobre*; embora tudo seja para mim, ainda pego pouco disso. Capto alguns pensamentos enquanto o sermão está sendo pregado, mas os perco antes que chegue em casa". Eu sei que sim, pobre mulher de braços fracos. Mas, ainda assim, Jesus a convida. Venha! Tome a doce promessa como o Senhor a apresenta para você e não permita que a sua timidez a envie para casa faminta. Você diz: "Mas sou uma estrangeira; você não conhece meus pecados, minha pecaminosidade e a impertinência do meu coração". Jesus os conhece e, contudo, Ele a convida! Jesus sabe que você é apenas uma moabita, uma estrangeira na comunidade de Israel; mas Ele lhe oferece alimento. Não é isso suficiente? "...come do pão, e molha no vinho o teu bocado" (Rt 2:14). "Mas", você diz, "eu já devo tanto a Ele. É tão bom da parte dele poupar minha vida perdida e tão terno permitir-me ouvir o evangelho pregado. Não posso ter a presunção de me intrometer e sentar-me com os ceifeiros". Ó! Porém Ele *oferece* a você. Há mais presunção no seu duvidar do que *poderia* haver no seu crer. Ele oferece a você. Rejeitará a Boaz? Os lábios de Jesus farão o convite e você dirá não? Venha, agora, venha. Lembre-se de que o pouco que Rute podia comer não tornou Boaz nem um pouco mais pobre, e tudo o que você quer fará Cristo glorioso, ou repleto de graça.

Ora! Suas necessidades são grandes? Sim, mas os suprimentos dele são maiores. Você necessita de grande misericórdia? Ele é o grandioso Salvador. Eu lhe digo que Sua misericórdia não se extinguirá assim como os mares não serão drenados; ou como o Sol que não se ofuscará pelo excesso de luz que hoje irradia. Venha. Há suficiente para você, e Boaz não será prejudicado por isso. Ademais, permita-me contar um segredo: Jesus *ama* você, portanto Ele deseja que você se alimente à Sua mesa. Se agora você é pecadora temerosa, desejando ser salva, mas consciente de que não merece, Jesus ama você, pecadora, e Ele terá mais deleite em vê-la comer do que você terá no alimentar-se. Permita que o doce amor que Ele sente por você, em Sua alma, atraia você a Ele. E mais ainda — este é o grande segredo e deve ser somente sussurrado em seu ouvido — *Ele pretende casar-se com você.* E quando você estiver casada com Ele, ora, os campos serão seus. Pois, é claro, se você é a esposa, você é proprietária com Ele. Não é assim? A esposa não compartilha com o marido? Todas essas promessas que são "...tantas nele o sim [...] também por ele é o amém..." (2Co 1:20) serão suas também; não, ela são todas suas agora, pois "...Esse homem é nosso parente chegado..." (Rt 2:20) e em breve Ele estenderá Sua capa sobre você e a tomará para si para sempre, desposando você em fidelidade, verdade e justiça. Você não comerá? "Ó, mas", alguém diz, "como pode ser? Sou um estrangeiro". Sim, mas Jesus Cristo ama o forasteiro. "Um publicano, um pecador", mas Ele é "...amigo dos publicanos e pecadores" (Mt 11:19). "Um disperso", mas Ele "...congrega os dispersos de Israel" (Sl 147:2). "Uma ovelha perdida", mas o Pastor "deixa as noventa e nove" para buscá-la (Lc 15:4-7). "A dracma perdida", mas Ele "varre a casa" para encontrar você (vv.8-10). "Um filho pródigo", mas Ele manda soar os sinos quando sabe que você retornará (vv.11-32). Venha, Rute! Venha, respigadora temerosa! Jesus a convida, aceite o convite dele. "À hora de comer, Boaz lhe disse: Achega-te para aqui, e come do pão, e molha no vinho o teu bocado" (Rt 2:14).

***3. Agora, terceiro — e aqui está um ponto muito doce na narrativa.* Boaz lhe deu os grãos tostados de cereais.**

"...ela comeu e se fartou". Onde ela se sentou? Percebam: ela "...se assentou ao lado dos segadores...". Ela não se sentia como um deles; apenas "se assentou ao lado" deles. Assim como o fazem alguns de vocês, que não vêm até aqui, nesta noite de Ceia do Senhor, mas sentam-se na galeria. Vocês estão se sentando "ao lado dos segadores". Hoje vocês estão sentados como se não fossem um de nós — como se não tivessem o direito de estar entre o povo de Deus; ainda assim, aqui estão vocês sentados ao nosso lado. Ocorrendo que haja uma única coisa que seja boa para se possuir e vocês não conseguem adquiri-la, vocês se aproximarão ao máximo daqueles que a *possuem*. Pensam haver certo consolo mesmo em olhar o gracioso banquete. Rute sentou-se "ao lado dos segadores". E, enquanto ela estava ali sentada, o que aconteceu? Ela se esticou para poder alcançar o alimento? Não, pois está escrito: "...ele lhe deu grãos tostados de cereais...". Ah! É isso! Eu faço o convite, irmão, hoje. Entrego-o solene, afetuosa e sinceramente, mas bem sei que, enquanto o entrego, nenhum coração temeroso o aceitará, a menos que o próprio Rei se aproxime e celebre Seus santos hoje. *Ele* deve conceder os grãos tostados, Ele deve dar a você a bebida, o "vinho aromático e mosto das minhas romãs" (Ct 8:2). Como Ele faz isso? Por Seu gracioso espírito, Ele, antes de tudo, *inspira a sua fé*. Vocês têm medo de pensar que pode ser verdade, que pecadores como vocês são aceitos no Amado. Ele sopra em vocês, e sua débil esperança torna-se em expectativa, e essa expectativa germina e floresce em uma fé apropriada que declara: Sim, "...o meu amado é *meu*", "...e ele tem saudade de *mim*" (Ct 6:3; 7:10). Tendo feito isto, o Salvador faz ainda mais: *Ele derrama o amor de Deus por todo o seu coração*. O amor de Cristo é como doce perfume em uma caixa. Agora, aquele que coloca o perfume no frasco é a única pessoa que sabe como retirar a tampa. Ele, com Sua habilidosa mão, retira a tampa do frasco e então o perfume é derramado "...como unguento derramado..." (Ct 1:3). Vocês sabem que pode estar ali e, no entanto, não ser derramado. Quando você caminha em uma floresta, pode ali haver uma pomba ou uma perdiz, porém jamais pode vê-la. No entanto, quando você a alarma e ela voa ou corre na sua frente, então você a percebe. E ali pode estar o amor de Deus em seu coração, não em prática, mas mesmo assim está lá; e finalmente você pode ter o privilégio de vê-lo — de ver o seu amor elevando-se com asas até o Céu e sua fé correndo sem fadiga. Cristo *deve* derramar esse amor, Seu espírito deve colocar esses favores em prática.

Entretanto Jesus faz mais do que isso; Ele alcança os grãos torrados de cereais com Sua própria mão, quando *nos concede comunhão próxima com Ele*. Não pensem que isso é um sonho. Eu lhes afirmo que há tal coisa como falar com Cristo hoje. Tão certo quanto posso falar com meu mais chegado amigo, ou encontrar consolo na companhia de minha amada esposa, da mesma forma posso falar com Jesus e encontrar intenso deleite na companhia de Emanuel. Não se trata de ficção. Nós não adoramos um Salvador distante; Ele é Deus muito próximo. Não o adoramos como alguém que se foi para o Céu e de quem nunca se pode se aproximar; antes, Ele está próximo de nós, em nossos lábios e em nosso coração. E hoje nós falamos com Ele como os eleitos de antigamente faziam. E temos comunhão com Ele como Seus apóstolos tiveram na Terra. Não segundo a carne, é verdade, mas homens espirituais valorizam a comunhão espiritual mais do que qualquer comunhão carnal.

Contudo, uma vez mais, permitam-me acrescentar: o Senhor Jesus se agrada de conceder os grãos tostados de cereais, no melhor sentido, quando o Espírito Santo nos dá testemunho infalível de que somos "nascidos de Deus". Um homem pode saber que é infalivelmente cristão. Philippe de Mornay[52], que viveu na época do rei Henrique IV de Navarra, costumava dizer que o Espírito Santo havia deixado sua salvação tão clara para ele quanto poderia ser um problema provado em uma demonstração de Euclides. Vocês sabem com que precisão matemática o erudito Euclides soluciona um problema ou prova uma proposição, e da mesma forma, com tanta precisão absoluta quanto ele, tão certo quanto dois mais dois são quatro, "...sabemos que já passamos da morte para a vida" (1Jo 3:14). O Sol nos céus não é mais claro aos olhos do que a própria salvação o é para um cristão confiante; tal homem antes duvidaria de sua própria existência, a suspeitar de sua participação na vida eterna.

Agora permita a oração ser emitida pela pobre Rute que distante estremece. Senhor, dê-me os grãos tostados de cereais!

---

[52] Escritor francês protestante (1549–1623).

"Leva-me após ti, apressemo-nos" (Ct 1:4). Senhor, derrama Teu amor em meu coração!

Vem, Espírito Santo, Pomba celestial,
Com todos os Teus poderes vivificadores,
Vem, derrama o amor do Salvador
Para que o nosso seja avivado.[53]

Não existe chegar a Cristo, a menos que Cristo se revele a nós.

***4. E agora o último ponto. Após Boaz oferecer os grãos tostados de cereais, nos é dito que* "ela comeu e se fartou, e ainda lhe sobejou".**

Assim será com todas as Rutes. Cedo ou tarde todo penitente passará a crer. Pode haver um espaço de profunda convicção e um período de muita hesitação, mas virá um tempo em que a alma se decidirá pelo Senhor. "...se perecer, pereci" (Et 4:16). Irei a Jesus como estou. Não me farei mais de tolo com meus *mas* e *se*; uma vez que Ele me convida a crer que Ele morreu por mim, crerei e confiarei em Sua cruz para a minha salvação. Ó! Sempre que vocês tiverem o privilégio de assim fazer, serão "satisfeitos".

Rute, de fato, comeu e se fartou. Sua cabeça será satisfeita com a preciosa verdade que Cristo revela, seu coração se satisfará com Jesus como o objeto inteiramente amável de sua

[53] Tradução livre de uma das estrofes do hino *Come, Holy Spirit, heavenly Dove*, de Isaac Watts (1674–1748).

afeição, sua esperança será satisfeita, pois a quem você tem no Céu além de Cristo? Seu desejo será saciado, pois o que mesmo a fome de seu desejo pode desejar mais do que "ganhar a Cristo e ser achado nele" (Fp 3:8-9)? Você descobrirá que Jesus preenche sua consciência, até que esteja em perfeita paz. Ele preencherá seu entendimento até que você conheça a segurança de Seus ensinamentos. Ele preencherá a sua memória com lembranças do que Ele fez e preencherá sua imaginação com as perspectivas daquilo que Ele ainda fará. Você será "satisfeito".

Entretanto ainda será verdade que vocês deverão abandonar algo. Rute foi satisfeita e se foi. Alguns de nós tiveram marcas profundas, achamos que poderíamos receber tudo o que há em Cristo; mas, quando fizemos nosso melhor, tivemos que deixar um vasto excedente. Sentamo-nos com apetite devorador à mesa do amor do Senhor e dissemos: "Agora nada exceto o infinito pode satisfazer-me. Sou tão grande pecador de modo que preciso que a virtude infinita me purifique do meu pecado". Todavia tivemos nosso pecado removido e descobrimos que ainda restava mérito de sobra; tivemos nossa fome aliviada e descobrimos que havia um sobejo para outros que estavam em caso semelhante. Há certas doçuras na Palavra de Deus de que você e eu ainda não desfrutamos e de que ainda não podemos usufruir. Somos compelidos a deixá-las por um período. "Tenho ainda muito que vos dizer, mas vós não o podeis suportar agora" (Jo 16:12). Há um conhecimento que ainda não alcançamos — um lugar de comunhão mais próximo a Cristo. Há alturas de comunhão às quais nossos pés ainda não subiram — neves imaculadas sobre a montanha inexplorada pelos pés do homem. Existe ainda um além e sempre existirá.

Por favor percebam o que Rute fez com suas sobras, isso está registrado em um versículo ou dois adiante do nosso texto. É hábito muito ruim, eu creio, em banquetes, levar algo para casa consigo, mas Rute fez isso, pois ela levou para casa aquilo que sobrou e, quando encontrou Noemi e mostrou-lhe a quantidade de trigo em seu avental, após sua sogra ter lhe perguntado: "Onde colheste hoje?" (Rt 2:19) e ter recebido a resposta, ela deu a Noemi uma porção daquilo que havia reservado após ter se fartado. Assim será com vocês, pobres temerosos, que pensam não ter direito a nada. Vocês poderão comer e muito se satisfazer e, mais ainda, terão um bocado para levar a outros em semelhante condição.

Sempre me agrado de descobrir que o jovem cristão está começando a armazenar algo para outras pessoas. Quando você ouve um sermão, pensa: "Bem, minha pobre mãe não pôde sair hoje; então direi a ela algo sobre isso. Bem aqui, esse ponto é adequado para ela. Vou levar isso, caso esqueça qualquer outra coisa. Direi a ela sentado ao lado de sua cama. Ali está meu irmão William, que não aceita vir comigo à capela. Eu gostaria que ele aceitasse, mas houve algo que me tocou no sermão e, quando eu me aproximar de William, direi isso a ele e falarei: 'Você aceita acompanhar-me nesta noite?'. Contarei a ele sobre as porções que me interessaram; talvez interessem a ele". Ali estão seus filhos na classe de Escola Dominical. Vocês dizem: "Essa ilustração será ótima para eles". Quando vejo vocês anotando minhas metáforas em pequenos recortes de papel, algumas vezes acho que é para que possam lembrar-se delas e compartilhá-las com alguém; eu faria mais delas com prazer se fossem tão bem utilizadas; eu deixaria cair um punhado extra para que fossem suficientes para vocês e para seus amigos.

Há um espírito abominável do eu entre alguns cristãos professos, induzindo-os a comer seu bocado sozinhos. Eles recebem mel. É um bosque repleto de mel, como o bosque de Jonatas e, entretanto, temem — temem não poder comer tudo o que há, de modo que tentam manter um monopólio.

Conheço certas congregações que a mim parecem ser um tipo de protecionistas espirituais. Eles temem que o Céu fique cheio demais de modo que não haja espaço para eles. Quando um convite é feito a um pecador, eles não se agradam — é aberto em demasia, generalizado demais. E quando há um coração se quebrantando e um olho lacrimejando pela conversão de outras pessoas, eles se sentem muito fora de sua zona de conforto. Eles nunca sabem o que devem levar para casa daquilo que sobrou para dar a outros. Cultivem um espírito altruísta. Busquem amar como foram amados. Lembrem-se de que "a lei e os profetas" estão nisto: ame o Senhor seu Deus de todo o seu coração e a seu próximo como a você mesmo[54]. Como vocês podem amar o próximo como amam a si mesmos, se não amam a alma desse próximo? Vocês amaram sua própria alma; por meio da graça, vocês foram levados a apropriarem-se de Jesus. Amem a alma de seu próximo e nunca se satisfaçam até que o vejam usufruir dessas coisas que são o encanto de sua vida e a alegria de seu espírito. Eu não sei como fazer meu convite de forma mais confortável, mas, estando sentados para comermos à mesa do Senhor nesta noite, oro ao Mestre para que alcance e conceda um punhado de grãos tostados a algum pecador temeroso aqui e permita-o comer e se fartar.

---

[54] Conforme Mateus 22:37-40.

10

ANA: UMA MULHER DE ESPÍRITO ATRIBULADO[55]

Porém Ana respondeu: Não, senhor meu! Eu sou mulher atribulada de espírito... —1 Samuel 1:15

A especial causa da atribulação de Ana surgiu da instituição da poligamia, que, embora fosse tolerada sob a antiga lei, sempre nos é exibida na prática como a mais fecunda fonte de tristeza e pecado. Em nenhum caso registrado nas Santas Escrituras é estabelecida como admirável e, na maioria dos casos, as provas de seus efeitos malignos estão às claras. Devemos ser gratos porque, sob a religião cristã, essa abominação foi eliminada, pois, mesmo com maridos como Abraão, Jacó, Davi e Salomão, isso não resultou em felicidade ou justiça. O marido considerava o sistema como um fardo pesado, penoso de se carregar, visto que ele logo descobriria a realidade

[55] Sermão nº 1515, ministrado em 1880, no *Metropolitan Tabernacle*, Newington.

do conselho do sábio ao sultão: "Primeiro aprenda a viver com duas tigresas e então espere viver feliz com duas esposas". A esposa deveria, em quase todos os casos, sentir a desventura de compartilhar um amor que deveria ser todo dela. Quantas misérias as mulheres orientais sofreram no harém, ninguém pode contar ou talvez imaginar.

No caso diante de nós, Elcana teve problema suficiente utilizando a dupla união, mas ainda assim o fardo mais pesado caía sobre sua amada Ana, a melhor das duas esposas. Quanto pior a mulher, melhor ela progrediria no sistema de muitas esposas, mas a boa mulher, a verdadeira mulher, certamente sofreria as dores agudas por estar submetida ao sistema. Embora ternamente amada por seu marido, o ciúme da esposa rival amargurou a vida de Ana e a tornou em uma "...mulher atribulada de espírito...". Somos gratos a Deus porque o Seu altar não mais é coberto de lágrimas, de lamento e de clamor dessas esposas jovens que percebem o coração dos maridos desafeiçoados e divididos por outras esposas. Devido à dureza do coração deles, o mau foi tolerado por certo tempo, mas os muitos males que surgiam deveriam ser suficientes para bani-lo entre todos os que buscam o bem-estar de nossa raça. No princípio, o Senhor fez para o homem apenas uma esposa. E por que razão apenas uma, já que tinha o remanescente do espírito e poderia ter soprado em quantas lhe agradasse soprar? Malaquias responde: "...o SENHOR [...] buscava a descendência que prometera" (v.15). Como se estivesse muito claro que os filhos da poligamia seriam impiedosos e somente na casa de um homem e uma esposa a piedade seria encontrada. Esse testemunho é do Senhor e é verdadeiro.

Entretanto fontes suficientes de pesar permanecem, mais que suficientes, e não há em lar algum, eu suponho, independentemente de quão exultante ele seja, a total ausência da cruz. O mundano diz: "Há um esqueleto em todas as casas". Pouco sei sobre tais coisas mortas, mas sei que uma cruz, seja de que tipo ela for, deve ser suportada por todo filho de Deus. Todos os verdadeiros herdeiros do Céu, por nascimento, devem passar sob o cajado da aliança. Que filho há a quem o Pai não castiga? A fornalha ardente é parte da insígnia da família celestial, sem a qual um homem pode bem questionar se está em um relacionamento de aliança com Deus. Provavelmente alguma Ana está agora diante de mim, com as dores da esmagadora mão de Deus que repreende algum filho da luz caminhando em trevas, alguma filha de Abraão sujeitada por Satanás, e não será descabido lembrá-la de que não é a primeira de seu gênero, mas que, em anos que se passaram, houve uma como ela à porta da casa de Deus que dizia de si mesma: "...Não, senhor meu! Eu sou mulher atribulada de espírito...". Que o sempre bendito Consolador, cuja obra está sobretudo com o atribulado, preencha nossa meditação com consolação neste momento.

1. Ao falar dessa "mulher atribulada de espírito", faremos esta primeira observação: **muito do que é precioso pode estar ligado a um espírito atribulado.**

Em si mesmo, um espírito atribulado não deve ser desejado. Dê-nos os olhos brilhantes, o sorriso jubiloso, o modo vivaz, o tom cordial. Caso não desejemos o sorriso e a animação, ao menos nos dê paz serena, compostura tranquila, a felicidade descontraída que torna o lar feliz onde quer que permeie a atmosfera. Há esposas, mães e filhas que deveriam exibir mais dessas jubilosas graças do que agora exibem e são muito responsáveis por serem petulantes, rudes e irritáveis. Mas há outras, não duvido, que trabalham ao máximo para ser tudo o que é encantador e ainda falham em sua tentativa porque, como Ana, são atribuladas de espírito e não conseguem se livrar do pesar que sobrecarrega seu coração. Agora, é inútil dizer à noite que deveria ser resplandecente como o dia, ou rogar ao inverno que propicie flores de verão; e igualmente vão é repreender o coração abatido. O pássaro da noite não pode cantar diante dos portões do Céu, nem pode o verme esmagado saltar como uma corça nas montanhas. É de pouca utilidade exortar o salgueiro cujos galhos se derramam sobre o rio a erguerem-se como a palmeira ou espalharem-se como o cedro. Tudo deve agir segundo sua espécie, cada ser criado segue adequadamente os próprios caminhos e não pode escapar dos vínculos de seu formato. Há circunstâncias de constituição, educação e arredores que tornam difícil para algumas pessoas muito excelentes o ser cheio de ânimo. Elas estão predestinadas a serem conhecidas por tal condição: "uma mulher atribulada de espírito".

Observe bem as preciosas coisas que ocorreram no caso de Ana com um espírito atribulado. A primeira foi a verdadeira piedade. Ela era *uma mulher piedosa*. Ao lermos o capítulo 1 do primeiro livro de Samuel, nos é minuciosamente certificado que o coração de Ana era reto diante de Deus. Não podemos levantar qualquer questão sobre a sinceridade ou a prevalência de sua oração. Não duvidamos por momento algum da autenticidade de sua consagração. Ela era alguém que temia a

Deus acima de muitos, uma mulher eminentemente graciosa e, ainda assim, "uma mulher atribulada de espírito". Nunca deduza a partir de atribulação que o sujeito não é amado de Deus. Você pode, com mais segurança, cogitar o oposto, embora nem sempre seria seguro assim fazer, pois circunstâncias exteriores são testes limitados para o estado espiritual de um homem. Certamente o homem rico em seu fino linho e púrpura não era amado de Deus, enquanto Lázaro, com os cães lambendo suas feridas, era um favorito no Céu[56]. E, no entanto, não é todo homem rico que é rejeitado, ou todo mendigo que será levado ao alto por anjos. A condição exterior não pode nos levar a determinação alguma, de um jeito ou de outro. Corações devem ser julgados, conduta e ação devem ser pesadas e o veredito declarado de outro modo que não pela aparência exterior. Muitas pessoas sentem-se bem felizes, mas não devem deduzir que Deus as ama, enquanto seria cruel sugerir que Deus estaria irado com algumas outras que estão tristemente deprimidas. Nunca foi dito: "O Senhor enriquece a quem ele ama", mas é dito: "...o Senhor corrige a quem ama..." (Hb 12:6).

Aflição e sofrimento não são prova de filiação, pois: "Muito sofrimento terá que curtir o ímpio..." (Sl 32:10). E, ainda assim, onde existem grandes tribulações, frequentemente acontece de haver grandes manifestações do favor divino. Há uma tristeza do mundo que "...produz morte" (2Co 7:10) — uma tristeza que surge da vontade própria e é nutrida na rebelião e é, portanto, algo maligno, pois é oposta à vontade divina. Há uma tristeza que "...corrói como câncer..." (2Tm 2:17) e gera

[56] Conforme Lucas 16:19-31.

tristezas ainda maiores de modo que esses enlutados descem com seu espírito atribulado ao lugar onde a tristeza reina com supremacia e a esperança nunca virá. Pense nisso, mas jamais duvide do fato de que um espírito atribulado está em perfeita consistência com o amor de Deus e a posse da verdadeira piedade. É francamente admitido que a piedade deve alegrar a muitos de espírito atribulado mais do que o faz. Também se admite que muito da experiência dos cristãos não é uma experiência com Cristo, mas um distanciamento fúnebre do que verdadeiros cristãos devem ser e sentir.

Muito há que os cristãos vivenciam que jamais deveriam vivenciar. Metade das lutas da vida são domésticas e totalmente desnecessárias. Nós, talvez, nos aflijamos dez vezes mais do que Deus nos aflige. Acrescentamos muitas tiras ao chicote de Deus; nós colocamos nove onde haveria apenas uma. Deus envia uma nuvem por Sua providência, e nós acrescentamos vinte devido à nossa incredulidade. Porém retirando tudo isso e atenuando com o fato de que o evangelho nos ordena a nos alegrarmos sempre no Senhor e que nunca nos ordenaria tal coisa se não houvesse abundância de causas e argumentos para isso, ainda assim, em todo caso, um espírito atribulado pode existir em alguém que sobremodo teme o Senhor verdadeira e profundamente. Nunca julguem aqueles que vocês veem tristes ou os reduzam como estando sob a ira divina, pois vocês poderão errar muito grave e cruelmente em um julgamento tão impetuoso. Tolos desprezam os afligidos, mas homens sábios os consideram. Muitas das flores mais doces no jardim da graça crescem à sombra e florescem no gotejar. Estou convencido de que Aquele que "pastoreia entre os lírios" tem plantas incomuns em Sua flora, formosas e perfumadas, seletas e agradáveis, que estão mais à vontade na humidade do lamento do que ao sol ofuscante da alegria. Eu conheci alguns que têm vivido uma lição para todos nós, em sua dolorosa penitência, sua solene sinceridade, sua vigilância zelosa, sua doce humildade e seu gentil amor. Eles são lírios do vale, gerando riqueza de beleza afável até mesmo ao próprio Rei. Débeis com relação à confiança e dignos de piedade por seu acanhamento, porém têm sido amáveis em seu abatimento e graciosos em suas santas angústias. Ana, então, possuía piedade apesar de sua atribulação.

Vinculado a esse espírito atribulado, Ana era *uma mulher amável*. Seu marido se comprazia grandemente nela. O fato de que ela não tinha filhos não era para ele depreciação de seu valor. Ele disse: "Não te sou eu melhor do que dez filhos?" (1Sm 1:8). Ele evidentemente sentiu que faria qualquer coisa ao seu alcance para arrancar a melancolia do espírito de Ana. Este fato é digno de nota, pois ocorre que muitas pessoas atribuladas estão distantes de serem pessoas amáveis. Em muitos e muitos casos, suas tristezas lhes tornam amarguradas. Sua aflição gerou ácido no coração delas, e, com esse ácido mordaz, elas corroem tudo em que tocam; seu temperamento tem mais do óleo de vitríolo do que óleo do amor fraternal. Ninguém jamais teve problemas a não ser essas pessoas. Elas não toleram rivais no campo do sofrimento, mas perseguem seus companheiros sofredores com uma espécie de inveja, como se somente elas fossem noivas do sofrimento e os outros, meros intrusos. A tristeza de qualquer outra pessoa é mero capricho ou faz-de-conta se comparada ao seu sofrimento. Elas se sentam sozinhas e mantêm o silêncio, ou, quando falam, teria sido preferível que tivessem mantido o silêncio.

É uma pena que assim deva ser e, contudo, assim o é: homens e mulheres de espírito atribulado frequentemente se encontrarão com aqueles que não são amorosos e são desagradáveis. Portanto, de coração, admiro nas pessoas verdadeiramente cristãs a graça que lhes adoça, de modo que quanto mais elas sofrem, mais gentis e pacientes se tornam com outros sofredores e mais prontas estão para suportar qualquer dificuldade que possa estar envolvida nas necessidades da compaixão. Amados, ao encontrarem-se em muita dificuldade e perturbação e estando sobremaneira deprimidos em espírito, roguem ao Senhor que os impeça de se tornarem estraga-prazeres para outros. Lembrem-se da regra de seu Mestre: "Tu, porém, quando jejuares, unge a cabeça e lava o rosto, com o fim de não parecer aos homens que jejuas..." (Mt 6:17-18). Eu não digo que nosso Senhor afirmou a palavra com o exato sentido que eu agora dou, mas é um sentimento de mesma natureza. Alegrem-se mesmo quando seu coração estiver triste. Não é necessário que todos os corações estejam pesarosos porque eu carrego um fardo; que serventia isso teria para mim ou para qualquer outro? Não, tentemos ser alegres para que sejamos amáveis, ainda que permaneçamos com espírito abatido. O nosso eu e as nossas aflições não devem ser nosso salmo de vida, nem nosso discurso diário. Devemos considerar outros e em suas alegrias devemos tentar ser compreensivos.

No caso de Ana, também, a mulher de espírito abatido era *uma mulher muito gentil.* Penina, com seu discurso áspero, altivo e arrogante, a atormentava profundamente para inquietá-la, mas não encontramos registro de que Ana a respondesse. Na festa anual, quando Penina provocou-a exageradamente,

Ana saiu furtivamente e foi ao santuário para prantear sozinha, pois era muito sensível e submissa. Quando Eli disse: "...Até quando estarás tu embriagada? Aparta de ti esse vinho!" (1Sm 1:14), ela não o respondeu acidamente, como poderia ter feito. Sua resposta ao sacerdote idoso é um modelo de gentileza. Ela muito efetivamente inocentou-se e refutou claramente a áspera imputação, mas não respondeu incisivamente e não reclamou ter sido injustiçada. Ela não disse a Eli que ele fora rude ao ter pensado tão severamente, nem houve, também, ira no sofrimento de Ana. Ela justificou o erro de Eli. Ele era um homem idoso, era seu dever garantir que a adoração fosse conduzida adequadamente, e, se ele julgou que ela estava em estado inadequado, foi apenas fidelidade de sua parte fazer a observação; e ela aceitou, portanto, a observação no espírito em que ela considerou que ele oferecia. De qualquer forma, Ana suportou a repreensão sem ressentimento ou desagrado.

Agora, algumas pessoas tristes são ácidas demais, incisivas demais, severas demais e, se as julgamos erroneamente de qualquer forma que seja, elas nos criticam fortemente por nossa crueldade e o fazem de modo extremamente amargo. Vocês são os mais cruéis dos homens se os considerarem menos que perfeitos. Com que ar e tom de inocência ferida se justificarão! Vocês terão cometido algo pior do que a blasfêmia caso aventurem-se a dar indício de alguma falha. Eu não estou prestes a julgá-los, pois seríamos tão rudes quanto eles se fôssemos severos demais em nossa crítica sobre a aspereza que nasce do sofrimento; mas é muito belo quando os afligidos são repletos de doçura e luz e, como os figos do sicômoro, são feridos quando amadurecem. Quando sua própria ferida ensanguentada lhes torna sensíveis a ferir os outros e seu próprio sofrimento lhes torna mais preparados a suportar o tipo de dor que possa surgir por meio dos erros de outros, então temos uma amável prova de que "doces são os usos da adversidade"[57]. Olhe para o seu Senhor. Ó, que bom seria se todos nós olhássemos para Ele, Aquele que, quando foi insultado, não insultou em retorno e que, quando dele zombaram, não teve uma única palavra de repreensão, mas respondeu com Suas orações, dizendo: "Pai, perdoa-lhes, porque não sabem o que fazem..." (Lc 23:34). Não percebem vocês que muito do que é precioso pode acompanhar um espírito abatido?

Havia, no entanto, mais do que eu lhes mostrei, pois Ana era *uma mulher ponderada*, porque sua dor a levou, antes de tudo, para dentro de si e, então, a muita comunhão com o seu Deus. O fato de que era uma mulher altamente prudente figura em tudo o que ela dizia. Ela não derrama o que primeiro lhe vem à mente. O produto de sua mente é evidentemente aquele que apenas um solo cultivado poderia oferecer. Eu ainda não falarei de seu filho, além de dizer que, por elevação de majestade e plenitude da verdadeira poesia, é igual a qualquer produto da caneta daquele doce salmista de Israel, o próprio Davi. A virgem Maria evidentemente seguiu na vigília desta grande poetisa, esta amante da arte lírica.

Lembrem-se também de que, embora ela fosse uma mulher de espírito abatido, era *uma mulher bendita*. Dela posso dizer adequadamente: "...Salve, agraciada; o Senhor *é* contigo; bendita és tu entre as mulheres" (Lc 1:28 ARC). As filhas de Belial podiam gargalhar e divertir-se e considerá-la como a poeira sob seus pés, mas ela, com seu espírito abatido, havia

---

[57] Tradução livre de verso do poema *As you like it*, de Willian Shakespeare (1564–1616).

encontrado graça aos olhos do Senhor. Ali estava Penina, com sua aljava repleta de filhos, exultando-se diante da pesarosa estéril; contudo, não foi Penina abençoada, enquanto Ana, com toda a sua tristeza, era estimada pelo Senhor. Ela parece ser algo semelhante àquele de outra era, daquele sobre quem lemos que era mais honrável que seus irmãos porque com dores sua mãe lhe deu à luz: Jabez. A dor traz uma prosperidade de bênção consigo quando o Senhor a consagra; e caso alguém tomasse posição com os que se alegram, ou com os que se lamentam, bem faria em aceitar o conselho de Salomão que disse: "Melhor é ir à casa onde há luto do que ir à casa onde há banquete..." (Ec 7:2). Um fulgor presente é visto no regozijo do mundo, mas há vastamente mais luz verdadeira a ser encontrada nos pesares dos cristãos. Quando vocês percebem como o Senhor sustém e santifica Seu povo por suas aflições, as trevas lampejam como o meio-dia.

2. Chegamos agora à segunda observação, que é: **muito do que é precioso pode surgir de um espírito abatido.** *Não é apenas encontrado nele, mas pode até mesmo crescer dele.*

Observem, primeiro, que, por meio de seu espírito abatido, Ana havia aprendido a orar. Eu ainda não direi pelo que ela orava antes que este grande pesar a atingisse, mas isto eu sei: ela orava com mais intensidade do que antes, quando ouvia sua rival falar com orgulho tão exacerbado e via-se sendo completamente desprezada. Ó irmãos e irmãs, tendo vocês um pesar em secreto, aprendam para onde devem carregá-lo e não se demorem para levá-lo até lá. Aprendam com Ana. Seu pedido foi para o Senhor. Ela não derramou o segredo de sua alma em um ouvido mortal, mas verteu seu pesar diante de Deus em Sua própria casa e do modo como Ele havia designado. Ela estava em amargura de alma e orou ao Senhor. A amargura de alma deveria sempre ser assim adoçada. Muitos estão em amargura de alma, mas não oram e, portanto, o sabor do absinto permanece. Ó, que fossem sábios e olhassem para seus pesares como o chamado divino à oração, a nuvem que traz a chuva de súplica! Nossas dificuldades deveriam ser corcéis que montamos para cavalgarmos até Deus; ventos agitados que aceleram nossa embarcação até o porto de todas as orações. Quando o coração está alegre, podemos cantar salmos, mas sobre o aflito está escrito: "...Faça oração..." (Tg 5:13). Logo, a amargura de espírito pode ser um indicador de nossa necessidade de orar e um incentivo a esse santo exercício.

Ó filha do sofrimento, se em seu quarto escurecido você aprender a arte de prevalecer com o Bem-amado, suas donzelas de olhos firmes, por cujas bochechas nenhuma lágrima jamais correu, bem podem invejá-la, pois ser proficiente na arte e no mistério da oração é como ser um príncipe com Deus. Que o Senhor possa conceder que, se estivermos de espírito abatido, possamos, na mesma proporção, ter junto o espírito de oração e mal precisaremos desejar uma mudança.

A seguir, Ana *aprendera a abnegação.* Isto está claro, uma vez que a própria oração pela qual ela esperava escapar de seu sofrimento era de autonegação. Ela desejava um filho para que seu opróbrio fosse removido, mas, se seus olhos fossem abençoados com tal visão, ela alegremente renunciaria ao seu querido filho, que pertenceria ao Senhor enquanto vivesse. Mães desejam manter seus filhos consigo. É natural que desejem vê-los com frequência. Mas Ana, ainda mais ansiando por um filho homem, pedindo apenas um e um como um presente especial de Deus, contudo não o busca para si, mas para o seu Deus. Ela tem em seu coração que, assim que o desmamasse, o levaria à casa de Deus e ali o deixaria, como um filho dedicado, a quem poderia ver apenas em certas festas. Leiam suas próprias palavras: "...SENHOR dos Exércitos, se benignamente atentares para a aflição da tua serva, e de mim te lembrares, e da tua serva te não esqueceres, e lhe deres um filho varão, ao SENHOR o darei por todos os dias da sua vida, e sobre a sua cabeça não passará navalha" (1Sm 1:12). Seu coração não anseia ver seu filho em casa, o orgulho diário de seu pai e seu próprio consolo de todas as horas, mas antes vê-lo servindo como levita na casa do Senhor. Ela, assim, provou que havia aprendido a abnegação.

Irmãos e irmãs, esta é uma de nossas lições mais difíceis: aprender a abrir mão do que mais apreciamos para entregar ao comando de Deus e, isso, fazer alegremente. Isto é a verdadeira autonegação: quando nós mesmos colocamos a proposta e oferecemos livremente o sacrifício, como ela fez. Desejar uma bênção para termos a oportunidade de nos separar dela, isso é a autoconquista. Chegamos nós a alcançá-la? Ó vocês de espírito abatido, tendo aprendido a crucificar a carne, tendo aprendido a subjugar o corpo, tendo aprendido a lançar todos os seus desejos e vontades aos pés do Senhor, terão ganhado aquilo que lhes paga mil vezes mais todas as suas perdas e cruzes que sofreram. Pessoalmente, eu bendigo a Deus pela alegria e acho que poderia, certas vezes, receber ainda um pouco mais; porém temo, quando faço inventário de toda a minha vida, que muito raramente tive algum crescimento na graça senão como resultado de ser cavado e estercado pelo severo manejo da dor. Minha folha fica no auge de seu verde em clima chuvoso, meu fruto é mais doce quando foi coberto pelo gelo de uma noite de inverno.

Outro aspecto precioso surge nesta mulher: *ela aprendeu a fé*. Ela se tornou proficiente em acreditar em promessas. É muito belo notar como em um momento ela estava em amargura, mas assim que Eli disse: "...Vai-te em paz, e o Deus de Israel te conceda a petição que lhe fizeste [...] Assim, a mulher se foi seu caminho e comeu, e o seu semblante já não era triste" (1Sm 1:17-18). Ela ainda não havia obtido a bênção, mas foi convencida pela promessa e a acolheu, segundo o modo cristão que nosso Senhor nos ensinou quando disse: "...tudo quanto em oração pedirdes, crede que recebestes, e será assim convosco" (Mc 11:24); ela limpou suas lágrimas e suavizou as rugas de sua fronte, sabendo que fora ouvida. Pela fé, ela segurou um filho homem em seus braços e o apresentou ao Senhor. Esta não é pequena virtude a se alcançar. Quando um espírito abatido aprende a crer em Deus, a passar seu fardo para Ele e a bravamente esperar socorro e auxílio dele, terá aprendido, por suas perdas, a como obter os melhores ganhos; por suas dores, a como desdobrar suas mais ricas alegrias. Ana é uma do grupo honrável que, por meio da fé, "recebeu promessas", portanto, ó vocês que são de espírito abatido, não há motivo pelo qual vocês não devam também ser de espírito de fé, como ela foi.

Ainda mais da preciosidade dessa mulher de espírito abatido é encontrada crescendo a partir de seu sofrimento, mas encerrarei a lista com um item inestimável: Ana, evidentemente, havia *aprendido muito de Deus*. Afastada das comuns alegrias da família, ela fora atraída a Deus e, nesta comunhão celestial, havia permanecido uma despretensiosa telespectadora, aguardando com humildade. Em épocas de proximidade sagrada ao Senhor, ela fez muitas descobertas celestiais sobre Seu nome e natureza, como seu filho nos faz perceber.

Primeiro, ela agora sabia que a alegria mais verdadeira do coração não está nos filhos, nem mesmo nas misericórdias concedidas como resposta à oração, pois passara a cantar: "...O meu coração se regozija no SENHOR," — seu principal deleite fora encontrado em Jeová, não em Samuel — "a minha força está exaltada no SENHOR..." (1Sm 2:1) — não "nesse pequenino a quem eu tão alegremente trouxe ao santuário" — Não. Ela diz: "...me alegro na tua salvação" (v.1). E assim o foi. Deus era sua alegria sublime, e Sua salvação era seu deleite. Ó! Grande coisa é ser ensinado a colocar coisas terrenas em seus lugares devidos e, quando elas nos alegram, ainda assim sentir que "Minha satisfação está em Deus; não nos grãos, no vinho ou no azeite, mas no Senhor. Todas as minhas fontes estão nele".

A seguir, ela também havia descoberto a gloriosa *santidade* do Senhor, pois cantou: "Não há santo como o SENHOR..." (v.2). A plenitude do Seu perfeito caráter a encantou e impressionou, e ela cantou a Seu respeito como muito acima de todos os outros em Sua bondade.

Ela havia percebido a *total suficiência* de Deus, ela viu que Ele é tudo em todos, pois cantou: "...porque não há outro além de ti; e Rocha não há, nenhuma, como o nosso Deus" (v.2).

Ela descobriu o *método de Deus na providência*, pois quão docemente ela canta: "O arco dos fortes é quebrado, porém os débeis, cingidos de força" (v.4). Ela sabia que este era sempre o modo de Deus: derrubar aqueles que são fortes em si mesmos e erguer aqueles que são fracos. É o modo de Deus unir os fortes com a fraqueza e abençoar o fraco com força. É o modo peculiar de Deus e, nele, Ele permanecerá. Ele esvazia o cheio e enche o vazio. Aqueles que se vangloriam do poder de viver, Ele mata; e aqueles que desfalecem diante dele como mortos, Ele faz viver.

A ela também fora *ensinado o modo e o método de Sua graça* assim como de Sua providência, pois nunca uma mulher demonstrou mais familiaridade com as maravilhas da graça divina do que ela ao cantar: "Levanta o pobre do pó e, desde o monturo, exalta o necessitado, para o fazer assentar entre os príncipes, para o fazer herdar o trono de glória..." (v.8). Este, também, é outro daqueles modos do Senhor que são compreendidos apenas por Seu povo.

Ela também havia visto *a fidelidade do Senhor* a Seu povo. Alguns cristãos, mesmo nestes dias do evangelho, não creem na doutrina da perseverança final dos santos, mas ela cria. Ela cantou: "Ele guarda os pés de seus santos..." (v.9). E, amados, assim Ele fará, ou nenhum deles jamais permanecerá de pé.

Ana havia antecipado também algo do reino de Deus e da glória que nele há. Seu olho profético, mais limpo e claro por suas lágrimas santas, a permitiu enxergar o futuro e, olhando, seu coração jubiloso a fez cantar: "...dá força ao seu rei e exalta o poder do seu ungido" (v.10).

3. E agora, por último, muito do que é precioso será concedido àqueles que pertencem verdadeiramente ao Senhor, embora tenham espírito abatido.

Primeiro, Ana teve *suas orações respondidas.* Ah! Ana mal podia imaginar, quando Eli a repreendeu pela suposta embriaguez, que em pouco tempo ela estaria ali e o mesmo sacerdote a olharia com profundo respeito e deleite visto que o Senhor havia concedido favor a ela. E vocês, meus caros amigos de espírito abatido, não panteariam tanto nesta noite se soubessem o que está guardado para vocês. Não pranteariam de forma alguma se conseguissem pressupor com que brevidade tudo mudará e, como Sara, rirão por muita alegria. Vocês são muito pobres, mal sabem onde repousarão a cabeça esta noite, mas, se soubessem em quão pouco tempo estarão entre os anjos, sua penúria não lhes causaria tanta angústia. Vocês estão adoecendo, e afastando-se, e, em breve, irão para seu tão ansiado lar. Vocês não estariam tão deprimidos se apenas lembrassem do quão reluzente ao redor de sua cabeça será o diadema estrelado e quão docemente sua língua derramará sonetos celestiais tais como ninguém pode cantar, exceto aqueles, como vocês, que provaram das amargas águas do sofrimento. É melhor enfrentar as dificuldades agora! Deixem que estas coisas os alegrem se vocês estiverem de espírito abatido. Haverá um cumprimento das coisas que Deus prometeu a vocês. Olhos não viram, nem ouvidos ouviram o que Deus tem preparado para vocês, mas Seu Espírito o revela a vocês nesta hora.

Não apenas veio a Ana, após seu sofrimento, uma oração respondida, mas também *graça para utilizar tal resposta.* Não creio que Ana teria sido uma mãe adequada para Samuel se ela, antes de tudo, não tivesse um espírito abatido. Não são todos em quem se pode confiar para educar um jovem profeta. Muitas mulheres tolas criaram filhos tolos. Eram tão tratados como seus "bichinhos de estimação" que se tornaram animais. É necessário haver uma mulher sábia para treinar um filho sábio e, portanto, considero o caráter e a carreira eminentes de Samuel, em grande medida, o fruto do pesar de sua mãe e uma recompensa por seus sofrimentos. Ana era uma mãe cuidadosa, o que já era alguma coisa, e seu cuidado gerou diligência. Ela teve um curto espaço de tempo para educar seu filho, pois ele a deixou cedo para vestir a pequena túnica e ministrar diante do Senhor; entretanto, nesse curto período, seu trabalho foi feito de forma eficaz, pois a criança Samuel adorou no exato dia em que ela o levou "à casa do SENHOR" (1Sm 1:24). Em muitas de nossas casas, temos uma imagem bem desenhada de uma criança em oração, e eu não duvido ter sido essa a exata imagem do pequeno Samuel. Gosto de pensar nele com aquela pequena túnica naquele Éfode[58] de linho — aproximando-se em estilo solene, como uma criança serva de Deus, para auxiliar nos serviços da casa do Senhor.

Ana havia adquirido outra bênção, e foi esta: *o poder de magnificar o Senhor*. Aquelas suas doces canções — especialmente essa preciosa que estamos lendo — de onde ela as tirou? Eu lhes direi. Vocês já encontraram uma concha à beira da praia, aproximaram-na do ouvido e ouviram o som das bravias ondas, não foi? Onde ela aprendeu tal música? Nas profundezas. Ela foi lançada de um lado para outro no mar bravio até que aprendesse a falar com um significado profundo e suave sobre coisas misteriosas que somente as grutas do mar salgado podem comunicar. A poética de Ana nasceu de seu pesar; e se todos aqui que são de espírito abatido

[58] Peça da vestimenta sagrada conforme descrição de Êxodo 39:2-7 e usada originalmente pelo Sumo sacerdote.

pudessem apenas aprender a afinar sua harpa tão docemente quanto ela o fez, poderiam realmente alegrar-se por passarem por tais sofrimentos como ela suportou.

Além disso, o seu pesar a *preparou para receber bênçãos posteriores*, pois, após o nascimento de Samuel, Ana teve mais três filhos e duas filhas. Tendo Deus, assim, lhe dado cinco por aquele que ela havia dedicado a Ele. Esses foram grandiosos juros por seu empréstimo: 500 por cento. Separar-se de Samuel foi o prefácio necessário à recepção dos outros pequeninos. Deus não pode abençoar alguns de nós antes que tenha nos testado. Muitos de nós não estão aptos para receber uma grande bênção até que tenham passado pelo fogo. Metade dos homens que foram arruinados pela popularidade, passaram por isso porque não se submeteram ao curso preparatório do opróbrio e da vergonha. Metade dos homens que perecem pelas riquezas, assim perecem porque não labutaram para ganhá-las, mas fizeram um lance de sorte e tornaram-se abastados em uma hora. Passar pelo fogo tempera a arma que posteriormente será utilizada no conflito, e Ana ganhou graça para ser amplamente favorecida ao estar em grande sofrimento. Seu nome está entre os de mulheres altamente favorecidas porque ela esteve em profundo pesar.

Finalmente, foi por sofrer em paciência que ela se tornou uma testemunha tão valente para o Senhor e pôde tão docemente cantar: "Não há santo como o SENHOR; [...] e Rocha não há, nenhuma, como o nosso Deus" (1Sm 2:2). Não podemos dar testemunho a menos que testemos a promessa e, portanto, feliz é o homem a quem o Senhor testa e qualifica a erguer [levantar] testemunho ao mundo de que Deus é verdadeiro. A este testemunho, eu daria meu selo pessoal.

11

A RAINHA DE SABÁ: INSTRUINDO-SE COM JESUS [59]

Tendo a rainha de Sabá ouvido a fama de Salomão, com respeito ao nome do SENHOR, veio prová-lo com perguntas difíceis [...] Salomão lhe deu resposta a todas as perguntas, e nada lhe houve profundo demais que não pudesse explicar. —1 Reis 10:1,3

Dado que nosso Senhor colocou a rainha de Sabá como um sinal, conforme registro em Mateus 12:42, seria inconveniente se não tentássemos aprender tudo o que podemos deste sinal. Ela veio "...para ouvir a sabedoria de Salomão..." (1Re 4:34), mas Cristo é "...maior do que Salomão" (Mt 12:42) em todos os aspectos. Ele é maior em sabedoria, pois, embora Salomão fosse sábio, ele não era a Sabedoria em pessoa — e essa é Jesus. No livro de Provérbios, o Senhor é

[59] Sermão nº 2778, publicado em 1902; ministrado na *New Park Street Chapels*, Southwark.

mencionado sob o nome de Sabedoria, e o apóstolo Paulo nos diz que Ele se tornou de Deus, para nós, sabedoria. Aqueles que realmente o conhecem sabem o quão sábio Jesus é e quão verdadeiramente Ele pode ser chamado de Sabedoria. Pois Ele está com o Pai e conhece o Pai; Ele tem sabedoria tal que ninguém mais pode ter. "...Ninguém conhece o Filho, senão o Pai; e ninguém conhece o Pai, senão o Filho e aquele a quem o Filho o quiser revelar" (Mt 11:27). Ele conhece os aspectos profundos de Deus, porque Ele desceu do Céu trazendo em Seu coração os mais grandiosos segredos de Seu Pai. A Ele, portanto, homens devem ir se desejam ser sábios. E não devemos nós desejar sabedoria? A quem mais podemos ir se não formos a Ele, "em quem todos os tesouros da sabedoria e do conhecimento estão ocultos" (Cl 2:3)?

1. Primeiro, então, convido-os a admirar o modo de proceder desta rainha quando foi a Salomão.

No texto nos é dito que ela "...veio prová-lo com perguntas difíceis" (1Re 10:1).

Ela queria provar se ele era tão sábio quanto fora levada a crer, e seu modo de provar isso foi por esforçar-se para aprender com ele. Ela lhe propôs perguntas difíceis para que pudesse ser instruída pela sabedoria de Salomão. E se vocês desejam averiguar qual é a sabedoria de Cristo, o modo de saber é sentar-se a Seus pés e dele aprender. Não conheço outro método; este é muito certo e será muito proveitoso e bendito se vocês o adotarem. Ele mesmo disse: "Tomai sobre vós o meu jugo e aprendei de mim, porque sou manso e humilde de coração; e achareis descanso para a vossa alma" (Mt 11:29).

Jesus veio de Deus para ser "a fiel Testemunha" da verdade e, portanto, estamos sujeitos a crer no que Ele diz; e, certamente, jamais apreciaremos plenamente Sua sabedoria a menos que estejamos dispostos a receber Seu testemunho. O salmista diz: "...Provai e vede que o SENHOR é bom..." (Sl 34:8), mas neste caso devemos testar e provar que o Senhor é sábio. Há alguns que desprezam essa sabedoria de Cristo, e, se você lhes inquirir, descobrirá que nunca estiveram dispostos a aprender com Ele. A Suas próprias palavras são: "...se não vos converterdes e não vos tornardes como crianças, de modo algum entrareis no reino dos céus" (Mt 18:3). A sabedoria de Cristo não pode ser conhecida por aqueles que se recusam a ser discípulos, ou seja, aprendizes. Nós devemos aprender dele antes de sermos competentes para julgar se Cristo é sábio ou não; e nunca um discípulo se sentou humildemente a Seus pés, nunca um único, no espírito de uma criança, sentou-se com Maria aos pés do grande Mestre sem ter dito, ao ouvir as graciosas palavras que procediam de Sua boca: "Eis que não me contaram a metade..." (1Re 10:7). "Ó, profundidade da riqueza, tanto da sabedoria como do conhecimento de Deus" (Rm 11:33) que são encontrados nele!

A rainha de Sabá deve também ser admirada nisto: desejando aprender com Salomão, *ela lhe fez muitas perguntas* — não simplesmente uma ou duas, mas muitas. Algumas pessoas dizem, embora eu não saiba o quão verdadeiro isso seja, que a curiosidade é grandemente aguçada nas mulheres. Creio ter conhecido alguns homens que compartilhavam de grande porcentagem também. Neste caso, entretanto, a curiosidade da mulher era sábia e correta. Foi algo sábio, da parte dela, quando esteve na presença de tal homem de sabedoria, tentar aprender tudo o que podia dele, e, portanto, ela o questionou sobre todo o tipo de coisas. Muito semelhantemente ela trouxe diante dele as dificuldades conectadas a seu governo, vários esquemas relacionados a comércio, os modos de guerra, ou as artes da paz; possivelmente ela falou com ele sobre as feras do campo, os peixes do mar e as aves do ar; mas estou convencido de que ela também falou sobre coisas mais elevadas — as coisas de Deus —, e sou levado a essa conclusão pela expressão no primeiro versículo de meu texto: "Tendo a rainha de Sabá ouvido a fama de Salomão, com respeito ao nome do SENHOR, veio prová-lo com perguntas difíceis..." (1Re 10:1). O relato que chegou a ela estava relacionado a Jeová, o Deus de Israel, assim como a Salomão. Então, podemos estar certos de que ela propôs a ele muitas perguntas diferentes concernentes ao estado de seu coração, seu caráter, sua posição atual diante de Deus e seu relacionamento futuro com o Deus de Israel. Perguntas sobre esses pontos não são fáceis de se responder, mas ela teve o cuidado de fazê-las de modo que, quando chegasse à sua casa, não tivesse que dizer: "Gostaria de ter perguntado a Salomão sobre essa questão e então não estaria mais com dúvidas".

Agora, amados, se vocês desejam conhecer a sabedoria de Cristo, devem fazer muitas perguntas a Ele. Venham e indaguem a Ele sobre qualquer coisa que desejarem. Não há nada que Ele não saiba sobre a Terra, o Céu e o inferno. Ele conhece o passado, o presente, o futuro; as coisas do cotidiano e as coisas do último Grande Dia dos dias. Ele conhece as coisas de Deus como ninguém mais as conhece, pois Ele é um com o Pai e com o Espírito e pode nos dizer tudo o que precisamos saber. Venham a Ele, então, com todas as perguntas que sempre os intrigaram e com todas as dúvidas que sempre os desconcertaram. Não recorram tanto a seus próprios pensamentos ou aos conselhos e argumentos de seus companheiros semelhantes. Mas aconselhem-se com Ele, que falou como nenhum homem falou e cuja sabedoria, como a espada de Alexandre, pode cortar todos os nós górdios[60] e encerrar, em um momento, todas as dificuldades que perturbam seu espírito.

Mas o ponto principal, pelo qual admiro a rainha de Sabá, é que *ela provou Salomão "com perguntas difíceis"*. Não era ela sábia? Tivesse ela proposto perguntas a que um estudante também pudesse responder, teria sido quase que um insulto para ele. Não, se a sabedoria de Salomão deve ser testada, que ele seja provado com "perguntas difíceis". Sendo um homem realmente sábio, ele aprecia que lhe proponham questionamentos que não poderiam ser respondidos por um homem com menos sabedoria. Se as perguntas da rainha fossem tais a que ela mesma pudesse responder, por que teria ela precisado percorrer todo o caminho para pedir a Salomão que as respondesse? Ou se ela tivesse alguém em sua casa, seja quem fosse, que pudesse tê-las respondido, por que teria ido a Jerusalém? Foi por não ter ninguém mais que a ajudasse que ela levou suas perguntas àquele que, por sua sabedoria superlativa, seria capaz de respondê-las. Isto aliviaria sua mente e a enviaria de volta para casa satisfeita com muitos pontos que previamente a perturbavam; então ela fez bem em levar suas "perguntas difíceis" a Salomão.

---

[60] A expressão desatar ou cortar o nó górdio significa resolver de maneira simples e eficaz um problema aparentemente sem solução.

Porém eu conheci alguns — acho que alguns ainda conheço — que parecem não poder fazer uma pergunta difícil a Cristo. Por exemplo, sentem que são grandes pecadores e pensam que, se não tivessem pecado tanto, o Senhor seria mais capaz de perdoá-los, então não se agradam de levar suas perguntas difíceis ao Rei Jesus. Outros têm uma luta árdua para sobrepujar algumas paixões ferozes ou alguma luxúria predominante e pensam que devem vencer esse mal sozinhos. Então vocês pensam que meu Mestre é apenas um pequeno Salvador? Ele é o grande Médico; vocês levarão a Ele apenas um dedo cortado ou um dente dolorido para que sejam curados? Ó, Ele é tão grande Salvador que vocês podem levar a Ele os piores homens, os mais abjetos e depravados, pois eles são aqueles que melhor podem provar o poder de Jesus para salvar! Quando vocês mais sentirem-se perdidos, vão até Ele; quando estiverem em seu pior estado, quando pensarem estar praticamente condenados e se perguntarem por que já não o estão por completo, então vão até Ele. Sendo o seu caso difícil, leve-o ao Salvador Todo-poderoso. Vocês acham que Ele veio ao mundo apenas para salvar aqueles que são decentes e bons? Sabem o que Ele próprio disse: "...Os sãos não precisam de médico, e sim os doentes. Não vim chamar justos, e sim pecadores, ao arrependimento" (Lc 5:31-32).

E, amados, ouçam mais uma vez. Vocês estão em algum teste incisivo? Seu espírito está terrivelmente deprimido e, por causa disso, se distanciariam de Cristo? Sentiram que poderiam ir até Ele com seus fardos diários, mas não com esta carga específica? Mas por que não a levar também a Ele? Provem-no com perguntas difíceis, quanto mais difícil, melhor. Vocês não se lembram da enfermeira indiana que disse à senhora inválida que parecia não querer se apoiar totalmente nela: "Se você me ama, se apoie totalmente."? Isso é o que o Senhor lhes diz: "Se você me ama, apoie-se totalmente em mim". Quanto mais seu peso repousa sobre Ele, mais satisfeito Ele ficará. Quanto mais vocês confiarem nele, mais provarão sua confiança nele, mais próxima será a união entre vocês. Cristo é Aquele que carrega um mundo de iniquidades, então Ele pode prontamente ser Aquele que carrega seus pesares mais extraordinários. Prove o Senhor Jesus de todas as maneiras possíveis, pois Ele ama assim ser provado. Quanto mais necessitado o pária, mais alto sopra a trombeta do evangelho para que eles, que estão prontos para perecer, possam vir a ser salvos.

2. Agora, segundo ponto: imitemos o exemplo da rainha, em referência a Cristo, que é "maior do que Salomão".

Vamos prová-lo com perguntas difíceis. Levemos a Ele algumas nozes para serem quebradas, alguns diamantes para serem lapidados, algumas dificuldades para serem solucionadas. Eu não sei que pergunta difícil pode restar na mente de nenhum de vocês, mas brevemente mencionarei dez perguntas difíceis às quais Jesus responde. Elas são apenas dez de 10.000 que podem ser direcionadas a Ele, pois não há pergunta difícil a que Ele não possa responder.

Aqui está a primeira pergunta difícil: *Como pode um homem ser justo para com Deus?* Ela está no livro de Jó e parece permanecer ali não respondida: "...como pode o homem ser justo para com Deus?" (9:2). Não há ninguém, na face da Terra, que poderia ter respondido a essa pergunta se o nosso Senhor Jesus Cristo não tivesse tornado possível. Não há modo de ser justo aos olhos de Deus exceto por meio dele. Mas, se vamos a Sua presença, Ele nos dirá que nós, por conta própria, devemos nos colocar no lugar de condenação e confessar que, por nosso pecado, merecemos a ira de Deus. Devemos sempre admitir que nenhum mérito nosso pode jamais ganhar Seu favor; que, na verdade, não temos méritos próprios, mas que somos pecadores indignos, merecedores de enfermidade, merecedores do inferno. E quando ocuparmos tal posição, então, de Sua abundante graça e misericórdia, Deus nos reconhecerá como justos por meio de Cristo Jesus.

Nosso Senhor Jesus também nos diz como um homem pode ser justo para com Deus ao nos lembrar de que Ele é o Cabeça da aliança de Seu povo que crê; que, assim como em Adão, o primeiro cabeça, todos os homens caíram, também todos aqueles que estão em Cristo, que é o segundo Adão, o Senhor do Céu, se levantam novamente. "...por meio da obediência de um só, muitos se tornarão justos" (Rm 5:19). A justiça aos olhos de Deus vem por meio da liderança de Cristo, a todos os que estão nele. Cristo honrou a lei de Deus, Ele obedeceu a cada ponto e vírgula, e Sua obediência é reconhecida como a obediência de todos os que estão nele. A pergunta: "Como pode um homem ser justo para com Deus?" é, portanto, assim respondida. Jesus diz: "Eu me coloquei no lugar dos culpados e fui perfeitamente obediente à lei de Deus. Isso é imputado a todos que creem, e Deus os considera justos por meio de minha justiça". Ó, gloriosa doutrina da imputação! Felizes são todos aqueles que nela acreditam e nela se regozijam.

Aqui vem outra difícil pergunta: *Como Deus pode ser justo e ainda ser o Justificador dos ímpios?* Sendo Ele justo, certamente deve condenar os impiedosos. Mas sabemos, com certeza, de muitos que foram ímpios a quem Deus se agradou de encontrar e justificar tão completamente, de modo que se ouviu dizerem: "Quem intentará acusação contra os eleitos de Deus? É Deus quem os justifica" (Rm 8:33). Como pode ser isto? Somente Jesus pode responder a tal pergunta e Ele assim a responde: "Eu carreguei a penalidade devida para o pecado; Eu me coloquei no lugar do pecador e sofri aquilo que satisfez plenamente as reivindicações da justiça divina em seu favor; Eu paguei a dívida do pecador de modo que a Lei bem pode deixá-lo ir em liberdade". As Escrituras afirmam: "Mas ele foi traspassado pelas nossas transgressões e moído pelas nossas iniquidades; o castigo que nos traz a paz estava sobre ele, e pelas suas pisaduras fomos sarados. Todos nós andávamos desgarrados como ovelhas; cada um se desviava pelo caminho, mas o SENHOR fez cair sobre ele a iniquidade de nós todos" (Is 53:5-6). O grande Homem que carrega o pecado sofreu no lugar do pecador; a espada da justiça divina o atingiu, pois Ele se colocou no lugar do pecador, suportando voluntariamente o castigo que era para o pecador; e agora que o pecado foi punido nele, Deus pode ser justo e ainda ser o Justificador de todos os que creem em Seu Filho amado.

A próxima pergunta é uma que a muitos intriga: *Como pode um homem ser salvo somente pela fé sem obras e, no entanto, homem algum pode ser salvo pela fé sem obras?* Estando você intrigado por esta pergunta, nosso Senhor Jesus lhe dirá, neste Livro, por meio do qual Ele ainda fala conosco, que devemos crer nele para salvação e não trazer obra alguma nossa como fundamento da nossa confiança; nem mesmo nossa própria fé, se vier a ser uma obra, pois um homem é salvo pela graça, ou seja, pelo dom gratuito de Deus, não por obras de justiça que ele próprio tenha executado. "Porque pela graça sois salvos, mediante a fé; e isto não vem de vós; é dom de Deus; não de obras, para que ninguém se glorie" (Ef 2:8-9).

Essa verdade é ensinada de forma tão clara nas Escrituras quanto pode ser; mas então é igualmente verdade que homem algum pode requerer ser salvo a menos que a fé que ele professa ter seja uma fé ativa, viva, que o faz amar a Deus e, consequentemente, fazer aquilo que é agradável aos olhos do Senhor. Caso eu diga que creio em Deus e, contudo, permaneço vivendo em pecado voluntária e conscientemente, então não tenho tão boa fé quanto a que os demônios têm, pois eles "creem e tremem" (Tg 2:19). Há alguns homens que professam crer em Deus, no entanto não tremem diante dele, mas são impudentes e presunçosos. Esse não é o tipo de fé que salva a alma. A fé salvadora é aquela que produz boas obras, que leva ao arrependimento ou é acompanhada por ele e conduz ao amor a Deus, à santidade e a um desejo de ser semelhante ao Salvador. As boas obras não são a raiz da fé, mas são seus frutos. Uma casa não repousa sobre as tábuas de seu telhado, porém não seria adequado nela viver se não tivesse um telhado; e da mesma forma, nossa fé não repousa sobre nossas boas obras, contudo seria fé pobre e inútil caso não tivesse alguns dos frutos do Espírito para provar que veio de Deus. Jesus Cristo pode nos dizer como um homem pode visar ser santo como Deus é santo sem, contudo, jamais mencionar sua santidade ou sonhar em nela confiar. Nós viveríamos como se fôssemos ser salvos por nossas próprias obras, e, ainda assim, não colocaríamos confiança algumas nelas, mas as consideraríamos como impureza, para que pudéssemos ganhar a Cristo e ser encontrados nele, sem ter nossa própria justiça, que é da Lei, mas a que é por meio da fé de Cristo, a justiça que é Deus pela fé.

Aqui temos outra pergunta difícil, que certa vez intrigou grandemente um líder dos judeus. Vocês conhecem seu nome: Nicodemos. "Este, de noite, foi ter com Jesus..." (Jo 3:2). Esta foi sua pergunta difícil: "*Como pode um homem nascer, sendo velho?*" (v.4). À primeira vista, isso parecia ser impossível de ser respondido, mas Jesus Cristo afirma: "Eis que faço novas todas as coisas..." (Ap 21:5). Mesmo sob a antiga dispensação, a promessa de Deus a Seu povo era "Dar-vos-ei coração novo e porei dentro de vós espírito novo; tirarei de vós o coração de pedra e vos darei coração de carne" (Ez 36:26). Tudo isso é impossível para o homem, mas é possível para Deus. O Espírito Santo regenera um homem, o faz nascer de novo, de modo que, embora sua estrutura corpórea permaneça a mesma, seu espírito interior se torna como o de uma criancinha e, como um recém-nascido, ele deseja o leite puro da Palavra para que, por ela, cresça. Sim, há uma mudança total efetuada nos homens quando creem em Jesus Cristo. Ele disse a Nicodemos: "...se alguém não nascer de novo, não pode ver o reino de Deus" (Jo 3:3). Sim, homens que já são velhos podem nascer de novo "...mediante a palavra de Deus, a qual vive e é permanente" (1Pe 1:23). Vocês de barba grisalha, podem nascer de novo; vocês que se apoiam em sua bengala pela idade avançada, embora tenham ultrapassado 70 anos, podem nascer de novo; e se vocês tivessem 100 anos, mas, se cressem em Jesus, pelo poder do Espírito eterno, imediatamente seriam feitas novas criaturas em Cristo Jesus.

Aqui temos outra pergunta difícil: *Como pode Deus, que vê todas as coisas, não mais ver pecados naqueles que creem?* Esse é um enigma que muitos não conseguem compreender. Deus está em todos os lugares e tudo está presente diante de Seus olhos, que tudo veem, mas Ele diz, por meio do profeta Jeremias: "Naqueles dias e naquele tempo, diz o SENHOR, buscar-se-á a iniquidade de Israel, e já não haverá..." (Jr 50:20). Eu me aventuro a dizer que até mesmo o próprio Deus não pode ver o que não mais existe; mesmo Seus olhos não se colocam em algo que não existe, e é assim com o pecado daqueles que creram em Jesus: deixou de existir. O próprio Deus declara: "...dos seus pecados jamais me lembrarei" (Hb 8:12). Mas pode Deus esquecer? É claro que pode, uma vez que Ele diz que assim fará. A obra do Messias foi descrita a Daniel nestas notáveis palavras: "...para fazer cessar a transgressão, para dar fim aos pecados, para expiar a iniquidade, para trazer a justiça eterna..." (Dn 9:24). Para dar fim aos pecados? Bem, então há um fim para eles, conforme esta outra declaração divina: "Desfaço as tuas transgressões como a névoa e os teus pecados, como a nuvem..." (Is 44:22). Ó, que palavras benditas! Sendo assim, os pecados se foram, deixaram de ser, Cristo os obliterou e, portanto, Deus não mais os vê. Ó, o esplendor do perdão que o Senhor conferiu a todos os cristãos, fazendo uma varredura de todos os seus pecados para sempre!

Aqui vem outra pergunta difícil: *Como pode um homem ver o Deus invisível?* Entretanto, Cristo disse: "Bem-aventurados os limpos de coração, porque verão a Deus" (Mt 5:8). E o anjo disse a João: "...Os seus servos o servirão, contemplarão a sua face..." (Ap 22:3-4). Essa difícil pergunta está colocando de outra forma a questão que Filipe trouxe a Jesus: "...Senhor, mostra-nos o Pai, e isso nos basta" (Jo 14:8). E Jesus respondeu: "Filipe, há tanto tempo estou convosco, e não me tens conhecido? Quem me vê a mim vê o Pai..." (v.9). Na pessoa de Seu amado Filho, Deus o Pai apresentou-se diante dos olhos dos homens, como João afirma: "E o Verbo se fez carne e habitou entre nós, cheio de graça e de verdade, e vimos a sua glória, glória como do unigênito do Pai" (Jo 1:14). O próprio Jesus declarou: "Eu e o Pai somos um" (Jo 10:30), de modo que podemos ver o Pai invisível na pessoa de Jesus Cristo, Seu Filho.

Avançando na experiência cristã, temos aqui outra questão difícil: *Como pode ser verdade que "todo aquele que é nascido de Deus não vive em pecado", porém homens nascidos de Deus de fato pecam?* Ah! Essa é uma pergunta que tem intrigado o homem, mas nós devemos lembrar que todo homem de Deus é dois homens em um. Essa nova parte dele, que é nascida de Deus, essa nova natureza que foi implementada na regeneração, não pode pecar porque é nascida de Deus. É a semente incorruptível que vive e permanece para sempre. Mas, uma vez que o homem ainda está na carne, é verdade que "...o pendor da carne é inimizade contra Deus, pois não está sujeito à lei de Deus, nem mesmo pode estar" (Rm 8:7). A antiga natureza peca por meio da força da natureza, mas uma nova natureza não peca, pois é nascida de Deus.

Isso auxilia também a responder a outra pergunta difícil: *Como pode um homem ser um novo homem e, contudo, estar constantemente gemendo por encontrar em si tanto do velho homem?* O Espírito Santo guiou o apóstolo Paulo a nos instruir sobre essa questão. Há dentro de nós o novo homem que salta de alegria devido à vida celestial, mas infelizmente há também o velho homem. Paulo o chama de "o corpo desta morte". Ali está e você sabe que é o mais velho dos dois e que, se puder impedir, não será extinto. Ele diz à nova natureza: "Que direito você tem aqui?", e a nova natureza responde: "Tenho o direito da graça; Deus me colocou aqui e aqui pretendo ficar". Então, a antiga natureza declara: "Não se eu puder impedir. Eu erradicarei você, ou o sufocarei com dúvidas, ou o inflarei de orgulho, ou o matarei com o veneno da incredulidade. Mas de alguma forma você sumirá". A nova natureza contesta: "Não, jamais sumirei, pois vim para ficar. Vim em nome de Jesus, e, sob Sua autoridade, e aonde Jesus chega, Ele chega para reinar. E pretendo reinar sobre você". O Senhor aplica alguns golpes pesados na velha natureza e a espanca até virar pó, mas não é fácil mantê-la submetida. Essa velha natureza é um companheiro tão terrível para a nova natureza que frequentemente a faz bradar: "Desventurado homem que sou! Quem me livrará do corpo desta morte?" (Rm 7:24). Mas, mesmo enquanto ela assim clama, não teme a questão final, sente-se segura da vitória. A nova natureza senta-se e canta; mesmo dentro das costelas da morte, por assim dizer, com o mau cheiro da corrupção em suas narinas, ainda se senta e canta: "Agradeço a Deus por meio de Jesus Cristo nosso Senhor" e nele ainda triunfa. Não seremos vencidos, amados. "...o pecado não terá domínio sobre vós; pois não estais debaixo da lei, e sim da graça" (Rm 6:14). Mas, meus irmãos, é uma luta tremenda; e se nosso Senhor não tivesse instruído Seu servo Paulo a nos falar sobre sua própria experiência, alguns de nós seriam obrigados a bradar: "Sendo essa a verdade, por que sou eu assim?". Cristo sabe tudo sobre a vida interior de Seu povo e Sua Palavra explica o que pode parecer misterioso a vocês; então, quando sentirem esse conflito enfurecendo-se em seu espírito, vocês entenderão e dirão: "Não é porque estou morto no pecado, pois, se estivesse não teria esta luta. É porque fui vivificado que ocorre essa batalha".

Eis aqui mais uma dessas perguntas difíceis: *Como pode um homem estar abatido, embora sempre regozijando?* Esse é um dos enigmas do apóstolo Paulo, dos quais ele nos concede grande número, tais como estes: Como pode um homem ser pobre, embora faça de muitos ricos? Como pode um homem estar abatido e, ainda assim, não destruído; perseguido, contudo, não abandonado? Como pode um homem ser menos que nada e, entretanto, possuir todas as coisas? A explicação é que, enquanto estamos neste corpo, devemos sofrer, sentir angústias e enfraquecer; mas louvado seja Deus! Ele nos ensinou a também nos gloriarmos na tribulação e a esperar a grande recompensa que, eventualmente, nos aguarda; de modo que, se estamos repletos de sofrimento, aceitamos o sofrimento jubilosamente; se fomos feitos para sentir angústias, curvamo-nos sob o cajado e procuramos seus benditos resultados posteriores. Assim podemos suspirar e ao mesmo tempo cantar.

Tenho mais uma pergunta difícil: *Como pode a vida de um homem ser no Céu enquanto ele ainda vive na Terra?* Que vocês compreendam tal enigma aprendendo o que Paulo quer dizer ao declarar: "...porque morrestes, e a vossa vida está oculta juntamente com Cristo, em Deus" (Cl 3:4), "e, juntamente com ele, nos ressuscitou, e nos fez assentar nos lugares celestiais em Cristo Jesus" (Ef 2:6)! Ainda agora, a vida celestial pode ser desfrutada por nós, embora ainda vivamos na Terra. E, certas vezes, estamos, em parte, inclinados a dizer com o apóstolo: "...se no corpo ou fora do corpo, não sei, Deus o sabe" (2Co 12:2). No entanto, nós logo descobrimos que estamos no corpo, pois temos necessidades físicas, tentações e tribulações, e então exclamamos: "Ai de mim, que peregrino em Meseque e habito nas tendas de Quedar" (Sl 120:5). Entretanto, talvez, no momento seguinte, digamos: "Meu tesouro está totalmente embalado e se foi adiante de mim, e eu ando nas pontas dos pés aguardando ser chamado, pois, onde está meu tesouro, ali está meu coração, e ambos estão acima dos Céus com meu amado Senhor e Salvador."

3. Agora, encerrando, respondamos a certas perguntas de caráter prático.

Respondam, primeiro, a esta pergunta: Como podemos ir a Cristo? Ele está no Céu, então não podemos escalar até Ele lá. Sim, mas Ele afirmou graciosamente: "...eis que estou convosco todos os dias até à consumação do século" (Mt 28:20). E embora não o vejamos e não o ouçamos, Ele está em espírito entre nós neste momento. Vocês não precisam dar um passo sequer para chegar até Ele. Estivesse Jesus novamente nesta Terra, não poderia, em Sua presença corpórea, estar em todos os lugares ao mesmo tempo. Suponhamos que Ele estivesse em Londres; o que fariam aqueles que moram na Austrália e quisessem chegar até Ele? Poderiam morrer na viagem. Ou, se Ele estivesse em Jerusalém, quantas pessoas desafortunadas nunca seriam capazes de ir à Palestina! É muito melhor que Ele não esteja fisicamente aqui. É mais vantajoso para nós, porque Seu Espírito está em todos os lugares; e desejando pensar nele, desejando conhecê-lo, buscando-o e, acima de tudo, confiando nele, chegamos até Ele.

"Bem," alguém diz, "supondo que seja assim, *como podemos fazer perguntas difíceis a Cristo?*". Vocês podem perguntar a Ele o que quiserem da mesma forma como se o pudessem ver. Vocês não precisam nem mesmo pronunciar a pergunta; se nela pensarem, Ele a ouve. Orem ao Senhor, pois Ele ouve oração. Onde quer que haja o lábio de um pecador que ora, há o ouvido atento do Salvador.

"Mas," você diz, "*se eu fizer a pergunta a Ele, como Ele me ouvirá?*". Não esperem que Ele lhes responda em um sonho, ou por qualquer som vocal. Neste Livro, Ele falou tudo o que vocês precisam saber. Leiam-no, estudem-no, para que possam aprender o que Ele revelou. Nós que pregamos não somos dignos de ser ouvidos a menos que o que dizemos esteja na Bíblia. Ouçam-nos quando assim pregamos, porque, frequentemente, as palavras do Livro podem parecer frias para vocês, mas, se nós as traduzirmos em linguagem oral calorosa, elas encontrarão pouso em seu coração. Vocês as compreenderão melhor e as sentirão adequadamente, como se vindo de alguém que os ama e que é um homem de carne e osso como vocês. "Sim," alguém diz, "estou disposto a ir a Cristo com minhas dúvidas e dificuldades e aqui está uma pergunta que desejo que Ele responda agora: *como pode ser que eu leia, na Palavra de Deus, que Ele determinou um dia, e você me oferece que vá a Ele agora?*". Sim, eu, de fato, ofereço a você que vá a Ele agora; e, mais que isso, digo que Sua própria palavra é: "...o que vem a mim, de modo nenhum o lançarei fora" (Jo 6:37). "Mas não é também verdade que Ele determinou um dia?" Sim, Ele o fez; mas posso dizer-lhe como Ele o determinou? "...de novo, determina certo dia, Hoje, falando por Davi, muito tempo depois, segundo antes fora declarado: Hoje, se ouvirdes a sua voz, não endureçais o vosso coração" (Hb 4:7). Bendito seja Seu santo nome; se Ele determinou um dia, Ele determinou que seja hoje; e se eu viver para ver seus rostos amanhã, ainda lhes direi o mesmo. A determinação é sobremaneira graciosa; é "hoje". Ocorrendo que uma alma venha a Cristo, quando ela vem, o faz no dia de hoje; e se vocês vierem neste dia, vocês estarão dentro do determinado, pois Ele disse: "...Hoje, se ouvirdes a sua voz, não endureçais o vosso coração" (Hb 3:15). Hoje, então, cara alma, está dentro dos limites; nesta noite antes que volte para casa, você ainda está exatamente dentro da determinação. "...Hoje, se ouvirdes a sua voz, não endureçais o vosso coração". Aceite-o agora, confie nele agora, vá a Ele com suas perguntas difíceis agora, com suas duras dúvidas, com sua rígida infidelidade, com sua obstinação severa, vá como está e se lance nos amados pés daquele que foi transpassado, pois não há uma pergunta a que Ele não responderá, nenhuma dificuldade que Ele não sobrepujará, nem mesmo um pecado que Ele não perdoará e o enviará em alegria.

Creio que ouço alguém dizer: "Do que se trata tudo isso? Há realmente pessoas no mundo que querem Deus desta maneira?". Sim, há. E nós nos entristecemos ao pensar que você não seja uma delas, pois, creia no que digo amigo, todos os que vivem como se não houvesse Deus estão perdendo tudo o que de fato constitui a vida. Eu ouço um rapaz dizer: "Eu gostaria de ver um pouco de vida". Sim, espero que sim, e deseje grande dose de vida também; mas não há vida nos arredores do vício. Isso é morte, podridão, fedor, corrupção como o vale do *Geena* e os sacrifícios de Tofete[61]. Fuja disso! Encontramos vida quando nos achegamos a Deus; e, confiando em Jesus, você chega a Deus e assim se torna possuidor da vida eterna. Então, vindo a conhecer Deus, você ajuda a tornar o mundo todo um lugar vivo. Os tempos e as estações parecem mudar para você, pois as coisas já não são como antes eram. O deserto e os lugares solitários se alegram, o deserto floresce como a rosa. Pudesse eu viver 10.000 anos na Terra sem Deus e nadar perpetuamente em um mar de deleites sensuais, eu imploraria para ser aniquilado antes de me submeter a tal ruína. Mas deixo Deus despachar ou reter como lhe agrada os favores temporais se Ele apenas me conceder saber que Ele é meu e eu sou dele; será tudo o que pedirei ao Senhor. E digo o que digo com convicção e creio que todos os filhos de Deus que uma vez desfrutaram da plena luz de Seu semblante dirão o mesmo.

[61] No vale de Hinom, *Geena*, no Novo Testamento, era lançado todo lixo de Jerusalém. Lá situava-se o Tofete, que significa "lugar de chama", onde se mantinha continuamente o fogo aceso para consumir as imundícias da cidade. Jesus usou este lugar como símbolo da destruição eterna. Veja também Jeremias 7:31.

12

A RAINHA DE SABÁ: UMA CONVERSA DE CORAÇÃO[62]

...disse-lhe tudo quanto tinha no seu coração. —1 Reis 10:2 ARC

Aparentemente a rainha de Sabá, quando obteve a audiência com o grande e sábio rei de Israel, não se contentou com simplesmente propor a ele várias perguntas difíceis. Pois ela se revelou a ele, expôs tudo o que estava oculto em seu coração; e Salomão a ouviu atenciosamente e, sem dúvida, falou com ela de tal forma que a enviou para casa em alegria.

Geralmente não é algo sábio dizer tudo o que há em seu coração. O próprio Salomão disse: "O insensato expande toda a sua ira, mas o sábio afinal lha reprime" (Pv 29:11). Há muitas coisas que melhor seria se vocês não contassem a ninguém.

[62] Sermão nº 2779, publicado em 1902, ministrado na *New Park Street Chapels*, Southwark.

Não façam de ninguém seu confidente total. Caso façam, correm grande risco de criarem um Aitofel ou um Judas para vocês. Em sua pressa, Davi disse que todos os homens eram mentirosos. Isso não era verdade; provavelmente, o que ele quis dizer era que, se confiarmos em todos os homens, em breve acabaremos sendo enganados. Mas, se pudéssemos nos encontrar com um Salomão — alguém que fosse divinamente dotado de sabedoria, como ele foi —, poderia ser seguro levarmos todas as nossas questões e contar todas as nossas lutas a ele. De qualquer modo, sabemos de Um, que "é maior do que Salomão" (Mt 12:42), a quem é muito seguro e bendito expor tudo que está em nosso coração. Ele está disposto a ouvir-nos e comungar conosco; e quanto mais francos e abertos formos com Ele, mais Ele se agradará e melhor será para nós. Esse deve ser o nosso assunto, dizendo a Jesus tudo que está em nosso coração, espiritualizando a ação da rainha de Sabá, quando ela foi a Salomão e "...disse-lhe tudo quanto tinha no seu coração".

1. Começaremos dizendo que **devemos dizer a Jesus tudo o que há em nosso coração.**

Eu não me refiro a todos vocês que estão presentes; refiro-me àqueles que foram redimidos dentre os homens por Seu sangue sobremodo precioso, todos aqueles que creem nele e que o chamam de seu Salvador, seu Mestre, seu Senhor. Vocês estão sujeitos a dizer a Ele tudo o que se passa em seu coração, sem segredos ocultos dele em sua alma.

Digam a Jesus tudo que está em seu coração, pois negligenciar um relacionamento íntimo com Cristo, de caráter sobremaneira íntimo, é pouco generoso com Ele. Há algum cristão professo aqui que viveu ao longo de um mês sem comunhão consciente com Cristo? Caso eu sugerisse um período mais longo e perguntasse: "Não há alguns cristãos professos aqui que viveram ao longo de três meses sem comunhão consciente com Cristo?", temo que haja alguns que, se fossem honestos e verdadeiros, teriam que responder: "Esse é nosso caso". Sendo assim, pensem no que isso significa: vocês professam pertencer a Jesus e ser Seus discípulos, mas confessam que têm vivido todo este período sem comunicação real e íntima com Ele, que é seu Mestre e Senhor. Mais ainda: vocês professam não serem apenas um de Seus discípulos, mas um de Seus amigos. "É esta sua bondade para com seu Amigo?" Eu posso ir além disso, pois vocês creem estar casados com Cristo, visto que essa é a união que existe entre Ele e Seu povo. Essa seria uma espécie estranha de união de casamento em que a esposa deva estar na presença de seu marido e nem mesmo falar com ele ao longo da semana, do mês, de três meses, de seis meses no total. Não terem comunhão um com o outro, nenhuma troca mútua de amor, nenhuma comunicação um com o outro, seria considerado artificial e seria justamente condenável; mas nós, certas vezes, não agimos exatamente dessa maneira com nosso Noivo celestial? Nós, tão frequentemente, não somos como os homens do mundo que não o conhecem? Não vivemos como se não o conhecêssemos ou como se Ele não mais estivesse presente conosco? Não deve ser assim. A menos que desejássemos agir contrariamente a todos os preceitos de nossa natureza elevada, devemos manter uma conexão íntima e contínua com nosso Senhor Jesus Cristo.

E nós devemos dizer a Ele tudo o que está em nosso coração, pois *omitir qualquer coisa de um Amigo tão verdadeiro manifesta o triste fato de que há algo errado a ser omitido.* Há algo que você faz e que não poderia contar a Jesus? Há algo que você ama que não poderia pedir a Ele que abençoe? Há algum plano agora diante de você que não poderia pedir a Ele que sancionasse? Há algo em seu coração que você desejaria ocultar dele? Então é algo errado, esteja certo disso. Deve ser algo maligno, caso contrário, você não desejaria omitir dele, Aquele a quem, eu creio, você realmente ama. Ó meu Senhor, por que motivo desejaria eu ocultar qualquer coisa de ti? Caso eu deseje ocultar, então, certamente, deve ser porque é algo pelo qual tenho motivo para envergonhar-me; então ajuda-me a livrar-me disso. Ó irmãos e irmãs cristãos, imploro a vocês que vivam exatamente como se Cristo estivesse em sua sala, em seu quarto, em sua loja, ou caminhando pela rua com vocês, pois Sua presença espiritual ali está! Que nunca haja nada em vocês que desejem omitir dele!

Se não podemos contar a Jesus tudo o que está em nosso coração, *isso demonstra falta de confiança em Seu amor, ou em Sua compaixão, ou em Sua sabedoria ou em Seu poder.* Quando há algo que a esposa não pode contar ao marido, ou passa a haver algo secreto por parte de um dos dois que não pode ser revelado ao outro, em breve haverá um fim ao amor mútuo, à paz e à alegria. Coisas não podem continuar bem no lar enquanto houver dissimulação. Ó amados, suplico a todos vocês que amem a Cristo de tal modo que dele nada ocultem! Amem-no tanto a ponto de que possam confiar nele mesmo em relação às frivolidades que tão frequentemente os preocupam e irritam. Amem-no de tal modo que possam contar-lhe tudo o que está em seu coração, nem mesmo por um momento desejem esconder algo dele.

Quando não contamos tudo a Jesus, é como se não tivéssemos confiança em Seu amor e, portanto, pensássemos que Ele não seria tolerante conosco; ou que não confiamos em Sua compaixão e imaginássemos que Ele não nos teria em consideração; ou que não temos confiança em Sua sabedoria e pensássemos que nosso problema é desconcertante demais para apresentar a Ele; ou que não temos confiança em Seu poder e presumíssemos que Ele não poderia nos auxiliar em tal emergência. Que este nunca seja o caso com nenhum de vocês; mas, todos os dias, abrandem seu coração em Cristo e nunca permitam que Ele pense que sequer começaram e não confiar nele. Assim vocês manterão comunhão franca, aberta e bendita entre Cristo e sua alma.

Estou bem certo de que, se vocês executarem o plano que estou recomendando, isso lhes *trará grande tranquilidade de espírito*; ao passo que, se não o fizerem, continuarão a ter muita inquietude. Há algo que eu não disse a Jesus — qualquer coisa em que não pude ter comunhão com Ele? Então há algo errado comigo. Vocês estão guardando seu problema para si e tentando gerenciá-lo sem consultar Jesus? Bem, então, se algo errado ocorrer, a responsabilidade será de vocês; mas, se levarem tudo a Ele e deixarem em Sua presença, nada errado pode ocorrer, aconteça o que acontecer. E ainda que pareça que algo errado tenha ocorrido, vocês não serão responsáveis por isso.

Creio que nossas lutas geralmente emergem daquilo que não levamos ao Senhor. E, ainda mais, estou certo de que cometemos grandes gafes mais no que consideramos como questões simples, que não precisam ser levadas ao Senhor, do que em questões mais difíceis que apresentamos a Ele. Os homens de Israel foram enganados pelos gibeonitas porque estes usavam sandálias velhas e gastas e tinham pão bolorento em seus bornais. E os israelitas disseram: "Está perfeitamente claro que estes homens vieram de longa distância. Vejam suas sandálias envelhecidas e vestimentas remendadas"[63]. Então fizeram aliança com eles e não indagaram a vontade do Senhor. Se não lhes parecesse um caso tão claro, teriam pedido direção ao Senhor e então teriam sido guiados corretamente. É quando você pensa que consegue enxergar o caminho que você erra; quando você não consegue enxergar o caminho, mas confia em Deus para guiá-lo por um caminho desconhecido, você caminhará perfeitamente bem. Estou convencido de que assim a questão mais simples e clara, se ocultada de Cristo, passará a ser uma confusão, enquanto o labirinto mais intrincado, sob a orientação de Cristo, certamente terá uma estrada reta para os pés de todos aqueles que confiam na sabedoria infalível de seu Senhor e Salvador.

Por outro lado, se vocês não forem a Jesus para revelar a Ele tudo o que está em seu coração, *perderão o conselho, o auxílio e o consolo que dele vêm.* Eu não imagino que alguém aqui saiba o que perdeu neste caminho e mal posso imaginar como vocês calcularão os bens espirituais que perderam e que poderiam ter tido. Há muitos filhos de Deus que podem ser ricos em todos os intentos da bem-aventurança, que continuam a ser tão pobres como Lázaro, o mendigo. Raramente têm uma migalha de consolo para se alimentar e estão repletos

[63] Referência a Josué 9:3-14.

de dúvidas e medos, quando há muito poderiam ter tido plena certeza. Há muitos herdeiros do Céu que têm vivido de meras lascas do alimento do evangelho quando poderiam estar comendo o rico alimento de que Moisés fala: "coalhada de vacas e leite de ovelhas, com a gordura dos cordeiros, dos carneiros que pastam em Basã e dos bodes, com o mais escolhido trigo..." (Dt 32:14). Muito frequentemente, amados, vocês não têm porque não pedem ou porque não creem ou não confidenciam algo a Jesus e não têm comunhão com Ele. Quão forte o fraco seria se fosse a Jesus com mais frequência! Quão rico a pobre alma seria se extraísse continuamente do tesouro inexaurível de Cristo! Ó, o que não ocorreria se apenas vivêssemos à altura de nossos privilégios! Não viveremos nas vizinhanças do Céu e, amiúde, por assim dizer, estaremos próximos dos portões de pérola, se apenas formos a Jesus e contarmos tudo a Ele e conversarmos intimamente a respeito de tudo o que está em nosso coração?

Algumas vezes, nosso impertinente hábito de *reticência para com Jesus é agravado por nossa avidez em contar nossos problemas a outros*. No tempo da prova, nós constantemente imitamos o rei Asa que, quando adoeceu "...não recorreu ao SENHOR, mas confiou nos médicos" (1Cr 16:12). Não foi errado ir aos médicos, mas ele deveria ter ido primeiro ao Senhor. O mesmo ocorre com muitos de nós como foi com Asa; lá se vão ao seu vizinho do outro lado da cerca ou ligam para um amigo e com ele conversam em sua sala de estar, ou vão a alguém notável e lhe contam todo o seu problema; porém quanto vocês ganham em agir assim? Vocês não perceberam, regularmente, que teriam sido mais sábios se tivessem seguido o conselho de Salomão: "...nem entres na casa de teu irmão no dia da tua adversidade" (Pv 27:10)? Também não descobriram com frequência que, ao falar com amigos sobre seus pesares, eles ainda permanecem?

Vocês dizem que querem um amigo, entretanto, aquele que é o Amigo que se mantém mais chegado que um irmão é negligenciado por vocês. Suponham que o Senhor Jesus Cristo fosse encontrar alguns de vocês e alguns dissessem a Ele: "Bom Mestre, estamos com problemas". E suponham que Ele lhes dissesse: "Onde vocês estiveram com seus problemas? Não estiveram comigo", e vocês respondessem: "Não, Senhor, nós consultamos carne e osso; pedimos aos nossos amigos que nos auxiliassem". E suponham que Ele perguntasse: "E eles decepcionaram vocês?", e a resposta de vocês fosse: "Sim, Senhor, nos decepcionaram". Imagine que o Senhor olhasse para vocês seriamente e dissesse: "Para onde vocês já foram, será melhor voltarem. Vocês foram a seus amigos primeiro; vêm a mim por último? Devo eu agir como seu lacaio vindo a mim apenas após tentarem todos os outros?". Ah! Falasse Ele dessa maneira, o que vocês poderiam responder? Ora, penso que sua única resposta seria, e confio que sua única resposta agora será: "Jesus, Mestre, esqueci-me muito de ti. Não considerei o Senhor como um amigo realmente presente. Fui a meus semelhantes porque conseguia enxergá-los, e falar com eles, e ouvir o que tinham a dizer; mas pensei em ti como se fosse um mito ou, quem sabe, não pensei no Senhor em momento algum. Perdoa-me, Senhor, pois creio que Tu és verdadeiro e que Tua Palavra é verdadeira e declara que o Senhor sempre estás com o Teu povo. Ajuda-me, doravante, a sempre, por Tua graça, ir até o Senhor".

2. Segundo: não precisamos deixar de conversar com Jesus por falta de assunto.

A rainha de Sabá e Salomão chegaram finalmente a um fim em sua conversa, mas poderiam permanecer conversando para sempre. Com relação a nós e nosso Senhor, não é necessário jamais haver um fim em nossa conversa com Ele, pois os assuntos sobre os quais podemos ter comunhão com Ele são praticamente inumeráveis. Deixem-me mencionar apenas alguns deles.

Há, primeiro, *os seus sofrimentos*. Estão vocês excessivamente contritos? Estão feridos por Deus e oprimidos? Então, irmão, irmã, vocês bem podem ir a Jesus com seus sofrimentos, pois Ele é "...homem de dores e que sabe o que é padecer..." (Is 53:3). Ele sabe tudo sobre cada um e tudo sobre seus sofrimentos também. Não há uma pontada que você tenha sentido que Ele não tenha igualmente sentido. Caso você apenas converse com Ele, encontrará um ouvido aberto, um coração compassivo e uma mão estendida; todos à sua disposição. "O que você quer dizer, senhor? Você diz que eu devo me sentar em minha sala e contar a Jesus tudo sobre meus problemas?" Sim, digo exatamente isso, e que faça o que faria se pudesse vê-lo sentado na cadeira do outro lado da lareira: sente-se e conte tudo a Ele. Tendo você um cômodo silencioso e recluso, fale em voz alta se isso ajudar você; mas, seja como for, conte tudo a Ele, derrame em Seus ouvidos e em Seu coração a história que não pode revelar a mais ninguém. "Mas parece tão fantasioso imaginar que posso, de fato, falar com Jesus." Tente, amado; se você tem fé em Deus, descobrirá que não é uma questão de fantasia, porém a mais bendita realidade no mundo. Podendo você ver apenas o que seus olhos percebem, nenhuma utilidade há para você em fazer o que digo. De fato, não poderá fazê-lo. Mas, se você tem os olhos interiores iluminados pelo Espírito Santo e se seu coração discerne a presença invisível do Salvador, antes crucificado, mas agora glorificado, conte a Ele toda a história de seu pesar. Frequentemente, após ter feito isso, você perceberá que a situação deixará de fazer você lamentar.

Então, também, conte a Ele *suas alegrias*, pois Ele pode ter tanta comunhão com o jubiloso quanto com o entristecido. Vá, jovem irmã, jovem irmão, na vivacidade de sua primeira alegria jovial e conte tudo a Jesus. Ele regozijou-se em espírito quando esteve na Terra; e agora Ele tem a alegria que foi colocada diante dele quando suportou a cruz e desprezou a vergonha. Caso vocês contem ao Senhor suas alegrias, Ele as ponderará com cuidado, jamais com acidez. O Senhor tirará delas a efervescência terrena e lhes transmitirá um sabor espiritual e uma doçura permanente, de modo que, mesmo em aspectos comuns, sua alegria não se tornará idólatra e pecaminosa. Vocês que são desprovidos de confortos do ser humano deveriam orar para que encontrem todas as coisas em Deus; mas vocês que têm tais confortos e estão repletos de alegria deveriam fazer a seguinte oração: que encontrem Deus em todas as coisas. Ambas são boas orações. Essa última petição, vocês almas jubilosas, bem podem orar a Jesus, e Ele responderá. Assim, descobrirão que o banquete de casamento é ainda melhor por Jesus estar ali para transformar água em vinho e que, para todas as alegrias terrenas, Ele acrescenta uma bem-aventurança que, caso contrário, não poderiam possuir.

Algumas pessoas dizem que nós cristãos entramos em êxtases e arrebatamentos, que dificilmente discernimos a cabeça dos pés e que nos empolgamos tanto a ponto de não sermos testemunhas razoáveis de questões práticas. Eu não creio que a igreja tenha, com frequência, entusiasmo abundante; a falha geralmente tem sido exatamente na direção oposta. Mas minha convicção é que não vemos a glória de Cristo quando estamos entusiasmados ou em êxtase, nem mesmo chegamos à metade dessa medida, como alcançamos quando estamos em nossos momentos de tranquilidade, calmaria e reflexão. Conheço muitos cristãos que de forma alguma são tolos; se você tentar negociar com eles, descobrirá que são tão perspicazes e atentos como qualquer homem. Gostaria de recorrer a eles sobre esta questão. Creio que tenho certo grau de bom senso e aventuro-me a dizer que Cristo nunca aparece para mim tão glorioso como quando estou perfeitamente calmo e sereno, exatamente como deveria estar se estivesse sentado para escrever alguma estatística, para resolver um problema matemático, ou para compor algum relatório e desenvolver um balancete.

Sempre que, do modo mais calmo e quieto, eu começo a pensar em meu Senhor e Mestre, Ele então, mais do que tudo, me impressiona por ser glorioso. Nossa religião não exige entusiasmos e estímulos sob os quais alguns parecem viver, mas, quando estamos no mais sereno estado de espírito e coração, então podemos ver melhor as glórias de Cristo. Ó senhores, meu Mestre gostaria que vocês se sentassem e fizessem as contas do custo de serem Seus servos! Ele faria de vocês aritméticos que, após terem calculado o custo, pudessem ver que Ele vale 10.000 vezes mais do que Ele poderia custar a vocês. Ele os faria inspecioná-lo e considerá-lo de todos os pontos de vista — olhar para Sua pessoa, Sua obra, Seus ofícios, Suas promessas, Seus feitos — para que em todas as coisas vocês pudessem ver quão glorioso Ele é. Peço a vocês calmamente que vejam que tipo de Senhor e Mestre Ele é e que espécie de glória é a que o cerca; e se assim fizerem — ou seja, se o coração de vocês tiver sido realmente mudado pela graça do Senhor — vocês dirão: "Ó, sim! Digamos por todo o mundo que se trata de simples senso comum o crer em Cristo, que é irracional rejeitá-lo, que o melhor uso para o seu raciocínio é colocá-lo aos pés de Cristo e que a sabedoria mais verdadeira é considerar-se nada mais do que um tolo em comparação a Ele e sentar-se com Maria e ouvir as admiráveis palavras do Mestre".

Vocês poderão também ir a Jesus e contar-lhe tudo sobre o *seu serviço*. Vocês começaram a trabalhar para o Senhor e estão muito satisfeitos com a oportunidade de fazer algo para Ele, mas não consideram que em tudo há doçura. Talvez vocês sejam como Marta que estava "distraída" com seu serviço para Cristo. Quando ela estava preparando o jantar para Ele, preocupou-se grandemente com isso. Os servos queimariam a carne, ou ela temia que uma delicatéssen muito especial fosse totalmente arruinada. Ademais, alguém havia quebrado o melhor prato e a toalha de mesa não parecia tão branca como ela gostaria de ver. Marta estava também perturbada porque Maria não a auxiliou, então ela foi ao Mestre para falar sobre isso, que foi a coisa mais sensata que pôde fazer. Eu posso falar de modo compreensível sobre essa questão, pois preocupo-me em relação a isso certas vezes. Eu quero ver Cristo servido com o melhor que tenho e com o melhor que todo o Seu povo tem; e se as coisas acabam decaindo e não funcionam adequadamente, sou capaz de ficar inquieto; mas isso não será solução nem para mim, nem para você. Precisamos ir ao Mestre e a Ele falar sobre o caso. Ele estabelecerá tudo da maneira correta e nos fará ver que está tudo bem. Suponham que qualquer um de vocês não tenha sido tratado gentilmente por seus colegas mesmo quando estava tentando fazer o bem, suponham que as moças em sua classe entristeceram você, suponham que tenham sido censurados quando de fato queriam servir ao seu Senhor. O que devem fazer? Novamente eu digo: "Contem tudo a Jesus. Consolo ou queixa". Não venham a mim para contar. Pudesse eu ajudá-los, eu faria; mas há Aquele que é muito melhor do que qualquer pastor na Terra a quem vocês podem ir: o grande Pastor e Bispo de almas, nosso Senhor Jesus Cristo.

Então, a seguir, vão e contem a Jesus todos *os seus planos*. Vocês pensam que farão algo para Ele, não pensam? Não comecem até que tenham dito a Ele tudo sobre o que planejam fazer. O Senhor tinha grandes planos para a redenção de Seu povo, mas Ele comunicou-os todos a Seu Pai; não, eu preferiria dizer que Ele os obteve dos decretos eternos de Seu Pai. Vão e digam a Ele o que estão planejando para a glória de Deus e o bem dos homens e poderão, quem sabe, descobrir que parte seria um equívoco.

Quando tiverem quaisquer sucessos, vão e digam a Ele. Os 70 discípulos retornaram a Jesus com alegria, dizendo: "...Senhor, os próprios demônios se nos submetem pelo teu nome!" (Lc 10:17). Tendo vocês a elevada honra de ganhar uma alma, exponham a Jesus e garantam que toda glória seja dada a Deus. Cantem *Non nobis, Domine*[64] — "Não a nós, Senhor, não a nós, mas a Teu santo nome damos glória, por amor da Tua misericórdia e da Tua verdade."

E quando tiverem fracassos — quando suas esperanças forem decepcionadas — vão e descrevam tudo a Jesus. Não sei se estou me fazendo entender claramente com relação a esses pontos, mas sinto que trabalhar lado a lado com Cristo é o único estilo de trabalho em que um homem pode se manter ano após ano. Caso você afaste-se de seu Mestre, caso tenha tristezas ou alegrias que são somente suas e sobre as quais não conta a Ele, você entrará em um triste estado; porém, se você sente: "Ele está próximo a mim, Ele está comigo" e se age conforme essa crença conversando constantemente com Ele sobre o que você sente, o que crê e o que faz, você viverá de maneira santa, bendita, útil e feliz.

Não tenho tempo para completar a longa lista de tópicos sobre os quais devemos conversar com Jesus, mas deixem-me brevemente incitá-los a contar a Ele todos os seus desejos. Caso vocês desejem qualquer coisa que devem desejar ou possam desejar, informem-no. Revele a Ele também todos os seus medos. Contem-lhe que vocês, certas vezes, sentem medo de morrer. Digam a Jesus sobre todos os medos que os perturbam, pois, como uma ama é cuidadosa com sua criança, assim é Cristo com Seu povo.

Compartilhem com Ele todos os seus amores. Levem diante dele, em oração, tudo sobre a pessoa em quem seu amor está colocado. Contem a Jesus especialmente tudo o que podem sobre seu amor por Ele e peçam a Cristo que

---

[64] Hino do compositor britânico William Byrd (1543–1623) baseado no Salmo 115:1.

torne esse amor mais firme, mais forte, mais permanente, mais potente ao logo de toda vida de vocês. Cantem com frequência uma canção a Jesus, seu Bem-amado, e digam: "Agora cantarei para meu Bem-amado uma canção sobre meu Amado". Cantem e falem continuamente a Ele e sempre que tiverem quaisquer mistérios que não possam explicar ou contar a ninguém mais, vão e peçam a Ele que leia a inscrição que está gravada em seu coração e que decifre os estranhos hieróglifos que ninguém mais consegue ler.

3. Agora, em terceiro, fecharei ao demonstrar brevemente a vocês que jamais devemos deixar de comunicar-nos com Jesus por falta de razões.

Não estou falando agora àqueles que nunca se comunicaram com meu Senhor. Eu frequentemente converso com Ele, ainda o faço, e assim fazem tantos de vocês. E eu digo que não deveremos jamais deixar de comunicar-nos com Ele por falta de razões.

Isso porque, primeiro, *é muito enobrecedor ter comunhão com o Filho de Deus*; "...Ora, a nossa comunhão é com o Pai e com seu Filho, Jesus Cristo" (1Jo 1:3). Eu ouvi ser dito de alguns homens que os conhecer é ter instrução gratuita. Sendo você apenas um simples conhecido de um destes, certamente aprenderá muito com eles; mas conhecer Cristo é conhecer tudo o que é digno de ser conhecido e Ele é nosso Tudo em Todos.

É também *imensamente benéfico nos comunicarmos com Cristo.* Não conheço nada mais que possa elevar-nos de tal forma acima das influências malignas de um mundo impiedoso como permanecer constantemente em comunhão próxima com Cristo e contar a Ele tudo o que sentimos no profundo de nosso coração.

Quão *consolador* é fazer isso! Você se esquece de seus pesares enquanto conversa com Ele. Quão santificador é! Um homem não pode deleitar-se no pecado enquanto caminha com Cristo. A comunhão com Ele fará um homem abandonar o comportamento pecaminoso, ou o comportamento pecaminoso o fará abandonar a comunhão. Vocês não serão perfeitos enquanto estiverem neste mundo, mas o caminho mais próximo até a perfeição está no trajeto em que Jesus caminha. Quão encantador é, também, conversar com Jesus! Não há outra alegria que seja de forma alguma comparável a esta, e ela nos prepara para as alegrias mais elevadas do alto. Quando aqueles que caminham com Cristo na Terra passarem a viver com Ele no alto, haverá certamente uma mudança em alguns aspectos, mas não será uma nova experiência para eles. Ele não amou Seus santos e buscou comunhão com eles enquanto ainda estavam aqui embaixo? Então eles terão essa comunhão continuada no alto. Eles não caminharam com Deus aqui? Caminharão com Jesus no alto.

Há alguns dos seguidores de Cristo que raramente se comunicam com Ele? Amados, não os repreenderei se isso for verdade em seu caso? Meu Mestre olha para vocês neste momento. Ele precisa falar com vocês? Ele não falou com Pedro quando o apóstolo presunçoso negou seu Senhor. Jesus virou-se e olhou para Pedro. E acredito que Ele olhará para vocês, que aqueles amados olhos que choraram por vocês olharão neste momento para dentro da alma de vocês e que Seu bendito coração, que sangrou por vocês, olhará por meio de Seus olhos para vocês. Ele parece indagar: "Você de fato me ama, considerando que nunca desejou minha companhia? Você consegue me amar?".

E então, acredito que meu Mestre olha para alguns aqui que nunca tiveram comunhão alguma com Ele e diz: "Nada significa para você o fato de que Eu amo a humanidade e vim à Terra e morri para salvar pecadores? Nada significa para você que lhe convide a confiar em mim e que prometo salvar você se assim o fizer? Você ainda se recusará a confiar em mim? Você voltará as costas para mim e se afastará? Ó, por que deseja morrer? Por que deseja morrer?".

13

ESTER E A PROVIDÊNCIA[65]

...sucedeu o contrário,
pois os judeus é que se assenhorearam
dos que os odiavam. —Ester 9:1

Vocês provavelmente estão cientes de que algumas pessoas negaram a inspiração do livro de Ester porque o nome de Deus não é mencionado nele. Elas poderiam, com igual justiça, negar a inspiração de um grande número de capítulos na Bíblia e de um número ainda maior de versículos. Embora o nome de Deus não seja mencionado no livro de Ester, o próprio Senhor ali está de forma mais conspícua em cada incidente que o livro relata. Eu já vi retratos mostrando nomes de pessoas para quem foram feitos e certamente era necessário,

[65] Sermão nº 1201, ministrado na manhã do dia do Senhor, 1º de novembro de 1874, no *Metropolitan Tabernacle*, Newington.

mas já vimos outros que não exigiam nome algum, porque a semelhança era tão evidente que, ao olhar para eles, já se sabia quem eram. No livro de Ester, tanto quanto em qualquer outra parte da Palavra de Deus (e eu quase me comprometi dizendo: mais do que em qualquer outro lugar), a mão da Providência é vista manifestadamente.

Condensar o todo da história do livro de Ester em um sermão seria impossível e, portanto, devo apoiar-me no conhecimento prévio que tenham dele. Devo também pedir sua paciência caso haja mais da história no sermão do que me é comum. Todas as Escrituras são dadas por inspiração e são benéficas, seja história ou doutrina. Deus nunca desejou que o livro de Ester permanecesse mudo, e o que quer que a Ele tenha parecido bom ensinar-nos por meio do livro, devemos desejar, muito sinceramente, aprender.

O Senhor planejou, pela narrativa da história de Ester, estabelecer diante de nós um exemplo maravilhoso de Sua providência, para que, quando o víssemos com interesse e satisfação, pudéssemos louvar Seu nome e então avançar para adquirir o hábito de observar Sua mão em outras histórias e, especialmente, em nossa própria vida. Bem diz John Flavel que aquele que observa a Providência jamais permanecerá longo tempo sem Providência a ser observada. O homem que consegue caminhar pelo mundo e não ver Deus é declarado, por autoridade inspirada, como sendo tolo; mas os olhos do homem sábio não estão em sua cabeça, ele vê com visão interior e descobre Deus trabalhando em todos os locais. É sua alegria perceber que o Senhor está agindo conforme Sua vontade no Céu e na Terra e em todos os lugares profundos.

Deus se agradou, em diferentes momentos na história, de alarmar o mundo pagão para haver convicção de Sua presença. Ele tinha um povo escolhido, a quem Ele confiou a verdadeira luz e a estes Ele se revelava continuamente. O restante do mundo foi deixado em trevas, mas uma vez ou outra a glória divina flamejava em meio à escuridão, como o relâmpago perfura a escuridão da tempestade. Alguns, por meio dessa repentina luz, foram levados a buscar Deus e o encontraram. Outros se tornaram inquietos e indesculpáveis, embora permanecendo em sua idolatria cega. A maravilhosa destruição de Faraó e seus exércitos no mar Vermelho foi uma incursão de luz que alarmou a meia-noite do mundo dando prova à humanidade de que o Senhor vivia e poderia cumprir Seus propósitos ao suspender as leis da natureza e efetuar milagres. O magnífico drama encenado em Susã, a capital de Pérsia, foi planejado para ser outra manifestação do ser e da glória de Deus agindo não como antigamente, por um milagre, mas nos métodos comuns de Sua providência e, contudo, realizando todos os Seus projetos. Foi dito muito bem que o livro de Ester é um registro de maravilhas sem um milagre e, portanto, embora igualmente revelador da glória do Senhor, ele a estabelece de forma diferente dessa que foi exibida na derrocada do Faraó por milagres poderosos.

Vamos agora à história. Havia duas raças: uma que Deus havia abençoado e prometido preservar e outra de que Ele havia dito que debaixo do céu qualquer lembrança que se pudesse ter dela seria totalmente apagada. Israel deveria ser abençoada e transformada em bênção, mas, quanto a Amaleque, o Senhor havia jurado: "...haverá guerra do SENHOR contra Amaleque de geração em geração" (Êx 17:16).

Esses dois povos estavam, portanto, em hostilidade mortal, como a semente da mulher e a semente da serpente, entre quem o próprio Senhor colocou inimizade. Muitos anos haviam se passado; o povo escolhido estava em grande angústia e neste momento tão distante ainda existia sobre a face da Terra algumas relíquias da raça de Amaleque. Entre eles havia um descendente da linhagem real de Agague, cujo nome era Hamã, e ele estava em posição de poder supremo na corte de Assuero, o monarca persa.

Agora era o intento de Deus que um último conflito ocorresse entre Israel e Amaleque. O conflito que começou com Josué no deserto deveria ser encerrado por Mordecai no palácio do rei. Esse último conflito começou com grande desvantagem para o povo de Deus. Hamã era o primeiro-ministro do tão extenso Império Persa, o favorito de um monarca arbitrário, que era flexível à sua vontade. Mordecai, um judeu a serviço do rei, sentava-se diante dos portões reais; e quando via o orgulhoso Hamã andar de um lado para outro, se recusava e prestar-lhe a honra que outros concediam servilmente. Ele não curvava sua cabeça ou dobrava seu joelho para Hamã, e isso o irritava profundamente. Veio à mente de Hamã que esse Mordecai era da semente dos judeus e, com a lembrança, veio a elevada ambição de vingar a querela de sua raça. Ele considerava opróbrio tocar em apenas um homem, e decidiu que em si encarnaria todo o ódio de gerações, e com um golpe varreria os malditos judeus (como ele os considerava) da face da Terra.

Ele foi ao rei, com quem sua palavra tinha poder, e disse-lhe que havia um povo específico espalhado por todos os cantos do Império Persa. Um povo diferente de todos os outros que se opunha às leis do rei e que não seria proveitoso ao rei suportá-los. Ele pediu que todos fossem destruídos e pagaria ao tesouro do rei uma enorme soma de dinheiro para ressarcir qualquer perda de receita pela destruição desse povo. Hamã planejava que o espólio que fosse tomado dos judeus pudesse tentar seus vizinhos a matá-los e que a parte designada a ele pagaria a quantia que ele adiantaria, logo ele faria os judeus pagarem por seu próprio assassinato. Hamã mal havia pedido essa terrível permissão e o monarca imediatamente a concedeu. Tomando seu anel-selo de seu dedo, ele ordenou que Hamã fizesse aos judeus o que lhe parecesse bom. Assim a semente escolhida fica nas mãos do agagita, que tinha sede de aniquilá-los. Apenas uma coisa se coloca no caminho. O Senhor prometera: "Toda arma forjada contra ti não prosperará; toda língua que ousar contra ti em juízo, tu a condenarás..." (Is 54:17). Veremos o que acontece e aprenderemos com isso.

1. Primeiro, aprenderemos com a narrativa que Deus coloca Seus agentes em lugares adequados para a execução de Sua obra.

O Senhor não foi surpreendido por esta trama de Hamã; Ele a havia previsto e prevenido. Era necessário, para corresponder a este plano astuto e malicioso de Hamã, que alguém da raça dos judeus possuísse grande influência com o rei. Como isso seria executado? Caso uma menina judia se tornasse rainha da Pérsia, o poder que ela possuiria seria útil para neutralizar o plano do inimigo. Isso tudo havia sido providenciado anos antes que Hamã criasse em seu perverso coração o esquema de assassinato dos judeus. Ester, cujo doce nome significa estrela, fora elevada à posição de rainha da Pérsia por um curso singular de eventos. Ocorreu que Assuero, em um surto de bebedeira, foi tão longe com o vinho a ponto de esquecer todas as convenções da vida oriental e mandar chamar sua rainha, Vasti, para exibir-se ao povo e aos príncipes. Ninguém sonhava em desobedecer à palavra do tirano e, portanto, todos ficaram perplexos quando Vasti, evidentemente uma mulher de espírito de realeza, negou-se a rebaixar-se sendo feita de espetáculo diante daquela reunião imprópria de príncipes embriagados e recusou-se a comparecer. Por sua coragem, Vasti recebeu o divórcio e deu-se início à busca por uma nova rainha.

Não podemos aplaudir Mordecai por colocar sua filha adotiva em uma competição pela escolha do monarca; era contrário à lei de Deus e perigoso, no mais alto grau, para a alma da menina. Teria sido melhor que Ester fosse esposa do homem mais pobre da casa de Israel do que ter ido à cova do déspota persa. As Escrituras não justificam e muito menos enaltecem o delito de Ester e Mordecai em agir desse modo, mas simplesmente nos contam como a sabedoria divina trouxe bem do mal, assim como um químico destila medicamentos medicinais de plantas venenosas. A elevada posição de Ester, embora ganha de forma contrária às mais sábias leis, foi redirecionada em prol dos melhores interesses de seu povo. Ester, na casa do rei, era o meio de derrotar o adversário malicioso. Mas somente Ester não seria suficiente. Ela está trancada no harém, cercada por seus camareiros e suas servas de honra, muito mais reclusa do mundo exterior. Era necessário um vigia do lado de fora do palácio para guardar o povo do Senhor e para incitar Ester à ação quando fosse preciso auxílio.

Mordecai, seu primo e pai adotivo, adquiriu um ofício que o colocou no portão do palácio. Onde ele poderia ser mais bem colocado? Ele está onde muitos dos negócios reais ocorrerão debaixo de seus olhos e ele é veloz, corajoso e inflexível. Israel nunca teve uma sentinela melhor do que Mordecai, o filho de Quis, um benjamita — um homem muito diferente do outro filho de Quis, que em tempos passados havia permitido que Amaleque escapasse. Seu relacionamento com a rainha lhe permitia comunicar-se com ela por meio de Hataque, seu camareiro, e, quando o decreto maligno de Hamã foi publicado, não se passou muito tempo até que chegasse aos ouvidos de Ester, e ela sentiu o perigo ao qual Mordecai e todo o seu povo foram expostos. Por providências singulares, o Senhor colocou aqueles dois instrumentos mais eficientes em seus lugares. Mordecai teria sido de pouca utilidade sem Ester e Ester não poderia ter prestado auxílio algum não fosse por Mordecai. Enquanto isso há uma conspiração se estabelecendo contra o rei e que Mordecai descobre. Ele comunica à autoridade mais elevada e assim coloca o rei sob obrigação com ele; o que era uma parte necessária do plano do Senhor.

Agora, irmãos, qualquer perversidade que esteja sendo produzida contra a causa de Deus e da verdade — e ouso dizer que há muito ocorrendo neste momento, pois nem o diabo, nem os jesuítas, nem os ateus ficam muito tempo quietos —, disto estamos certos: o Senhor sabe tudo sobre isso e Ele tem Sua Ester e Seu Mordecai prontos, a seus postos, para frustrar os planos daqueles. O Senhor tem Seus servos bem-posicionados e Suas armadilhas nos esconderijos deles para surpreender Seus inimigos. Nós jamais precisamos temer, pois o Senhor impediu Seus inimigos e proveu contra a maldade deles.

Todo filho de Deus está onde Deus o colocou para algum propósito, e o uso prático deste primeiro ponto é guiar vocês a inquirirem para que propósito prático Deus colocou cada um de vocês onde estão agora. Vocês têm desejado outra posição onde poderiam fazer algo por Jesus. Não desejem nada assim, mas sirvam-no onde estão. Estando vocês sentados ao portão do rei, há algo para ali fazerem e, se estivessem no trono da rainha, haveria algo para fazerem ali. Não peçam para ser guarda do portão ou rainha, mas, o que quer que sejam, ali sirvam a Deus. Irmão, você é rico? Deus fez de você mordomo, tenha cuidado para ser um bom mordomo. Irmão, você é pobre? Deus lançou você em uma posição onde será mais capaz de dar uma palavra de compaixão aos santos pobres. Vocês estão executando seu trabalho determinado? Vocês vivem em uma família piedosa? Deus tem motivo para colocar vocês em uma posição tão afortunada. Estão em uma casa impiedosa? Vocês são uma lâmpada suspensa em um lugar de escuridão; considerem que ali devem brilhar. Ester agiu bem, porque agiu como uma Ester deveria, e Mordecai agiu bem, porque agiu como um Mordecai deveria. Gosto de pensar, ao olhar para todos vocês, que Deus colocou cada um em seu lugar correto, como um bom capitão bem organiza os diferentes pelotões de seu exército. E embora não conheçamos Seu plano de batalha, será visto durante o conflito em que Ele dispôs cada soldado onde deveria estar. Nossa sabedoria não é desejar outro lugar, nem julgar aqueles que estão em outra posição, mas cada um, sendo redimido pelo precioso sangue de Jesus, deveria se consagrar plenamente ao Senhor e dizer: "Senhor, o que deseja que eu faça? Pois aqui estou eu e, pela Sua graça, estou pronto para fazê-lo". Não se esqueça então do fato de que Deus, em Sua providência, coloca Seus servos em posições onde possa usá-los.

2. Segundo, o Senhor não apenas dispõe Seus servos, mas refreia Seus inimigos.

Eu chamaria sua atenção particularmente ao fato de que Hamã, tendo obtido um decreto para aniquilar todos os judeus em determinada data, estava muito ansioso para que seu cruel trabalho fosse executado e, portanto, sendo muito supersticioso e crédulo em astrologia, ele ordenou a seus magos que lançassem sortes para os vários meses, mas nenhum único afortunado dia pôde se encontrar senão próximo ao fim do ano, e então o dia escolhido foi o décimo terceiro do décimo segundo mês. Nesse dia, os magos contaram seu ludíbrio: os céus estariam propícios e a estrela de Hamã estaria no ascendente. Verdadeiramente as sortes foram lançadas no regaço, mas foram dispostas de acordo com o Senhor. Vocês não veem que havia 11 meses livres antes que os judeus fossem mortos, e que isso daria a Mordecai e Ester tempo para contornar a situação, e, havendo qualquer coisa que pudesse ser feita para reverter o cruel decreto, eles tinham espaço para agir? Suponham que a sorte tivesse caído no segundo ou terceiro mês; os velozes dromedários, camelos e mensageiros mal seriam capazes de alcançar as extremidades dos domínios persas, certamente um segundo grupo de mensageiros para neutralizar o decreto não poderia ter agido e, humanamente falando, os judeus teriam sido destruídos. Mas, ó, naquela sala secreta de concílio onde se sentam feiticeiros e o homem que pede conselho às mãos dos poderes infernais, o próprio Senhor está presente, frustrando os gestos dos mentirosos e enfurecendo os adivinhos. Em vão foram seus encantamentos e a multidão de suas feitiçarias; os astrólogos, os que contemplam estrelas e os necromantes, juntos, eram todos tolos e levaram o supersticioso Hamã à destruição. "Pois contra Jacó não vale encantamento, nem adivinhação contra Israel..." (Nm 23:23). Confiem no Senhor, vocês justos, e, em paciência, conservem a alma de vocês. Deixem seus adversários nas mãos de Deus, pois Ele pode fazê-los cair na armadilha que eles armaram secretamente para vocês.

Notem com atenção que Hamã selecionou um modo de destruição dos judeus que foi maravilhosamente revertido para que fossem preservados. Eles seriam mortos por qualquer pessoa entre eles que escolhesse fazê-lo, e seu espólio seria a recompensa dos assassinos. Agora, este era um mecanismo muito astuto, pois a ganância naturalmente incitaria os tipos mais baixos de homens a assassinar judeus parcos e sem dúvida havia devedores que também se satisfariam em ver seus credores eliminados. Mas vejam a lacuna de escape que isso forneceu! Caso o decreto ordenasse que os judeus deveriam ser mortos pelos soldados do Império Persa, isso deveria ser executado e não é fácil ver como eles teriam escapado, mas, tendo sido a questão colocada em mãos individuais, o decreto subsequente de que poderiam defender-se foi uma neutralização do primeiro edital. Assim o Senhor dispôs que a sabedoria de Hamã, no fim das contas, seria insensatez.

Em outro ponto, também, distinguimos a mão contentora de Deus, isto é, que Mordecai, embora tenha provocado Hamã ao máximo, não foi morto imediatamente. "Hamã, porém, se conteve..." (Et 5:10). Por que ele agiu assim? Homens orgulhosos geralmente se colocam em grandiosa desavença quando se consideram insultados e estão imediatamente prontos para se vingar. "Hamã, porém, se conteve..." até o dia em que sua ira ardeu furiosamente e instalou a forca suprimindo, assim, sua fúria. Eu fico maravilhado com isso, pois demonstra como Deus faz a ira do homem louvá-lo e o restante Ele restringe. Mordecai não deve sofrer a violenta morte pela mão de Hamã. Os inimigos da Igreja do Senhor e de Seu povo não podem jamais agir além do que Ele permite; não podem avançar sobre nem um fio de cabelo além da licença divina e, quando têm permissão para fazer o seu pior, há sempre algum ponto fraco em tudo o que estão fazendo, alguma insensatez extrema que torna vã a sua fúria. Os perversos transportam consigo as armas de sua própria destruição e, quando mais se iram contra o Altíssimo, o Senhor de todas as coisas traz o bem para o Seu povo e glória para si. Não julguem a providência em pequenas partes, é um grande mosaico e deve ser vista como um todo. Não digam de uma hora escura qualquer: "Isto são trevas". Assim pode ser, mas essas trevas ministrarão à luz, assim como a escuridão de ébano da meia-noite faz as estrelas parecerem mais cintilantes. Confiem no Senhor para sempre, pois no Senhor Jeová há força eterna. Sua sabedoria solapará as minas de malícia, Sua habilidade galgará as elevações da astúcia. "Ele apanha os sábios na sua própria astúcia; e o conselho dos que tramam se precipita" (Jó 5:13).

3. A seguir observaremos que Deus, em Sua providência, testa Seu povo.

Vocês não devem supor que aqueles que são servos de Deus serão poupados de testes, isso não faz parte do projeto da providência. O apóstolo diz: "Mas, se estais sem correção [...], logo, sois bastardos e não filhos" (Hb 12:8). O intento de Deus é educar Seu povo por meio da angústia, e não devemos, portanto, sonhar que um evento não seja providencial por ser penoso. Não, vocês devem considerá-los todos ainda mais providenciais, pois "...O SENHOR põe à prova ao justo..." (Sl 11:5). Observem que Deus testou Mordecai. Ele era um homem já idoso e calmo, não tenho dúvida, e deve ter sido uma prova diária para ele permanecer de pé, ereto ou sentar-se em seu lugar quando aquele orgulhoso nobre do reino passava pavoneando-se. Seus colegas servos disseram-lhe que o rei havia ordenado que todos os homens prestassem honrarias a Hamã, mas Mordecai manteve a sua honra; não sem saber que ser tão firmemente independente poderia ter um preço. Hamã era um amalequita, e o judeu não se curvava diante dele. Mas que aflição deve ter sido para o coração de Mordecai quando viu a proclamação de que todos os judeus deveriam morrer! O bom homem deve ter lamentado amargamente seu infeliz destino de ser a causa inocente da destruição de seu povo. "Talvez", pensou ele consigo, "eu tenha sido obstinado demais. Ai de mim; toda a minha casa e todo o meu povo serão mortos pelo que eu fiz". Ele vestiu-se de pano de saco, lançou cinzas sobre sua cabeça e encheu-se de tristeza; uma tristeza que mal podemos compreender, pois, mesmo que você saiba que fez algo correto, mas, ainda assim, causou problemas e, especialmente, trouxe destruição sobre a cabeça de outros, você se sente profundamente ferido. Vocês poderiam suportar o martírio por si mesmos, no entanto é triste ver outros sofrerem por sua firmeza.

Ester também precisava ser testada. Em meio ao brilho da corte persa, ela poderia ter se esquecido de seu Deus, mas a triste notícia chega a ela: "Seu primo e seu povo serão destruídos". Sofrimento e terror encheram seu coração. Não havia esperança para eles, a menos que ela fosse ao rei — esse déspota de quem um único olhar altivo significaria morte. Ela precisava arriscar tudo, ir à sua presença sem ter sido convocada e suplicar por seu povo. Vocês se perguntam se ela tremeu? Vocês se maravilham com o fato de que ela pediu as orações dos fiéis? Vocês estão surpresos por ver tanto ela quanto suas servas de honra jejuando e lamentando diante de Deus? Não pense, meu próspero amigo, que o Senhor deu a você um lugar elevado para que possa escapar das tribulações que pertencem a todo o Seu povo; a sua posição não é de sossego, mas é uma das partes mais intensas da batalha. Nem a posição mais rebaixada e tranquila, nem a condição mais pública e exposta permitirá que vocês escapem de "muitas tribulações" por meio da qual o militante da Igreja deve lutar para alcançar a glória. Por que deveríamos desejá-las? Não deveria o ouro ser testado no cadinho? Não deveria o forte pilar sustentar grandes pesos? Quando a ponte Menai foi erigida atravessando os estreitos, o engenheiro não estipulou que seu condutor nunca fosse testado com grandes cargas; pelo contrário, eu consigo imaginá-lo dizendo: "Tragam seus trens mais pesados e carreguem a ponte ao máximo que desejarem, pois ela suportará toda a sobrecarga". O Senhor tenta os justos porque os fez de metal o qual suportará o teste e Ele sabe que, pelo poder sustentador de Seu Santo Espírito, eles subsistirão e serão mais que vencedores; portanto é uma parte da operação da Providência o testar os santos. Que isso console aqueles de vocês que estão, neste momento, em tribulação.

4. Agora o quarto ponto, devemos avançar para observar que **a sabedoria do Senhor é vista promovendo os menores eventos a fim de produzir grandes resultados.**

Nós frequentemente ouvimos pessoas dizerem sobre um evento agradável ou grandioso: "Que providencial!", enquanto ficam em silêncio com relação a qualquer coisa que aparenta ser menos importante ou de sabor desagradável. Mas, meus irmãos, o lugar do tojo (perene[66]) no pântano é tão permanente quanto o posto de um rei, e a poeira que é levantada pela roda de uma carruagem é tão certamente dirigida pela Providência como o planeta em sua órbita. Há tanta providência no rastejar de um pulgão sobre a folha de uma rosa quanto na marcha de um exército para assolar um continente. Tudo, desde o mais ínfimo até o mais magnificente, é ordenado pelo Senhor que preparou Seu trono nos Céus, cujo reino governa sobre tudo. A história diante de nós testifica isso.

Chegamos agora ao ponto em que Ester deve ir ao rei e suplicar pelo povo ao qual ela pertencia. Fortalecida pela oração, mas indubitavelmente ainda trêmula, Ester entrou no pátio interior e a afeição do rei o levou a instantaneamente

---

[66] Na botânica, diz respeito às plantas que possuem folhas durante o ano todo.

estender o cetro de ouro para ela. Sendo-lhe dito que pedisse o que lhe agradasse, ela convida o rei para um banquete, pedindo para levar Hamã consigo. O rei vai e, pela segunda vez, a convida a pedir o que desejar, até mesmo metade de seu reino. Por que, quando o rei foi de espírito tão gentil, Ester não decidiu falar? Ele ficou encantado com sua beleza e deu sua palavra real de que nada negaria a ela. Por que não se pronunciar? Mas não, ela meramente pede que ele e Hamã compareçam novamente a outro banquete de vinho no dia seguinte. Ó filha de Abraão, que oportunidade você perdeu! Por que você não suplicou por seu povo? A existência de todos eles dependia de sua solicitação, e o rei disse: "Que desejas?" (Et 5:6) e você contudo hesita! Foi timidez? É possível. Pensava ela que Hamã estava em alta posição no favor do rei e que assim ela não prevaleceria? Seria difícil dizer. Alguns de nós são muito inexplicáveis, mas, desse incompreensível silêncio de Ester, dependia muito mais do que aparenta à primeira vista. Indubitavelmente, ela ansiava expor seu segredo, no entanto as palavras não surgiam. Deus estava nisso; não era o momento de falar e, portanto, ela foi levada a adiar sua revelação. Ouso dizer que ela se arrependeu e imaginou quando teria sido o momento de tocar no assunto, mas o Senhor sabia o que era melhor.

Após o banquete, Hamã se foi, jubiloso, ao portão do palácio, mas, ficando desmedidamente mortificado com a postura irredutível de Mordecai, chamou sua esposa e seus amigos e lhes disse que suas riquezas e honras de nada lhe valiam enquanto Mordecai, o judeu, se sentasse ao portão do rei. Eles poderiam ter dito a ele: "Você destruirá Mordecai e todo o seu povo em alguns meses e o homem já está inquieto pelo decreto. Deixe-o viver e contente-se em assistir às suas misérias e exultar com seu desespero!". Mas não; eles aconselharam uma vingança célere: que Mordecai fosse pendurado em uma forca no topo da casa, que a forca fosse montada imediatamente, que Hamã logo cedo pedisse a vida do judeu e que sua insolência fosse punida. Vá, chame os trabalhadores e que a força seja montada a grande altura nessa mesma noite. Parecia uma coisa pequena para despertar em Hamã tamanha raiva naquela hora, mas era um ponto muito importante em toda a transação, pois, não tivesse ele sido tão precipitado, ele não teria ido tão cedo pela manhã ao palácio e não estaria pronto quando o rei perguntasse: "Quem está no pátio?" (Et 6:4).

Mas o que ocorreu? Ora, naquela mesma noite, quando Hamã estava concebendo o enforcamento de Mordecai, o rei não conseguiu dormir. O que causou desassossego ao monarca? Por que isso ocorreu naquela noite, dentre tantas outras? Assuero reina sobre 127 províncias, mas não domina sequer dez minutos de sono. O que faria ele? Chamaria instrumentos musicais relaxantes, ou se deixaria levar pelas horas com um conto, ou com uma trova alegre do trovador? Não, ele pede um livro. Quem teria pensado que esse luxuoso rei ouviria uma leitura na calada da noite? "Tragam um livro!" Qual livro? Um volume perfumado com rosas, com canções, doces como as notas do rouxinol? "Não, tragam as crônicas do império." Que leitura monótona! Mas há 127 províncias — que volume deverá o pajem trazer das prateleiras de registro? Ele escolheu o registro de Susã, a cidade real e o centro do império, e seu texto é longo. Em que seção o leitor deverá iniciar? Ele pode iniciar onde lhe agradar, mas, antes que feche o livro, a história da descoberta da conspiração por Mordecai é lida diante do rei. Não foi esta uma casualidade singular? Singular se você quiser, mas não casualidade. De 10.000 registros, o leitor seleciona esse entre todos os outros. Os judeus nos contam que ele começou em outro ponto, mas que o livro se fechou e caiu aberto no capítulo sobre Mordecai. Seja como for, isto é certo: o Senhor sabia onde o registro estava e guiou o leitor à página correta. Falando conforme a maneira dos homens, havia uma chance em um milhão de que o rei da Pérsia, na calada da noite, viesse a ler a crônica de seu próprio reino e de que ele chegasse a essa parte em particular. Mas isso não foi tudo. O rei ficou interessado. Ele tinha desejo de adormecer, mas esse desejo se foi e ele tem pressa de agir. Ele diz: "Este homem, Mordecai, prestou-me bom serviço. Ele foi recompensado?" "Não!" Então o monarca impulsivo brada: "Ele será recompensado imediatamente. Quem está no pátio?" (Et 6:4). Era a coisa mais improvável no mundo que o luxuoso Assuero tivesse pressa para fazer justiça, pois ele havia cometido injustiça milhares de vezes sem remorso e, sobretudo naquele dia, quando ele havia assinado a sentença de morte daquele mesmo Mordecai e de seu povo. Desta vez, o rei tem o intuito de ser justo, e à porta está Hamã — mas vocês conhecem o resto da história e como ele teve que conduzir Mordecai em público pelas ruas. Parece uma questão muito pequena se você ou eu dormiremos hoje à noite ou nos reviraremos desassossegados em nossas camas, mas Deus estará em nosso descanso ou em nossa vigília; nós não sabemos qual pode ser Seu propósito, mas Sua mão ali estará. Também não dorme homem algum ou se mantém acordado, senão pelo decreto do Senhor.

Observem bem como essa questão preparou o caminho para a rainha no banquete seguinte, pois, quando ela desvelou seu sofrimento, falou da ameaça de destruição aos judeus e indicou o perverso Hamã, o rei deveria estar imensamente interessado e pronto para conceder seu pedido, a partir do fato de que o homem que salvou sua vida era um judeu e que ele já havia concedido as mais elevadas honras a um homem de todas as formas apto a superar seu imprestável favorito. Tudo ia bem, o conspirador foi desmascarado, a forca estava pronta, e aquele que ordenou sua construção foi colocado para provar do seu próprio estratagema.

5. *Nossa próxima observação é que* **o Senhor, em Sua providência, chama Seus servos para agir.**

A questão estava assegurada, e muito bem assegurada, pela providência divina, mas aqueles envolvidos tinham que orar por isso. Mordecai e todos os judeus fora de Susã jejuaram e clamaram ao Senhor. Incrédulos indagam: "Que diferença a oração poderia fazer?". Meus irmãos, a oração é uma parte essencial da providência de Deus, tão essencial que vocês sempre perceberão que, quando Deus liberta Seu povo, este já vinha orando por libertação. Eles nos dizem que a oração não afeta o Altíssimo e não pode alterar Seus propósitos. Nós nunca pensamos que o faria, mas a oração é uma parte do propósito e do plano e uma roda sobremaneira eficaz no maquinário da Providência. O Senhor coloca Seu povo em oração e então os abençoa. Ademais, Mordecai estava muito certo de que o Senhor libertaria Seu povo e expressou essa confiança, entretanto não se sentou inerte por causa disso; ele incitou Ester e, quando ela pareceu levemente desinteressada, ele colocou muito fortemente: "...se de todo te calares agora, de outra parte se levantará para os judeus socorro e livramento, mas tu e a casa de teu pai perecereis..." (Et 4:13-14).

Desafiada por essa mensagem, Ester preparou-se para a empreitada. Ele não se sentou inerte e disse: "O Senhor ordenará esta questão; não há nada que eu possa fazer", antes ela suplicou a Deus e arriscou a vida e seu tudo por amor a seu povo e então agiu muito sabia e discretamente em suas audiências com o rei. Então, meus irmãos, repousamos confiantes na Providência, mas não ficamos ociosos. Cremos que Deus tem um povo eleito e, portanto, pregamos na esperança de que sejamos o meio, nas mãos do Espírito, para trazer esse povo eleito a Cristo. Cremos que Deus designou para Seu povo tanto santidade aqui quanto o Céu no porvir, portanto lutamos contra o pecado e avançamos adiante para o que resta ao povo de Deus. A fé na providência de Deus, em lugar de reprimir nossas forças, nos desperta à diligência. Labutamos como se tudo dependesse de nós e então nos apoiamos no Senhor com a fé tranquila que sabe que tudo depende dele.

6. Agora devemos fechar nossa revisão histórica com a observação de que, no fim, **o Senhor obtém a derrota total de Seus inimigos e a segurança de Seu povo.**

Nunca um homem foi tão completamente derrotado como Hamã. Nunca um projeto foi tão inteiramente rebaixado. Ele foi levado para sua própria armadilha e, com ele, seus filhos foram pendurados na forca construída para Mordecai.

Com relação aos judeus, eles estavam em perigo peculiar, pois seriam destruídos em um determinado dia, e, mesmo que Ester suplicasse ao rei, ele não era capaz de alterar seu próprio decreto, ainda que estivesse disposto a fazê-lo, visto que era uma regra da constituição da lei dos Medos e Persas e não podia ser revogado. O rei podia determinar o que lhe aprouvesse, mas, uma vez tendo decretado algo, não podia alterá-lo. O povo achava ser melhor submeter-se à pior lei estabelecida do que ser completamente abandonado a toda veleidade caprichosa de seu dominador. Agora, o que deveria ser feito? O decreto foi estabelecido para que os judeus fossem mortos e não podia ser revertido. Eis a porta de escape: outro decreto foi emitido dando aos judeus permissão para se defenderem e tomar a propriedade de qualquer um que ousasse atacá-los. Assim, um decreto efetivamente neutralizava o outro. Com grande celeridade, esse mandato foi enviado a todo o reino e, no dia designado, os judeus se posicionaram por si e mataram seus inimigos. Segundo sua tradição, ninguém tentou atacá-los exceto os amalequitas e, consequentemente, apenas amalequitas foram mortos e a raça de Amaleque foi, naquele dia, varrida da face da Terra. Assim, Deus concedeu aos judeus uma posição elevada no império e nos é dito que muitos se tornaram judeus ou eram prosélitos do Deus de Abraão, porque viram o que Ele havia feito.

Como iniciei dizendo que Deus algumas vezes lançava dardos de luz permeando as densas trevas, vocês agora verão que fulgor deve ter sido. Todo o povo ficou perplexo quando descobriu que os hebreus poderiam ser mortos, mas devem ter ficado muito mais atônitos quando outro decreto foi lançado declarando que eles poderiam se defender. Todo o mundo inquiriu: "Por que isto?", e a resposta foi: "O Deus vivo, a quem os judeus adoram, demonstrou Sua sabedoria e resgatou Seu povo". Todas as nações foram compelidas a sentir que havia um Deus em Israel e assim o propósito divino foi inteiramente cumprido, Seu povo foi protegido e Seu nome foi glorificado até o fim do mundo.

De tudo isso, aprendemos as seguintes lições.

Primeiro, está claro que *a vontade divina se cumpre e, no entanto, homens são agentes perfeitamente livres.* Hamã agiu de acordo com sua própria vontade, Assuero fez o que lhe agradou, Mordecai se comportou como seu coração o moveu a fazer, e da mesma forma fez Ester. Não vemos interferência com eles, nenhuma força ou coerção; logo, todo o pecado e responsabilidade está em cada um dos culpados, contudo, agindo com perfeita liberdade, nenhum deles age de outra forma senão como a providência já havia previsto. "Não consigo compreender", alguém diz. Meu caro amigo, sou compelido a dizer o mesmo — eu também não compreendo. Já conheci muitos que pensam compreender todas as coisas, mas imagino que esses tinham uma opinião mais elevada de si mesmos do que a verdade aprovaria. Alguns de meus irmãos negam o livre-arbítrio e assim se livram da dificuldade; outros afirmam que não há predestinação e assim cortam o nó. Como eu não desejo me livrar da dificuldade e não tenho desejo de fechar meus olhos para nenhuma parte da verdade, acredito que ambos, livre arbítrio e predestinação, são fatos. Como podem ser colocados em acordo, isso não sei, ou não me importo em saber; estou satisfeito em saber qualquer coisa que Deus escolha revelar-me e igualmente satisfeito em não saber o que Ele não revela. Aí está. O homem é um agente livre no que faz, responsável por suas ações e verdadeiramente culpado quando age incorretamente e ele será, também, justamente punido. E estando ele perdido, a culpa repousará somente sobre ele. Mas há Um que governa sobre tudo, que, sem cumplicidade no pecado dos homens, faz até mesmo as ações de homens perversos sujeitarem-se aos Seus propósitos santos e justos. Creiam nessas duas verdades e vocês as verão em acordo prático na vida diária, embora não sejam capazes de elaborar uma teoria, no papel, para harmonizá-las.

A seguir, aprendemos *quais maravilhas podem ser realizadas sem milagres.* Quando Deus executa algo maravilhoso suspendendo as leis da natureza, os homens ficam grandemente atônitos e dizem: "Isto é o dedo de Deus". Mas hoje em dia eles nos dizem: "Onde está o seu Deus? Hoje em dia Ele jamais suspende Suas leis!". Agora, eu vejo Deus na história do Faraó, porém devo confessar que o vejo tão evidentemente na história de Hamã e acho que o enxergo mais claramente, pois (isso digo com reverência a Seu santo nome) é um método, de certa forma, rústico de cumprir um propósito: parar a roda da natureza e reverter leis sábias e admiráveis; certamente revela Seu poder, mas não demonstra tão nitidamente Sua imutabilidade. Quando, porém, o Senhor permite que tudo avance do modo comum e dá liberdade plena à mente, ao pensamento, à ambição e à paixão e ainda assim alcança Seu propósito, é duplamente maravilhoso. Nos milagres de Faraó, vemos o dedo de Deus, todavia, nas maravilhas da Providência, sem milagre, vemos a mão de Deus. Hoje em dia, seja qual for o evento, o olhar atento verá o Senhor tão claramente como se, por poder miraculoso, as colinas saltassem de seus lugares, ou as enchentes se acumulassem como montes. Estou certo de que Deus está no mundo, sim, e está em minha lareira e em meu quarto, e gerencia meus assuntos, e ordena todas as coisas para mim e para cada um de Seus filhos. Quando não queremos milagres para nos convencerem de Seu agir, as maravilhas de Sua providência são tão grandiosas maravilhas quanto os próprios milagres.

Na sequência, aprendemos *quão segura a Igreja do Senhor está*. Em certo momento, o povo de Deus parecia estar inteiramente submetido ao poder de Hamã. Nero, certa vez, disse que desejava que seus inimigos tivessem um único pescoço para que pudesse destruí-los todos com um único golpe, e Hamã parecia ter alcançado tal poder. Mas a nação escolhida foi liberta, o povo judeu continuou vivendo até a vinda do Messias e ainda existe e existirá até que desfrutem do brilhante futuro que está decretado para eles. É assim com a Igreja do Senhor hoje. Os inimigos da verdade não podem jamais apagar a vela que Deus acendeu, nem jamais esmagar a semente viva que o Senhor Jesus semeou em Seu próprio povo comprado com Seu sangue. Irmãos, não temam, antes firmem o coração de vocês no Senhor.

Novamente, vemos que os perversos certamente terão um fim maléfico. Eles podem ser muito poderosos, mas Deus os derrubará. Eles podem ser muito astutos, podem tramar e planejar e podem pensar que mesmo o próprio Deus é seu cúmplice, visto que tudo caminha como desejam. Mas eles podem estar certos de que o pecado deles os encontrará. Eles podem cavar tão fundo quanto o inferno, contudo Deus os arruinará, e eles podem escalar tão alto quanto as estrelas, mas Deus estará acima deles para arremessá-los para baixo. Homem perverso, eu lhe encarrego, sendo você sábio, de abandonar sua carreira de oposição ao Altíssimo; você não pode permanecer contra Ele, nem pode ludibriá-lo. Suplico a você que abandone essa oposição sem propósito e ouça e voz do evangelho de Cristo que diz: "Confesse seu pecado e abandone-o. Creia em Jesus, o Filho de Deus, o grande sacrifício expiatório e assim você será salvo". Caso você não o faça, as suas iniquidades cairão sobre sua própria cabeça.

E por último, *que cada filho de Deus se regozije por termos um Guardião tão próximo do trono.* Todos os judeus em Susã devem ter sentido esperança quando se lembraram de que a rainha era uma mulher judia. Hoje alegremo-nos por Jesus ser exaltado.

Ele está ao lado do Pai,
O Homem de amor, o crucificado.[67]

Quão seguro está todo o Seu povo, pois "...Se, todavia, alguém pecar, temos Advogado junto ao Pai, Jesus Cristo, o Justo". Há um que repousa no seio de Deus que pleiteará por todos aqueles que colocam sua confiança nele. Portanto não desanimem, mas que suas almas descansem em Deus e aguardem pacientemente por Ele, pois passarão céu e terra antes que aqueles que confiam no Senhor venham a perecer. "...não sereis envergonhados, nem confundidos em toda a eternidade". Amém.

---

[67] Tradução livre de versos do hino *The Lord is King, lift up thy voice*, de Josiah Conder (1789–1855).

14

A BOA PASTORA [68]

Dize-me, ó amado de minha alma: onde apascentas o teu rebanho, onde o fazes repousar pelo meio-dia, para que não ande eu vagando junto ao rebanho dos teus companheiros? Se tu não o sabes, ó mais formosa entre as mulheres, sai-te pelas pisadas dos rebanhos e apascenta os teus cabritos junto às tendas dos pastores. —Cântico dos Cânticos 1:7-8

A esposa estava muito infeliz e envergonhada porque sua beleza pessoal fora gravemente comprometida pelo calor do sol. A mais bela entre as mulheres ficara amorenada como uma escrava queimada de sol. Espiritualmente, assim é, muito repetidamente, com uma alma escolhida. A graça

[68] Sermão nº 1115, ministrado na manhã do dia do Senhor, 1º de junho de 1873 no *Metropolitan Tabernacle*, Newington.

do Senhor a fez bela aos olhos, como o lírio, mas ela ocupa-se tanto com coisas terrenas que o sol da mundanidade fere sua beleza. A esposa com santo aviltamento exclama: "Não olheis para o eu estar morena, porque o sol me queimou..." (Ct 1:6). Ela teme de igual modo a curiosidade, a admiração, a pena e o escárnio dos homens e volta-se somente para seu Amado, cujo olhar ela sabe ser tão repleto de amor que sua mudança não lhe causará dor quando estiver exatamente sob Seus olhos. Este é um indicador de uma alma graciosa: enquanto o impiedoso corre de um lado para outro e sem saber onde procurar consolo, o coração que crê naturalmente voa para seu bem-amado Salvador, sabendo que nele há apenas descanso.

Poderia parecer, nesse versículo precedente, que a esposa estava também angustiada com certo encargo que lhe fora dado, que a sobrecarregava e na execução do qual ela se tornara negligente consigo mesma. Ela diz: "...me puseram por guarda de vinhas..." e ela deseja tê-las guardado bem, mas sentia que não obtivera sucesso nisso e que, ademais, havia falhado em um dever mais imediato: "...a vinha, porém, que me pertence, não a guardei" (v.6). Sob esta dupla percepção — de indignidade e de fracasso —, sentindo suas omissões e comissões esmagando-a, ela voltou-se para seu Amado e pediu-lhe diretamente instrução. Nisso fez bem. Caso ela não amasse seu Senhor, ela o teria evitado quando sua formosura desvaneceu, mas os instintos de seu coração afeiçoado sugeriram a ela que Ele não a rejeitaria por causa de suas imperfeições. Ela foi, inclusive, sábia em assim apelar a seu Senhor contra si mesma.

Amados, nunca deixem o pecado separá-los de Jesus. Sob uma percepção do pecado, não fujam do Senhor; isso seria insensatez. O pecado pode conduzir vocês *para fora* do Sinai, mas deve atraí-los *ao* Calvário. Quando sentimos que somos imundos, deveríamos correr com o maior entusiasmo à fonte; e deveríamos recorrer com a maior sinceridade às preciosas chagas de Jesus, das quais toda a nossa vida e cura devem vir, quando sentimos nossa alma adoentada embora temamos que essa doença seja para morte. A esposa, no caso em questão, leva suas angústias a Jesus, suas aflições em relação a si mesma e sua confissão referente ao seu trabalho. Ela leva diante dele sua dupla incumbência: guardar a sua própria vinha e guardar as vinhas de outros. Sei que falarei a muitos nesta manhã que estão ocupados servindo a seu Senhor, e pode ser que sintam grande ansiedade porque não conseguem manter o coração próximo a Jesus. Não se sentem acolhidos e vívidos no serviço divino. Eles continuam labutando, mas estão sobremaneira na condição daqueles que são descritos como "...cansados, mas ainda perseguindo" (Jz 8:4). Quando Jesus está presente, a labuta para Ele é alegria, mas, em Sua ausência, Seus servos sentem-se como trabalhadores subterrâneos, desprovidos da luz do sol. Eles não podem desistir do trabalho para Jesus, o amam demais para desistir, mas anseiam ter Sua companhia enquanto trabalham para Ele. É como os jovens profetas que foram até o Jordão tomar uma viga para cada homem construir sua nova habitação e disseram a seu mestre: "...Serve-te de ires com os teus servos..." (2Re 6:3). Nosso desejo mais solene é que possamos usufruir de doce comunhão com Jesus enquanto estamos ativamente engajados em Sua causa. De fato, amados, isso é sobremodo importante para todos nós. Desconheço qualquer momento em que trabalhadores cristãos precisem com mais frequência pensar na questão do manter seu trabalho e a si mesmos próximos da mão do Mestre.

Nosso texto nos auxiliará a fazer isso, sob três pontos: primeiro, temos aqui *uma pergunta levantada* — "Dize-me, ó amado de minha alma: onde apascentas o teu rebanho, onde o fazes repousar pelo meio-dia [...]?". Segundo, *um argumento utilizado* — "...para que não ande eu vagando junto ao rebanho dos teus companheiros...". E, terceiro, temos *uma resposta dada* — "Se tu não o sabes, ó mais formosa entre as mulheres, sai-te pelas pisadas dos rebanhos e apascenta os teus cabritos junto às tendas dos pastores".

1. Aqui está uma pergunta levantada.

Todas as palavras da pergunta são dignas da nossa meditação cuidadosa. Vocês observarão, primeiro, com relação a ela, que é *levantada em amor*. Ela chama aquele a quem ela fala pelo título cativante: "ó amado de minha alma". O que quer que a esposa sinta ser, ela sabe que Ele a ama. Ela está amorenada (devido ao sol) e envergonhada de que seu rosto seja notado, mas ela ainda ama seu Esposo. Ela não guardou sua própria vinha como deveria ter feito, mas ainda o ama. Disso ela tem certeza e, portanto, declara ousadamente. Ela o ama como não ama nenhum outro em todo o mundo. Somente Ele pode ser chamado de "amado da minha alma". Ela não conhece nenhum sequer digno se ser comparado a Ele, ninguém que possa antagonizá-lo. Ele é o Senhor de seu coração, o único príncipe e monarca de todas as suas afeições. Ela também sente que o ama intensamente — ela o ama do mais profundo de sua *alma*. A vida de sua existência está vinculada a Ele. Havendo algum poder, força ou vitalidade nela, são apenas combustíveis para a grande chama de seu amor, que arde somente por Ele.

Notem bem que ela não diz: "Ó aquele em quem minha alma crê". Isso seria verdade, mas ela foi além. Ela não diz: "Ó aquele a quem minha alma honra". Isso também é verdade, mas ela foi além desse estágio. Também não é meramente: "Ó aquele em quem minha alma confia e a quem minha alma obedece". Ela está agindo assim, porém alcançou algo mais caloroso, mais terno, mais repleto de ardor e entusiasmo, que é: "ó amado da minha alma". Agora, amados, creio eu que muitos de nós podem falar assim com Jesus. Ele deve ser o Bem-amado, "...o mais distinguido entre dez mil" (Ct 5:10); "O seu falar é muitíssimo doce; sim, ele é totalmente desejável..." (v.16). E nossa alma está envolta por Ele, nosso coração é completamente tomado por Ele. Nós jamais o serviremos corretamente a menos que seja dessa forma. Antes que nosso Senhor dissesse a Pedro: "...Apascenta os meus cordeiros" e "...Pastoreia as minhas ovelhas", Ele levanta a pergunta: "...Simão, filho de João, tu me amas?..." (Jo 15-17). Ele isso repetiu três vezes, pois até que esta questão esteja consolidada, não estamos aptos para Seu serviço. Então a esposa aqui, tendo que cuidar de si e de seu pequeno rebanho, declara que ama o cônjuge como se sentisse que não ousaria ter uma parte sua do rebanho se não o amasse; como se visse que seu direito de ser pastora dependesse completamente de seu amor pelo grande Pastor. Ela não poderia esperar Seu auxílio em seu trabalho, muito menos na comunhão com Ele no trabalho, a menos que nela houvesse primeiro aptidão totalmente essencial de amar a pessoa do Pastor. A questão, portanto, se torna instrutiva para nós, pois é dirigida a Cristo sob um título cativante demais. Peço a todos os trabalhadores aqui que tenham cuidado para que sempre realizem o serviço a Ele em espírito de amor e sempre considerem o Senhor Jesus não como um mestre de obras, não como alguém que nos deu trabalho a fazer do qual desejaríamos escapar, mas como nosso amado Senhor, a quem servir é uma bem-aventurança e por quem morrer é lucro. "Amado da minha alma" é o nome correto pelo qual um trabalhador de Jesus deveria dirigir-se a seu Senhor.

Agora percebam que a pergunta, uma vez que é feita em amor, é também feita com relação a Ele. "Dize-me, ó amado de minha alma: onde apascentas o teu rebanho..." (Ct 1:7). Ela pediu a Ele que lhe dissesse, como se ela temesse que ninguém, exceto Ele, pudesse lhe dar a resposta correta. Outros podem equivocar-se, mas Ele não poderia. Ela perguntou ao Pastor porque estava muito certa de que Ele lhe daria a resposta mais cordial. Outros podem ser indiferentes e mal se importar em responder, mas, se Jesus lhe respondesse com Seus próprios lábios, Ele misturaria amor a todas as palavras e assim tanto a consolaria quanto a instruiria. Talvez ela sentisse que ninguém poderia lhe falar como Ele podia, pois outros falam ao ouvido, mas Ele fala ao coração; outros falam com graus de influência mais baixos, nós ouvimos seu discurso, mas não somos movidos por ele. Mas Jesus fala, e o Espírito acompanha cada palavra que Ele pronuncia, e, portanto, ouvimos para sermos beneficiados quando Ele conversa conosco. Eu não sei como pode ocorrer com vocês, meus irmãos, mas sinto nesta manhã que, se eu obtivesse meia palavra de Cristo, satisfaria minha alma por muitos dias. Eu amo ouvir o evangelho, lê-lo e pregá-lo, mas ouvi-lo fresco diretamente de Jesus, aplicado pelo poder do Espírito Santo... ah, isso seria renovo! Isso seria vigor e poder! Assim, Salvador, quando o Teus trabalhadores desejam saber onde tu apascentas Teus rebanhos, diz-lhes, fala a seus corações por Teu próprio Espírito e deixa-os sentir como se fosse uma nova revelação à sua natureza mais interior. "Dize-me, ó amado de minha alma...". É um pedido feito em amor; é feito a Ele.

Pois bem, observem o que é o pedido. Ela deseja saber como Jesus faz Seu trabalho e onde Ele o faz. Parece-nos, a partir do versículo 8, que ela tem um rebanho de filhos para cuidar. Ela é uma pastora e deseja de bom grado alimentar seu rebanho; por isso previamente ela faz uma pergunta: "...onde apascentas o teu rebanho, onde o fazes repousar pelo meio-dia...?". Ela deseja que seus pequeninos obtenham descanso e alimento e está inquieta por eles, pois, se ela puder ver como Jesus faz Seu trabalho, onde e de que maneira o faz, então ficará satisfeita por estar executando o trabalho da maneira correta, se ela o imitar atentamente e permanecer em comunhão com Ele. A pergunta parece exatamente esta: "Senhor, dize-me quais são as verdades com que o alimentas as almas de Teu povo; dize-me quais são as doutrinas que fazem dos fortes, fracos e dos tristes, alegres. Dize-me qual é esta preciosa carne que tu tens o hábito de dar aos espíritos famintos e esmorecidos, para reavivá-los e mantê-los vivos; pois, se me disseres, então eu darei a meu rebanho o mesmo alimento. Dize-me onde é o pasto em que tu alimentas Tuas ovelhas, e imediatamente eu guiarei as minhas aos mesmos campos verdejantes. Então dize-me como fazes Teu povo repousar. Quais são essas promessas que tu aplicas à consolação do espírito deles, de modo que suas preocupações, dúvidas, medos, agitações, todos são apaziguados? Tu tens os doces prados onde Teu amado rebanho se deita calmamente e adormece; dize-me onde estão esses doces prados para que eu possa ir e levar o rebanho entregue à minha responsabilidade, os enlutados a quem devo consolar, os angustiados a quem estou sujeita a socorrer, os desanimados a quem me esforço para encorajar; dize-me, Senhor, onde tu fazes repousar Teu rebanho, pois então, sob Teu auxílio, irei e farei meu rebanho repousar também. É por mim e, contudo, muito mais por outros que faço tal pergunta: 'Dize-me [...] onde apascentas o teu rebanho, onde o fazes repousar pelo meio-dia...?' (Ct 1:7)". Não tenho dúvida de que a esposa, de fato, desejava a informação para si e para seu próprio bem e creio que Dr. Watts captou parte do espírito da passagem quando cantou:

Desejoso de alimentar Suas ovelhas,
Entre elas repousar, entre elas adormecer.[69]

Mas não me ocorre que esse é todo o significado da passagem por longo período. A esposa diz: "Dize-me [...] onde apascentas o teu rebanho..." como se desejasse se alimentar com ele; "...onde o fazes repousar pelo meio-dia...", como se quisesse ali repousar também. Contudo me surpreende exatamente o cerne da questão, que é: ela desejava levar seu rebanho para alimentar-se onde o rebanho de Cristo se alimenta e levar seus filhos para repousarem onde os cordeirinhos de

[69] Tradução livre de versos do hino 67, *Seeking the Pastures of Christ*, baseado em Cânticos dos Cânticos 1:7, em *Hymns, and Spiritual Songs in Three Books*, de Isaac Watts, D.D., New Edition (1776).

Jesus estão repousando. Ela desejava, de fato, fazer seu trabalho na companhia dele; queria mesclar seu rebanho ao rebanho do Senhor, seu trabalho ao trabalho dele e sentir que aquilo que fazia, fazia por Ele. Sim, e com Ele e por meio dele. Ela, evidentemente, encontrara muitas e grandes dificuldades no que tentara fazer. Desejava alimentar seu rebanho de filhos, mas não encontrava pasto para eles. Talvez, quando iniciou seu trabalho como pastora, ela se considerava à altura da tarefa, mas agora o mesmo sol que havia bronzeado seu rosto havia secado o pasto, e, então, ela diz: "Senhor que conhece todos os pastos, dize-me onde apascentas, pois não consigo encontrar relva para meu rebanho" e, padecendo ao calor do meio-dia, ela vê seu pequeno rebanho sofrendo também e inquire: "Onde fazes Teu rebanho repousar ao meio-dia? Onde estão as frescas sombras de grandes rochas que desviam os raios escaldantes quando o sol está em seu zênite e derrama torrentes de calor? Pois não consigo proteger meu pobre rebanho e dar-lhes consolo em suas muitas provações e tribulações. Eu gostaria de assim poder fazer. Ó, Senhor, conta-me a arte secreta do consolo e então eu tentarei consolar aqueles sob minha responsabilidade pelos mesmos meios". Desejamos conhecer os pomares de promessa e os frescos córregos de paz, para que possamos levar outros ao repouso. Quando conseguimos seguir Jesus, conseguimos guiar outros e assim tanto nós quanto eles encontraremos consolo e paz. Esse é o significado da solicitação diante de nós.

Notem bem que ela disse muito particularmente: "Dize-*me*". "Ó, Mestre, não digas simplesmente às Tuas ovelhas onde apascentas, embora elas desejem saber. Mas dize-me *onde apascentas*, pois desejo ansiosamente instruir outros." Ela almejava saber muitas coisas, mas diz em especial: "Dize-me onde apascentas", porque ela ansiava apascentar outros. Nós queremos conhecimento prático, pois nosso desejo é sermos auxiliados a levar outros ao repouso, é sermos meios de declaração de paz à consciência de outros, como o Senhor declarou paz a nós. Portanto a oração é "'dize-me', o Senhor é meu modelo, ó grande Pastor. O Senhor é minha sabedoria. Sendo eu pastor de Tuas ovelhas, sou, contudo, também uma ovelha sob Teu pastoreio, portanto ensina-me, para que eu possa ensinar a outros".

Não sei se estou sendo claro com vocês, mas desejo colocar de maneira muito simples. Estou, quem sabe, pregando muito mais para mim mesmo do que para vocês. Estou pregando para meu próprio coração. Sinto que preciso vir, sábado após sábado e durante a semana, dia após dia, e dizer a vocês muitas e grandes preciosidades sobre Cristo, e, certas vezes, eu mesmo desfruto delas. Se ninguém mais é abençoado por elas, eu sou e vou para casa louvando o Senhor por isso. Mas meu temor diário é que eu seja um encarregado dos textos para vocês, um pregador de boas coisas para outros e ainda permaneça, em meu próprio coração, improdutivo. Minha oração é que o Senhor Jesus me mostre onde Ele apascenta Seu povo e me permita alimentar-me com eles, para que então eu possa conduzir vocês aos pastos onde Ele está e estar com Ele ao mesmo tempo em que levo vocês a Ele. Vocês professores de Escola Dominical e evangelistas, e outros, meus caros e solenes companheiros, por quem eu agradeço a Deus a cada lembrança, sinto que o ponto principal a que devem prestar atenção é que não percam sua espiritualidade enquanto tentam tornar outros espirituais. O grande ponto é viver próximo de

Deus. Seria algo atroz para vocês estarem ocupados demais com a alma de outros homens e perderem a sua. Recorram ao Bem-amado e supliquem a Ele que lhes permita sentarem-se aos Seus pés, como Maria, mesmo quando estiverem trabalhando na casa, como Marta. Não façam menos, antes mais; entretanto peçam para fazer em tal comunhão com Ele de modo que seu trabalho esteja fundido ao dele e o que vocês estão fazendo seja, realmente, apenas o trabalhar dele em vocês e vocês se regozijando por derramar em outros o que Ele derrama na alma de vocês. Que Deus conceda que assim seja com todos vocês, meus irmãos.

2. Segundo, aqui temos **um argumento utilizado.**

A esposa diz: "...para que não ande eu vagando junto ao rebanho dos teus companheiros" (Ct 1:7). Caso ela precisasse levar seu rebanho a pastos distantes, afastados do local onde Jesus apascenta Seu rebanho, não seria bom. Como uma pastora, seria naturalmente muito dependente e precisaria associar-se a outros para obter proteção. Suponham que ela se voltasse para outros pastores e deixasse seu Esposo. Estaria ela correta? Ela fala sobre isso como algo muito abominável para si, e bem poderia ser. Primeiro, não pareceria muito inadequado que a esposa se associasse a outros que não ao seu Esposo? Cada um deles tem um rebanho. Lá está Ele com o Seu rebanho e aqui está ela com seu pequeno rebanho. Buscarão pastos distantes um do outro? Não haverá conversas sobre isso? Observadores não dirão: "Isto não é conveniente. Deve haver alguma falta de amor aqui, caso contrário estes dois não estariam separados"? Pode-se colocar ênfase, se assim desejarem, na pequena palavra *eu*. Por que deveria eu, Tua esposa comprada com Teu sangue; eu, desposada contigo, antes mesmo que a Terra existisse; eu, a quem tu amaste — por que deveria eu voltar-me para outros e esquecer-me do Senhor? Amados, é melhor que vocês coloquem a ênfase em sua própria leitura aqui. Por que deveria eu, a quem o Senhor perdoou, a quem o Senhor amou, a quem o Senhor tanto favoreceu; eu, que desfrutei de comunhão com Ele por tantos anos; eu, que sei que Seu amor é melhor que o vinho; eu, que antigamente fui inebriado por Sua doçura, me apartar? Deixe que outros o façam se desejarem, mas seria desagradável e inadequado para mim.

Suplico a vocês, irmão e irmã, tentem sentir que trabalhar à parte de Cristo passaria uma imagem ruim; que o seu trabalho os arrancar da comunhão com Jesus criaria uma aparência muito desagradável; não estaria entre as coisas que são boas e de boa reputação. Pois a esposa alimentar seu rebanho em companhia de outros pareceria infidelidade a seu marido. Ora, deverá a noiva de Cristo abandonar seu Amado? Deverá ela ser incasta para com seu Senhor? Contudo, essa seria a aparência se ela escolhesse outros como companheiros e esquecesse seu Amado. Nosso coração pode se tornar incasto para Cristo até mesmo quando é zeloso no serviço cristão. Tenho pavor da tendência de executar a obra de Cristo com um espírito frio e mecânico, porém, acima disso, tremo com a possibilidade de sentir-me aconchegado na obra de Cristo e agir friamente com o próprio Senhor. Temo que tal condição de coração seja possível: queimarmos grandes fogueiras nas ruas para demonstração pública e raramente mantermos um carvão aceso em nossa lareira para que nela Jesus aqueça Suas mãos. Quando nos reunimos na grande assembleia, a boa companhia nos auxilia a aquecer nosso coração e, quando estamos trabalhando com outros para o Senhor, eles nos estimulam e nos fazem exercer todo nosso vigor e força e então pensamos: "Certamente meu coração está em condição saudável em relação a Deus". Mas, amados, tal empolgação pode ser um índice pobre de nosso estado verdadeiro. Eu amo o fogo calmo e santo que reluz no canto escuro do quarto e cujas chamas caminham por ele quando estou sozinho. E esse é o ponto em que estou mais temeroso por qualquer coisa, por mim e por vocês, para que não estejamos executando a obra de Cristo sem Cristo; tendo muito o que fazer, mas não pensando muito nele; distraídos com o muito servir e esquecendo-nos dele. Ora, isso, em pouco tempo, evoluiria para fazermos de nosso serviço o nosso cristo, um anticristo a partir de nossos labores. Estejam vigilantes quanto a isso! Amem seu trabalho, mas amem mais o seu Mestre. Amem seu rebanho, mas amem ainda mais o grande Pastor e mantenham-se sempre próximos dele, pois será um símbolo de infidelidade se assim não fizerem.

E percebam novamente: "...para que não ande eu vagando junto ao rebanho dos teus companheiros". Podemos ler esta passagem como significando: "Por que seria eu tão infeliz tendo que trabalhar para o Senhor e, ainda assim, não estar em comunhão contigo?". É algo muito desafortunado perder a comunhão com Jesus e, contudo, ter que continuar com os exercícios religiosos. Sendo as rodas retiradas de sua carruagem, não é grande coisa não haver quem queria ser transportado nela, mas como será se você for chamado para conduzi-la? Quando o pé de um homem é coxo, ele pode não sentir tão profundamente se puder sentar-se estável, mas, estando ele sujeito a correr uma corrida, há grande lástima por ele. A esposa sentiu-se duplamente infeliz em simplesmente supor que ela, com seu rebanho para apascentar e ela mesma necessitando de alimento, viesse a precisar afastar-se para os rebanhos de outros e perder a presença de seu Senhor. De fato, a pergunta parece ser colocada da seguinte forma: "Que razão há para que eu abandone meu Senhor? Que pretexto poderia eu adotar, que desculpa poderia eu oferecer por agir assim? Há alguma razão por que eu não deveria permanecer em constante comunhão com Ele? Por que deveria eu ser como quem se afasta? Talvez pode-se dizer que outros se afastam, mas por que deveria eu ser um deles? Pode haver desculpas para tal ato em outros, mas não pode haver nenhuma para mim. Seu rico amor, Seu amor gratuito, Seu amor imerecido, Seu amor especial por mim, atou-me mãos e pés; como posso afastar-me? Pode haver alguns professos que pouco devem ao Senhor, mas eu, outrora o principal dos pecadores, tanto devo ao Senhor. Como posso me afastar? Pode haver alguns com quem o Senhor lidou severamente que podem afastar-se, mas comigo o Senhor foi tão terno, tão bondoso... Como posso esquecer-me de ti, Senhor? Pode haver alguns que pouco sabem sobre o Senhor, cuja experiência contigo é tão delgada que seu afastamento não é surpresa. Mas como posso afastar-me quando tu, Senhor, me mostraste amor e revelou Teu coração a mim? Ó, na casa de banquete onde festejei contigo; no monte Hermon e no outeiro de Mizar onde tu manifestaste Teu amor; no local onde um abismo chamou outro abismo e então a misericórdia chamou misericórdia; nas impetuosas tempestades e extensos furacões em que tu foste abrigo para minha cabeça; onde dez mil misericórdias se passaram as quais foram minha porção bendita... Por que deveria eu andar vagando junto ao rebanho dos teus companheiros?".

Permitam-me dirigir-me aos membros desta igreja e dizer a vocês: se todas as igrejas da cristandade se afastassem do evangelho, por que deveriam vocês proceder de igual forma? Se em qualquer outro lugar o evangelho fosse negligenciado e um rumor incerto fosse propagado, se rituais engolissem metade das igrejas e o racionalismo tragasse o restante, ainda assim, por que deveriam vocês se afastarem? Vocês têm sido um povo peculiar de oração, têm também seguido o Senhor plenamente em doutrina e ordenança e, consequentemente, têm desfrutado da presença divina e prosperado além da medida. Nós nos lançamos ao Espírito Santo para termos força e não nos apoiamos na eloquência humana, música, belezas de cores ou de arquitetura. Nossa única arma tem sido o evangelho simples, claro e pleno; e por que nos afastaríamos? Não fomos favorecidos nesses tantos anos com sucesso sem precedentes? O Senhor não acrescentou a nossos números tão abundantemente a ponto de que não tivemos espaço suficiente para receber essas pessoas? Ele não multiplicou as pessoas em número e ampliou a alegria? Apeguem-se ao seu primeiro amor e não permitam que homem algum retire sua coroa. Agradeço a Deus por ainda haver igrejas, algumas poucas na Inglaterra e ainda mais na Escócia, que se apegam às doutrinas do evangelho e delas não abrem mão. A essas igrejas eu diria: por que deveriam vocês afastar-se? Não deveria a sua história, tanto em seus capítulos conturbados quantos nos jubilosos, ensiná-los a permanecerem firmes à forma das sãs palavras?

Acima de tudo, não deveríamos nós tentar viver como igreja, e, também, individualmente, em comunhão permanente com Jesus? Pois, se nos afastarmos dele, roubaremos da verdade o seu aroma, sim, sua fragrância essencial. Se perdermos a comunhão com Jesus, teremos o padrão, mas onde estará Aquele que detém o padrão? Podemos conservar o candelabro, mas onde estará a Luz? Seremos despojados de nossa força, alegria, consolo, nosso tudo, se perdermos a comunhão com Ele. Que Deus permita, portanto, que nunca sejamos como aqueles que se afastam.

3. Terceiro, temos aqui uma resposta dada *pelo Esposo à Sua amada.*

Ela perguntou ao Pastor onde Ele apascentava, onde fazia Seu rebanho repousar, e Ele a respondeu. Observem cuidadosamente que Sua resposta é dada em ternura à debilidade dela, não ignorando sua ignorância, mas lidando muito gentilmente com isso. "Se tu não o sabes..." (Ct 1:8) — uma indicação de que ela deveria saber, mas uma insinuação gentil que alguém que ama dá quando deseja profundamente evitar repreender. Nosso Senhor é muito terno com relação à nossa ignorância. Há muitas coisas que nós não sabemos, mas deveríamos. Somos crianças quando deveríamos ser homens e necessitamos ser abordados como carnais, como bebês em Cristo quando deveríamos ter nos tornado pais. Há um entre nós que possa dizer: "Não sou falho em meu conhecimento"? Temo que a maioria de nós deve confessar que, se tivesse cumprido melhor a vontade do Senhor, conheceria melhor Sua doutrina; se tivéssemos vivido mais próximos a Ele, conheceríamos mais dele. Ainda assim, quão profundamente gentil é a repreensão. O Senhor perdoa nossa ignorância e é benevolente para ordená-la.

Notem a seguir que a resposta é dada em grande amor. Ele diz: "...ó mais formosa entre as mulheres...". Isso é um bendito unguento para sua angústia. Ela disse: "Não olheis para o eu estar morena..." (Ct 1:6), mas Ele diz: "...ó mais formosa entre as mulheres..." (v.8). Eu preferiria confiar nos olhos de Cristo do que nos meus. Ocorrendo que meus olhos me digam que estou escurecido, prantearei, mas, se o Senhor me garante que sou formoso, crerei nele e me alegrarei. Alguns santos são mais aptos a lembrar-se de sua pecaminosidade e lamentarem-se por isso do que a crer que são justificados em Cristo e nele triunfar. Lembrem-se, amados, de que é tão verdade hoje que vocês todos são formosos e sem mácula quanto o fato de estarem bronzeados porque o Sol voltou-se para vocês. Isso deve ser a verdade, pois Jesus o diz. Permitam-me dar a vocês uma das afirmações do Esposo à Sua esposa: "Tu és toda formosa, querida minha, e em ti não há defeito" (Ct 4:7). Vocês dizem: "Ah, isso é em sentido figurado". Bem, darei a vocês uma afirmação que não se trata de uma alegoria. O Senhor Jesus, após ter lavado os pés de Seus discípulos, disse: "Quem já se banhou não necessita de lavar senão os pés; quanto ao mais, está todo limpo..." (Jo 13:10). E então Ele acrescentou: "...Ora, vós estais limpos...". E se desejarem uma palavra apostólica com o mesmo efeito, deixem-me dar-lhes esta: "Quem intentará acusação contra os eleitos de Deus?" (Rm 8:33) — qualquer acusação, pequena ou até mesmo grandiosa. Jesus lavou Seu povo tão inteiramente que não há mácula, nem ruga, nem coisa alguma sobre eles com relação à justificação diante de Deus.

Na garantia que tens, és livre
Suas santas mãos foram perfuradas por ti;
Com Suas vestes imaculadas,
És santo como Ele é santo.[70]

Quão glorioso é isso! Jesus não exagera quando Ele assim enaltece Sua Igreja. Ele fala a verdade pura e sensata. "...ó mais formosa entre as mulheres...", Ele diz. Minh'alma, você não sente amor por Cristo quando se lembra de que Ele a considera bela? Eu nada vejo em mim digno de ser amado, mas Ele vê e me chama de "formoso". Acredito que deve ser porque o Senhor olha em nossos olhos e vê-se a si mesmo, ou então isto: Ele sabe o que viremos a ser e nos julga por tal balança. Como o artista, olhando para o bloco de mármore, vê na pedra a estátua que pretende retirar dela com habilidade incomparável, assim o Senhor Jesus vê a perfeita imagem de si em nós, da qual Ele pretende desbastar as imperfeições e os pecados até que essa imagem se destaque em todo o seu esplendor. Mas ainda é a graciosa benevolência que o faz dizer: "...ó mais formosa entre as mulheres...", para alguém que lamentava seu semblante amorenado.

A resposta contém muita sabedoria sagrada. A esposa é direcionada ao local para onde ir a fim de que possa encontrar seu Amado e guiar seu rebanho a Ele. "...sai-te pelas pisadas dos rebanhos..." (Ct 1:8). Desejando vocês encontrar Jesus, o encontrarão no caminho que os santos profetas percorreram, na passagem dos patriarcas e no caminho dos apóstolos. E se

---

[70] Tradução livre de uma das estrofes do hino 145, *Peace, by His cross, hath Jesus made*, de John Kent (1766–1843) incluído em *A Selection of Hymns for Public Worship* (1854).

o seu próximo desejo for o de encontrar seu rebanho e fazê-lo repousar, muito bem, vão e apascentem-no como outros pastores o fizeram — os pastores de Cristo a quem Ele enviou em outros dias para alimentar os Seus escolhidos.

Sinto-me muito contente em falar a partir desse texto pelo fato de que o Senhor não dá à Sua esposa, em resposta à sua pergunta, direções irregulares de grande dificuldade, algumas prescrições inovadoras, específicas e notáveis. Assim como o evangelho em si é simples e familiar, é essa exortação e direção para o renovo da comunhão. É fácil, é clara. Vocês querem ir até Jesus e querem levar aqueles que estão sob sua responsabilidade a Ele. Muito bem, então não busquem uma nova estrada, mas simplesmente andem pelo caminho que todos os outros santos percorreram. Desejando caminhar com Jesus, caminhem por onde todos os outros santos caminharam; e se desejam guiar outros à comunhão com Ele, guiem-nos por seu exemplo onde outros já estiveram. Onde fica isso? Se vocês querem estar com Jesus, vão aonde Abraão foi pelo caminho da separação. Vejam de que modo ele viveu como peregrino e estrangeiro com seu Deus. Se desejam ver Jesus, "...retirai-vos do meio deles, separai-vos, diz o Senhor; não toqueis em coisas impuras..." (2Co 6:17). Vocês encontrarão Jesus quando tiverem deixado o mundo. Desejando caminhar com Jesus, sigam o trajeto da obediência. Os santos nunca tiveram comunhão com Jesus quando o desobedeceram. Guardem Seus estatutos, observem Seus testemunhos, sejam zelosos com sua conduta e seu caráter, pois o trajeto da obediência é o da comunhão. Estejam certos de que seguirão os antigos caminhos considerando as ordenanças cristãs; não as alterem, mas mantenham-se nos bons e antigos caminhos.

Posicionem-se, inquiram o que os apóstolos fizeram e façam o mesmo. Jesus não abençoará vocês no uso de cerimônias fantasiosas de invenção humana. Mantenham-se naquilo que Ele ordena, que Seu Espírito sanciona, que os apóstolos praticaram. Acima de tudo, se desejam caminhar com Jesus, continuem no trajeto da santidade; perseverem no caminho da graça. Façam do Senhor Jesus seu modelo e exemplo e, ao pisar onde as pisadas do rebanho são vistas, vocês se salvarão e eles lhes ouvirão; vocês encontrarão Jesus e eles também encontrarão Cristo.

Poderíamos supor que o Senhor diria: "Se quiserem guiar corretamente seu rebanho, arrumem-se em vestimenta suntuosa. Ou, busquem sua música e belos hinos. Por essas coisas formosas, vocês fascinarão o Salvador atraindo-o para os seus santuários". Mas não é assim. O incenso que agradará ao Senhor Jesus é o da santa oração e do louvor, e os únicos rituais que são aceitáveis a Ele são estes: "...visitar os órfãos e as viúvas [...] e a si mesmo guardar-se incontaminado do mundo" (Tg 1:27). Isso é tudo o que o Senhor quer. Sigam isso e vocês caminharão corretamente e guiarão os outros corretamente.

Então o Cônjuge acrescenta: "...apascenta os teus cabritos junto às tendas dos pastores" (Ct 1:8). Agora, quem são esses pastores? Pode haver muitos nos dias de hoje que se passam por pastores, que alimentam suas ovelhas em pastos venenosos. Mantenham-se longe deles. Mas há outros a quem é seguro seguir. Deixem-me levá-los aos 12 principais pastores que vieram após o grande Pastor de todos. Vocês querem abençoar seus rebanhos, salvar a alma deles e ter comunhão com Cristo ao fazê-lo; então ensinem-nos as verdades que os apóstolos ensinaram. E quais são elas? Tomem Paulo como exemplo: "Porque decidi nada saber entre vós, senão a Jesus Cristo e este crucificado" (1Co 2:2). Isto é alimentar os "cabritos junto às tendas dos pastores": quando vocês ensinam Cristo a seus filhos, muito de Cristo, tudo de Cristo e nada mais exceto Cristo. Preocupem-se em manter-se neste bendito assunto. E quando vocês lhes ensinam Cristo, ensinem a eles tudo sobre a vida, a morte e a ressurreição do Senhor Jesus Cristo; ensinem sobre a divindade e a condição humana de Jesus. Vocês nunca desfrutarão da companhia de Cristo se duvidarem da divindade dele. Cuidem para alimentar seu rebanho com a doutrina da expiação. Cristo não terá comunhão com um servo a menos que ele o represente justamente. E vocês não podem representar Cristo verdadeiramente a menos que vejam o matiz avermelhado do sangue expiatório do Senhor além da pureza da vida dele que é como a do lírio. "...apascenta os teus cabritos junto às tendas dos pastores". E então vocês os ensinarão o sacrifício expiatório, justificação pela fé e justiça imputada, união com o Cabeça ressurreto e a vinda do Grandioso, em que receberemos adoção, a saber, o corpo redimido da sepultura.

Eu falo a verdade e não minto quando digo que, se desejamos ensinar uma congregação de modo a abençoá-la e nos manter em comunhão com Cristo ao mesmo tempo, devemos ser muito específicos no ensino de nada além da verdade — não uma parte dela, mas toda ela. Preguem essa bendita doutrina da eleição. Ó, as profundezas do amor divino que estão contidas nessa bendita verdade! Não a evitem ou mantenham-na como pano de fundo. Vocês não podem esperar a presença de Cristo se assim fizerem. Ensinem a doutrina da depravação do homem. Abatam o pecador. Deus não abençoará o ministério que exalta os homens. Preguem a doutrina do chamado efetivo do Espírito Santo, pois, se não magnificarmos o Espírito de Deus, não podemos esperar que Ele faça nossa obra permanecer. Preguem a regeneração. Permitam que seja percebido o quão minuciosa é a mudança, para que possamos glorificar a obra divina. Preguem a perseverança final dos santos. Ensinem que o Senhor não é mutável — lançando fora Seu povo, amando-os hoje e odiando-os amanhã. Preguem, de fato, as doutrinas da graça como as encontram nas Escrituras. Apascentem os rebanhos junto às tendas dos pastores.

Sim, e alimentem as crianças ali — os pequeninos. Eu começo a sentir mais e mais que é um erro separar as crianças da congregação. Creio em cultos especiais para crianças, mas também as colocaria para adorar conosco. Caso nossa pregação não ensine crianças, há falta de algum elemento que deveria possuir. O tipo de pregação que é melhor para os adultos é aquela em que as crianças também se deleitarão. Eu gosto de ver a congregação composta não inteiramente de jovens, nem totalmente de idosos, nem inteiramente de adultos, nem de inexperientes, mas alguns de todos os gêneros reunidos. Se estamos ensinando às crianças a salvação por obras e aos adultos salvação pela graça, estamos demolindo na sala de aula o que edificamos na igreja; e isso é inaceitável. Alimentem as crianças com o mesmo evangelho dado às ovelhas adultas, embora não exatamente nos mesmos termos. Deixem sua linguagem adequar-se a elas, mas que seja a mesma verdade. Deus nos livre de ter em nossa Escola Dominical os viveiros do arminianismo, enquanto nossas igrejas são jardins do calvinismo. Em breve teremos divisão no campo, se assim o for.

A mesma verdade para todos; e vocês não podem esperar que Cristo esteja com vocês no alimentar seus pequenos rebanhos a menos que vocês os alimentem onde Ele nos alimenta.

Onde Cristo nos alimenta senão onde cresce a verdade? Ó, quando leio alguns sermões, eles me lembram de um pedaço de terra à margem da estrada após um bando de ovelhas famintas terem devorado tudo o que é verde; mas, quando leio um sermão sobre o evangelho sólido dos puritanos, sou lembrado de um campo mantido para feno e que um fazendeiro é, afinal, obrigado a entregar às ovelhas. A relva cresce quase tão alta quanto as ovelhas e elas se deitam ali, comendo e repousando. Dê-me doutrinas da graça e fico em abundância. Tendo vocês que alimentar outros, levem-nos até esse campo. Não os conduzam aos pastos atrofiados do pensamento e cultura modernos. Pregadores estão mantendo o povo de Deus em inanição nos dias de hoje. Ó, mas eles dispõem de porcelana chinesa, talheres maravilhosos, vasos magníficos e toalhas adamascadas (de tecido fino)! Mas, com relação à comida, os pratos parecem ter sido lambuzados com uma pena, de tão pouco que há. O verdadeiro ensino do evangelho é o mínimo necessário. Eles não nos dão nada o que aprender, nada para digerir, nada com o que nos alimentar; é tudo lavagem e nada substancial. Ó, pelo bom e antigo cereal no reino. Isso é o que queremos, e estou convencido de que, quando as igrejas voltarem uma vez mais à boa e antiga comida, quando começarem a alimentar seus rebanhos junto às tendas dos pastores e quando, no viver prático, os cristãos, os santos, voltarem ao antigo método puritano e seguirem novamente os rastros das ovelhas, e as ovelhas seguirem os rastros de Cristo, então teremos a igreja em comunhão com

Jesus, e Ele fará maravilhas em nosso meio. Mas, para chegarmos a isso, cada indivíduo deve buscar conquistá-la para si mesmo e, se o Senhor o conceder a cada um de nós, então será concedido ao todo, e os bons tempos que desejamos certamente virão.

Meus amados, vocês desejam trabalhar com Cristo? Querem sentir que Jesus está à sua direita? Então vão e trabalhem do modo dele. Ensinem o que Ele quiser que vocês ensinem, não o que gostariam de ensinar. Vão e trabalhem para Ele como o Mestre os colocaria trabalhando, não como seus preconceitos lhes indicariam que fizessem. Sejam obedientes. Sigam os passos do rebanho. Sejam diligentes também no manter-se firme junto às tendas dos pastores e o Senhor os abençoe mais e mais, a vocês e a seus filhos, e dele será a glória.

Falei apenas ao povo de Deus. Gostaria que houvesse tempo para falar aos não convertidos também, mas a eles posso apenas dizer isto: que Deus conceda a vocês a graça de conhecer as belezas de Jesus, pois então vocês o amarão também. Que Ele também lhes mostre as deformidades de si mesmos, pois então vocês desejarão ser limpos e feitos agradáveis em Cristo.

E lembrem-se: se algum de vocês quiser Cristo, Ele quer vocês. E se vocês anseiam por Jesus, Ele anseia por vocês. E se vocês o buscarem, Ele os está buscando. E se vocês agora clamarem a Ele, Ele já está clamando por vocês. "...quem quiser receba de graça a água da vida" (Ap 22:17). O Senhor salve vocês por amor a Seu nome. Amém.

15

A NOIVA: CELESTIALMENTE ENFERMA DE AMOR[71]

Conjuro-vos, ó filhas de Jerusalém,
que, se achardes o meu amado, lhe digais que estou
enferma de amor. —Cânticos dos Cânticos 5:8 ARC

Enferma! Isso é algo triste, isso move sua compaixão. Enferma de amor! Isso fomenta outras emoções que nós, neste momento, tentaremos explicar. Sem dúvida, certos tipos de enfermidade são peculiares aos santos: os ímpios nunca são visitados por elas. Estranho é dizer que tais enfermidades, às quais as refinadas sensibilidades dos filhos de Deus os tornam peculiarmente suscetíveis, são sinais de saúde vigorosa. Quem senão o amado do Senhor vivenciaria esse *mal-estar do pecado* em que a alma abomina o próprio nome da

[71] Sermão nº 539, ministrado na manhã de domingo, 8 de novembro de 1863 no *Metropolitan Tabernacle*, Newington.

transgressão, não se deixa abalar pelos encantos do tentador, não encontra doçura em seus pecados atormentadores, mas se volta com repulsa e aversão contra o simples pensamento de iniquidade? Não é menor para estes, e somente para estes, o sentimento de *enfermidade do eu* pelo qual o coração se revolta contra toda a confiança na criatura e a força que dela vem, adoecendo em si mesmo, buscando a si mesmo, exaltando-se a si mesmo, confiando em si mesmo, o eu de todas as formas. O Senhor aflige-nos mais e mais com tal enfermidade do eu até que estejamos mortos para o eu, para suas frágeis vanglórias, seus intuitos arrogantes e seus desejos não santificados.

Há a *dúplice enfermidade de amor*. Um dos tipos é essa enfermidade de amor que envolve o cristão quando ele é conduzido com o deleite pleno de Jesus, como a noiva eufórica pelo favor de seu Senhor e comovida por Sua ternura: "Sustentai-me com passas, confortai-me com maçãs, porque desfaleço de amor" (Ct 2:5). A alma exultou com as transmissões de felicidade e bem-aventurança que vieram de Cristo, o corpo mal é capaz de suportar o êxtase de deleite que a alma possuía, ela estava tão contente por estar nos braços do seu Senhor, a ponto de precisar ser sustentada, contida sob o avassalador peso de alegria.

Outro tipo de enfermidade de amor, consideravelmente diferente do primeiro, é aquele em que a alma adoece, não por ter excesso do amor de Cristo, mas por não ter suficiente consciência presente desse amor. Enferma, não de deleite, mas do anseio que tem; enferma, não por excesso de alegria, mas pela tristeza resultante da ausência do amado. É a essa enfermidade que chamamos sua atenção nesta manhã. Essa enfermidade de amor se divide em duas e pode ser vista à luz de dois aspectos. É, antes de tudo, a alma *ansiando por ver Jesus Cristo em graça*; e então novamente, é a mesma alma *possuindo a visão da graça e ansiando por ver Jesus Cristo em glória*. Em ambos os sentidos nós, tão precisamente quanto a noiva, podemos adotar as lânguidas palavras: "...se achardes o meu amado, lhe digais que estou enferma de amor" (Ct 5:8 ARC).

1. Primeiro, então, consideremos nosso texto como a linguagem de uma **alma ansiando por ver Cristo em graça.**

Vocês me perguntam em relação à enfermidade em si: De que se trata? É a doença de uma alma ofegante, desejando comunhão com Cristo. O homem é cristão, ele não anseia por salvação como um pecador penitente sob condenação, pois ele é salvo. Ademais, ele tem amor por Cristo e sabe; ele não duvida das provas que tem da veracidade de sua afeição por seu Senhor, pois vejam que as palavras utilizadas são "meu amado", que não seriam aplicáveis se a pessoa que fala tivesse alguma dúvida sobre seu interesse. Essa pessoa também não duvida de seu amor, pois chama o cônjuge de "meu amado". É, então, o anseio de uma alma não por salvação e nem mesmo pela certeza da salvação, mas pelo usufruir de comunhão presente com Ele, que é a vida de sua alma, o tudo de sua alma. O coração está ofegante, ansiando ser levado mais uma vez sob a macieira, para sentir uma vez mais que "A sua mão esquerda esteja debaixo da minha cabeça, e a direita me abrace" (Ct 2:6). Ela soube, em dias passados, o que significa ser levada à Sua casa de banquete e ver a bandeira de amor tremular sobre ela e, portanto, ela clama para que as visitas do amor sejam renovadas. É um ofegar desejoso de comunhão.

Meus caros amigos, almas graciosas nunca estão perfeitamente em descanso a menos que estejam num estado de proximidade de Cristo. Pois vejam vocês: quando não estão próximas a Cristo, perdem sua paz. Quanto mais perto de Jesus, mais perto da perfeita quietude do Céu. E quanto mais distante de Jesus, mais perto do mar agitado que espelha o contínuo desassossego dos perversos. Não há paz para o homem que não habita constantemente sob a sombra da cruz, pois Jesus é nossa paz e, se Ele estiver ausente, nossa paz também está ausente. Eu sei que, sendo justificados, temos paz com Deus, mas é "...por meio de nosso Senhor Jesus Cristo" (Rm 5:1). De modo que o próprio homem justificado não pode colher o fruto da justificação, a menos que permaneça em Cristo Jesus, que é o Senhor e doador da paz. O cristão sem comunhão com Cristo perde toda a sua vida e vigor, ele é como algo morto. Embora salvo, ele jaz como tronco seco.

Sua alma não voa nem se move
Para alcançar alegrias eternas.[72]

Ele não tem vivacidade; sim, mais ainda, é alguém sem vitalidade até que Jesus venha. Mas, quando o Senhor sensivelmente derrama amplamente *Seu* amor em nosso coração, então o Seu amor acende o nosso; então nosso sangue

[72] Tradução livre de versos do hino 424 de John Watts, publicado em *Psalms, Hymns and Passages of Scripture for Christian Worship* (Londres, 1855).

salta de alegria em nossas veias, como João Batista no ventre de Isabel. O coração, quando próximo a Jesus, tem pulsações fortes, pois, uma vez que Jesus está em tal coração, ele é cheio de vida, de vigor e de força. Paz, vivacidade, vigor. Todos dependem do constante usufruir da comunhão com Cristo Jesus. A alma de um cristão nunca sabe o que a *alegria* significa em sua verdadeira solidez, exceto quando se senta, como Maria, aos pés de Jesus. Amados, todas as alegrias da vida nada são para nós, porque, quando as derretemos, todas, em nosso cadinho, descobrimos que são impurezas. Você e eu provamos as vaidades do mundo, e elas não podem nos satisfazer; não, elas não fornecem um bocado de carne sequer para saciar nossa fome. Estando insatisfeitos com todas as coisas mortais, aprendemos, por meio da graça divina, que ninguém exceto Jesus, ninguém exceto Jesus pode alegrar nossa alma. "Filósofos alegram-se sem música", disse certo antigo. Assim são os cristãos felizes sem o bem do mundo. Cristãos com o bem do mundo certamente se lamentarão como estando nus, pobres e miseráveis a menos que seu Salvador esteja com eles. Vocês que já provaram da comunhão com Cristo em breve saberão por que uma alma anseia por Ele. O que o Sol é para o dia, o que a Lua é para a noite, o que o orvalho é para a flor, assim é Jesus para nós. O que o pão é para o faminto, roupas para o nu, a sombra de uma grande rocha para o viajante em uma terra escaldante, assim é Jesus Cristo para nós. O que a tartaruga é para seu parceiro, o que o marido é para sua esposa, o que a cabeça é para o corpo, assim é Jesus Cristo para nós. E, portanto, se não o temos, não — se não estamos conscientes de que o temos, se não somos um com Ele, não, se não somos um com Ele conscientemente, não é de surpreender muito se nosso espírito clama com estas palavras: "Conjuro-vos, ó filhas de Jerusalém, que, se achardes o meu amado, lhe digais que estou enferma de amor" (Ct 5:8 ARC).

Tal é o caráter dessa enfermidade de amor. Podemos dizer dela, contudo, antes que deixemos esse ponto, que é *uma enfermidade que tem uma bênção participante dela:* "Bem-aventurados os que têm fome e sede de justiça..." (Mt 5:6) e, portanto, extremamente abençoados são os que têm sede daquele que é Justo — dele que na mais elevada perfeição incorpora a justiça pura, imaculada e irrepreensível. Bendita é essa fome, pois vem de Deus. Ela carrega uma bênção em si, pois, se eu não puder ter a bênção florescida em plenitude, a segunda melhor opção é a mesma bem-aventurança em doce broto de esvaziar-me até que seja cheio de Cristo. Não podendo eu alimentar-me de Jesus, serei vizinho do Céu tendo permissão para ter fome e sede dele. Há uma santificação concernente a essa fome, uma vez que ela cintila entre as beatitudes de nosso Senhor. Contudo, é uma enfermidade, caros amigos, que, apesar da bênção, *causa muita dor.* O homem que está enfermo por Jesus ficará insatisfeito com todo o restante; ele perceberá que as *delicatessens* perderam sua doçura; a música, a sua melodia; a luz, o seu brilho. E a vida em si, para ele, se escurecerá com a sombra da morte até que ele encontre seu Senhor e possa regozijar-se nele. Amados, vocês descobrirão que essa sede, essa enfermidade, se em algum momento se apoderar de vocês, é *composta de grande veemência.* O desejo é veemente, como brasas vivas de zimbro. Vocês ouviram sobre a fome que ultrapassa muros de pedra, mas muros de pedra não são prisão para uma alma que deseja Cristo. Muros de pedra — não, as mais fortes barreiras naturais — não podem impedir um coração enfermo de amor de chegar a Jesus. Eu me aventurarei a dizer que a tentação do Céu em si, se pudesse ser oferecida ao cristão sem seu Cristo, seria menos do que nada; e as dores do inferno, se pudessem ser suportadas, seriam um risco que a alma enferma de amor correria de bom grado, se simplesmente pudesse encontrar Cristo. Como os apaixonados certas vezes falam de realizar o impossível por quem amam, assim certamente um espírito que está estabelecido em Cristo gargalhará de uma impossibilidade e dirá: "Será feito"! Ele se aventurará na tarefa mais difícil, irá jubilosamente para a prisão e com alegria para a morte, se simplesmente puder encontrar seu amado e ter sua enfermidade de amor curada em Sua presença. Talvez isso possa ser suficiente como descrição da enfermidade de amor aqui pretendida.

Vocês podem inquirir concernente a essa enfermidade de amor: O que faz a alma de um homem adoecer de tal forma por Cristo? Entendam que é a *ausência* de Cristo que estabelece essa doença em uma mente que de fato compreende a preciosidade de Sua presença. A esposa fora muito obstinada e caprichosa, ela retirara suas vestes e fora repousar; um repouso preguiçoso e letárgico quando seu amado bateu à porta. Ele disse: "Abre-me, [...] querida minha, [...] porque a minha cabeça está cheia de orvalho, os meus cabelos, das gotas da noite" (Ct 5:2). Ela foi indolente demais para acordar e deixá-lo entrar. Ela dá desculpas: "Já despi a minha túnica, hei de vesti-la outra vez? Já lavei os pés, tornarei a sujá-los?" (v.3). O amado permaneceu esperando, mas, uma vez que ela não abriu a porta, Ele "meteu [Sua] mão por uma fresta" da porta e então o "coração [dela] se comoveu por amor dele" (v.4). Ela levantou-se para abrir a porta e, para sua surpresa, suas "mãos destilavam mirra, e os [seus] dedos mirra preciosa sobre a maçaneta do ferrolho" (v.5). Era o símbolo de que Ele estivera ali, mas se fora.

Agora ela começava a se apressar e procurar por Ele. Ela o procurou pela cidade, porém não o encontrou. Sua alma a deixara. Ela clamava por Ele, mas Ele não a respondia, e os guardas, que deveriam tê-la ajudado em sua busca, espancaram-na e arrancaram-lhe o seu véu. Portanto agora está ela procurando, pois perdeu seu Amado. Ela deveria tê-lo agarrado e não permitido que se fosse. Ele está ausente e ela está enferma até que o encontre. Mesclada à compreensão de ausência está *uma consciência de transgressão*. Algo nela parecia dizer: "Como você pôde afugentá-lo? Esse Noivo celestial que bateu e tanto suplicou. Como você pôde mantê-lo por tanto tempo entre os frios orvalhos da noite? Ó coração indelicado! E se os seus pés chegassem a sangrar ao levantar-se? E se todo o seu corpo se resfriasse com o vento frio quando você estivesse caminhando pelo chão? Teria sido comparável a Seu amor por você?". E então ela está enferma esperando vê-lo para que possa prantear seu amor e dizer a Ele o quanto está aborrecida consigo mesma por tê-lo segurado tão lassamente e permitido que Ele tão prontamente partisse.

Então, também, misturado a isso, estava *grande miséria* porque Ele partiu. Ela, por pouco tempo, sentiu-se cômoda com Sua partida. Aquela cama macia e a colcha acolhedora lhe deram certa paz, uma paz falsa, cruel, perversa, mas ela agora estava de pé, os guardas a espancaram, seu véu fora arrancado e, sem um amigo, a princesa, abandonada no meio das ruas de Jerusalém, está com a alma derretida pelo peso e derrama seu coração dentro de si conforme anseia por seu Senhor. "Nenhum outro amor senão o meu, nenhum outro Senhor senão o meu."

Assim ela diz com lábios chorosos e olhos lacrimejantes, pois ninguém mais pode satisfazê-la ou aplacar sua ansiedade.

Amados, vocês nunca estiveram em tal estado quando sua fé começa a decair e seu coração e espírito escapam de vocês? Mesmo em tal momento, sua alma estava enferma por Ele. Vocês conseguiram caminhar sem Ele quando o Sr. Segurança Carnal[73] estava em casa e os alimentava, mas, quando ele e a casa dele foram queimados com fogo, a antiga enfermidade de amor voltou, e vocês desejavam Cristo; vocês também não puderam se satisfazer até o encontrarem novamente. Havia *amor verdadeiro* em tudo isso, e isso é exatamente o cerne de toda enfermidade de amor. Não tivesse ela amado, a ausência dele não a teria adoecido, nem seu arrependimento a teria feito lamentar. Não tivesse ela amado, não haveria dor devido à ausência dele e esmorecimento de espírito, mas ela de fato amava, daí toda essa enfermidade. É algo encantador ser capaz de saber, quando perdemos a companhia de Cristo, que de fato o amamos: "'...Senhor, tu sabes todas as coisas, tu sabes que eu te amo...' (Jo 21:17). Eu neguei o Senhor, sim, no momento de Tua aflição, eu disse: '...Não conheço tal homem...' (Mt 26:72). Eu praguejei e jurei para que os homens não pensassem que eu era Teu seguidor, mas ainda assim o Senhor sabe todas as coisas. Sim, 'tu sabes que eu te amo'" (Jo 21:15). Quando vocês conseguirem sentir isso, caros amigos, a consciência de que vocês amam logo efetuará em vocês um *ardor de coração*, de modo que sua alma não ficará satisfeita até que possam declarar esse amor na presença do Mestre, e Ele dirá a vocês, como um sinal de perdão: "...Apascenta as minhas ovelhas..." (v.17).

---

[73] Personagem do livro *Guerra santa*, de John Bunyan (Publicações Pão Diário, 2022).

Eu não duvido de que nesta enfermidade havia *algum grau de medo*. Mulher pesarosa! Parte de seu espírito temia nunca o encontrar novamente. Ela havia caminhado pela cidade — onde Ele poderia estar? Ela o havia procurado nos muros e antemuros, mas Ele não estava lá. Em todas as ordenanças, em todos os meios da graça, nas orações em secreto e em público, na Ceia do Senhor e na leitura da Palavra, ela havia procurado por Ele, mas Ele não estava lá; e agora parte de seu espírito era medo, pois, embora Ele pudesse entregar Sua presença a outros, a ela, contudo, nunca. E quando ela fala, vocês notam que metade do que compõe sua fala é medo. Ela não pediria a outros que falassem com Ele se ela tivesse qualquer esperança segura de que o encontraria. "Caso vocês o encontrem", ela parece dizer, "ó vocês verdadeiras convertidas, vocês que são as verdadeiras filhas de Jerusalém nascidas da graça; se Ele se revelar a vocês, embora possa nunca se revelar a mim, façam-me esta gentileza: digam a Ele que estou enferma de amor".

Existe um meio medo aqui, e, mesmo assim, há *alguma esperança*. Ela sente que Ele ainda deve amá-la, ou por que outro motivo enviaria uma mensagem? Ela por certo não mandaria essa doce mensagem a um coração inflexível e intransigente: "Digam a Ele que estou enferma de amor". Todavia ela se lembrou de quando suas miradas o arrebataram, de quando um gesto de sua mão derreteu o coração dele e de quando uma lágrima de seus olhos reabriu as feridas dele. Ela pensou: "Talvez Ele ainda me ame tal como me amava naquele tempo e meus lamentos o enlaçarão. Meus gemidos o restringirão e o guiarão em meu socorro". Assim ela lhe envia a mensagem: "Digam a Ele que estou enferma de amor".

Para reunir as causas dessa enfermidade de amor em algumas poucas palavras: a questão toda não surge do *relacionamento*? Ela é sua esposa. Pode a esposa estar feliz sem seu amado senhor? Relacionamento surge de união; ela é parte dele. Pode a mão estar feliz e saudável se a corrente de vida não flui do coração e da cabeça? Afeiçoadamente percebendo sua *dependência*, ela sente que deve tudo a Ele e dele recebe seu tudo. Sendo então a fonte cortada, se as correntes secaram, se a grande nascente de tudo é tirada dela, como ela pode estar senão adoentada? E há, além disso, *uma vida e uma natureza* nela que a fazem adoecer. Há uma vida como a vida de Cristo; não, sua vida está em Cristo, está escondida com Cristo em Deus. Sua natureza é uma parte da natureza divina; ela é participante da natureza divina. Além disso, ela está em *união* com Jesus e esta parte separada, por assim dizer, do corpo, se contorce como uma minhoca dividida e anseia voltar para o lugar de onde veio. Essas são as causas de tal enfermidade. Vocês não compreenderão meu sermão nesta manhã, antes me considerarão delirante, a menos que sejam homens espirituais. "...o homem espiritual julga todas as coisas, mas ele mesmo não é julgado por ninguém" (1Co 2:15).

Que esforços tais almas enfermas de amor executarão! Aqueles que estão enfermos por Cristo primeiro enviarão seus *desejos* a Ele. Homens usam pombos, algumas vezes, para enviar suas mensagens. Ora, que tipo de pombos mensageiros eles utilizam? Não há propósito em enviar o pombo a lugar algum, senão ao local de onde veio; e meus desejos para Cristo vieram dele, e sendo assim eles sempre retornarão ao seu local de origem. Eles conhecem o caminho de seu pombal, então enviarei a Ele meus suspiros e meus gemidos, minhas lágrimas e lamentos. Vão, vão, doces pombas, com asas ágeis e velozes, e digam a Ele que estou enferma de amor. Então ela envia suas *orações*. Ah! Creio que ela diria de seus desejos: "Eles nunca o alcançarão; eles conhecem o caminho, mas suas asas estão quebradas e cairão ao chão e nunca o alcançarão". Mas ela os enviará ainda que não o alcancem. Com relação às suas orações, elas são como flechas.

Algumas mensagens foram enviadas, presas a uma flecha, a cidades cercadas. Então ela amarra seus desejos à flecha de suas orações e então os lança do arco de sua fé. Ela tem medo de que nunca o alcancem, pois seu arco está frouxo e ela não sabe como tencioná-lo com suas mãos débeis que pendem inertes.

Então o que ela faz? Ela tinha percorrido as ruas; tinha usado *os meios*, ela fez tudo, ela suspirou até seu coração desfalecer e esvaziou sua alma em orações. Ela fica repleta de ferimentos até que Ele a cure; ela é uma boca faminta até que Ele a encha; é um ribeiro vazio até que Ele a reabasteça novamente. Então agora ela *vai às suas companheiras* e diz: "...se achardes o meu amado, lhe digais que *estou* enferma de amor" (Ct 5:8 ARC). Isso é utilizar a intercessão dos santos. É a incredulidade que faz uso dela e, ainda assim, há um pouco de fé mesclada à sua incredulidade. Era uma incredulidade, mas não crença equivocada. Há eficácia na intercessão dos santos. Não de santos mortos — eles têm o suficiente a fazer cantando os louvores de Deus no Céu sem orar por nós —, mas santos na Terra podem assumir nosso caso. O rei tem seus favoritos, ele tem copeiros, tem alguns que aceitou em grande familiaridade com ele. Dê-me uma partilha das orações de um bom homem. Eu atribuo a Deus o prestígio que o Senhor me concedeu, ao número de almas em cada canto da Terra que oram por mim — não somente vocês, mas em todos os países há alguns que não se esquecem de mim quando se aproximam em súplicas. Ó! Somos tão ricos quando temos as orações dos santos. Quando tudo estiver indo bem com você, fale por mim ao Capitão do exército, e caso Ele lhe pergunte: "Qual foi a mensagem vinda dele?", não tenho outra mensagem senão a da esposa: "Diga a ele que estou enfermo de amor". Qualquer um de vocês que tem familiaridade íntima com Jesus, sejam os mensageiros, sejam os mexeriqueiros celestiais entre almas enfermas de amor e seu divino Senhor. Digam a Ele, digam a Ele que estamos enfermos de amor. E vocês que não podem ir a Ele, procurem auxílio e socorro de outros.

Mas afinal de contas, como eu disse: isso é incredulidade embora não crença equivocada, pois quão melhor seria para ela que *ela mesma dissesse ao Esposo*. "Mas", vocês dizem, "ela não conseguia encontrá-lo". Não, mas, se ela tivesse fé, saberia que suas orações o encontrariam, pois nossas orações sabem onde Cristo está quando nós não sabemos, ou antes, Cristo sabe onde nossas orações estão, e, quando não podemos vê-lo, ainda assim, elas o encontram. Um homem que dispara um canhão não pode enxergar todo o percurso que o tiro faz. Se ele tem seu canhão corretamente direcionado e o dispara, pode haver uma densa névoa, porém o disparo chegará ao local. E se o coração de vocês está direcionado pela graça divina em direção a Cristo, podem ter certeza de que, independentemente do quão densa seja a névoa, o tiro certeiro de sua oração alcançará os portões celestiais, embora não possam conceber como ou onde. Estejam satisfeitos de irem vocês mesmos a Cristo. Caso seus irmãos vão, muito bem e muito bom, mas acho que a reposta adequada à sua pergunta seria na linguagem da mulher: "Para onde foi o teu amado, ó mais formosa entre as mulheres? Que rumo tomou o teu amado? E o buscaremos contigo" (Ct 6:1). Elas dizem que não o buscarão *para* nós, mas podem buscá-lo *conosco*. Certas vezes, quando há seis pares de olhos, enxerga-se melhor do que com um; e assim, se cinco ou seis cristãos buscam o Senhor em companhia, na reunião de oração, ou à Sua mesa, é mais provável que o encontrem. "E o buscaremos contigo."

Bendita enfermidade de amor! Vimos seu caráter, sua causa e os esforços da alma sob ela. Notemos *os consolos que pertencem a tal estado como este*. Brevemente, eles serão os seguintes: *vocês serão cheios*. É impossível que Cristo os coloque ansiando por Ele sem que pretenda entregar-se a vocês. É como quando um grande homem faz um banquete: ele primeiro coloca os pratos sobre a mesa e então, em seguida, vem a carne. Seus anseios e desejos são os pratos vazios em que as carnes ficarão. É provável que ele pretenda zombar de vocês? Teria ele colocado a louça ali se não pretendesse preenchê-los com seus bois e cevados? Ele faz vocês ansiarem. Ele certamente satisfará seus anseios.

Lembrem-se, novamente, de que Ele se entregará a vocês muito antes que seus anseios se amarguem. Quanto mais aflito seu coração estiver devido à ausência dele, mais curta será tal ausência. Tendo vocês um grão de contentamento sem Cristo, isso lhes manterá por mais tempo em espera, mas, quando sua alma estiver enferma até que seu coração esteja prestes a se partir, até que vocês clamem: "Por que tarda em vir o seu carro? Por que se demoram os passos dos seus cavalos?" (Jz 5:28), quando sua alma se enfraquece aguardando que seu

Amado fale com vocês e vocês estiverem prontos para entregar sua juventude, então, num espaço curto de tempo, Ele erguerá o véu de Seu amado rosto, e vocês terão seu sol surgindo com cura sob Suas asas. Deixem que isso lhes console.

Assim quando Ele vier, pois Ele virá, ó, quão doce será! Acho que sinto o sabor agora em minha boca e a plenitude do banquete que está por vir. Há tal deleite no simples pensamento de que Ele virá, de modo que o pensamento em si é o prelúdio, o antegosto da feliz saudação. Ora! Ele falará novamente comigo de modo acolhedor? Eu novamente caminharei com Ele pelo canteiro de especiarias? Vaguearei com Ele entre os bosques enquanto as flores exalam seu doce perfume? Sim! E mesmo agora meu espírito sente a Sua presença em expectativa. "Não sei como, imaginei-me no carro do meu nobre povo!" (Ct 6:12). Vocês sabem quão doce foi no passado. Amados, que momento tivemos, alguns de nós! Ó, se no corpo ou fora do corpo, não podemos dizer — Deus sabe. Que crescentes! Falamos de asas de águias — elas são aselhas terrenas se comparadas às asas com que Ele nos transporta da Terra. Falamos de subir além das nuvens e estrelas! Elas ficaram distantes, para trás. Entramos no que não podíamos ver, contemplamos o invisível, vivemos no imortal, bebemos do inefável e fomos abençoados com a plenitude de Deus em Cristo Jesus, sendo colocados assentados com Ele em lugares celestiais. Bem, tudo isso virá novamente: "...outra vez vos verei; e vosso coração se alegrará..." (Jo 16:22). "Um pouco, e não mais me vereis; outra vez um pouco, e ver-me-eis" (v.16). "...num ímpeto de indignação, escondi de ti a minha face por um momento; mas com misericórdia eterna me compadeço de ti, diz o SENHOR, o teu Redentor" (Is 54:8). Pensem nisso! Ora, nós temos consolo mesmo em tal enfermidade de amor. Nosso coração, embora enfermo, ainda é pleno, enquanto estivermos ofegantes ansiando pelo Senhor Jesus.

Ó, amor divino, quão doce és!
Quando encontrarei meu coração entregue
Tomado inteiro por ti?
Tenho sede, desfaleço, morro para provar
Da plenitude do amor redentor,
Do amor de Cristo por mim.[74]

***2. E agora, em segundo, com a máxima brevidade que conseguirmos. Tal enfermidade de amor pode ser vista em* uma alma que anseia por ver Jesus em Sua glória.**

E aqui consideraremos a queixa em si por um momento. Tal aflição não é meramente um anseio por comunhão com Cristo na Terra, que foi desfrutada, e geralmente essa doença é resultado dela —

Quando provo as uvas,
Certas vezes anseio ir-me
Para onde meu amado Senhor guarda as vinhas
Onde todos os cachos crescem.[75]

[74] Tradução livre de uma das estrofes do hino *O Love Divine, How Sweet Thou Art*, de Charles Wesley (1707–88).

[75] Tradução livre de uma das estrofes do hino 91 em *The Works of the Rev. John Berridge, A.M.* (Londres, 1838).

É o regozijo pelas primícias do Escol que nos faz desejar sentarmo-nos sob nossa videira e nossa figueira diante do trono de Deus na terra bendita.

Amados, essa enfermidade é caracterizada por certos sintomas visíveis, e eu lhes direi quais são. Há um amar e ansiar, uma aversão e languidez. Feliz a alma que compreende essas coisas por experiência. Há um amor em que o coração se entrega em total lealdade a Jesus —

Não o amo de toda minha alma?
Então que nada mais ame.
Morto esteja meu coração para todas as alegrias
Se não puder mover Jesus.[76]

Uma compreensão de Sua beleza! Uma admiração por Seus encantos! Uma consciência de Sua infinita perfeição! Sim, grandiosidade, bondade e esplendor em um raio resplandecente combinam-se para encantar a alma até que esteja tão arrebatada por Ele que clame com a esposa: "...sim, ele é totalmente desejável. Tal é o meu amado, tal, o meu esposo, ó filhas de Jerusalém" (Ct 5:16). Doce amor é este — um amor que ata o coração com as correntes mais macias que seda e, contudo, mais firmes que a firmeza adamantina.

Há então um *ansiar*. Ela o ama de modo que não pode suportar estar ausente dele. Ela está ofegante e ansiosa. Vocês sabem que foi assim com santos em todas as eras; sempre que eles passaram a amar, também passaram a ansiar por Cristo.

---

[76] Tradução livre de uma das estrofes do hino *Do not I love thee, O my Lord?*, de Philip Doddridge (1702–51).

João, o mais amoroso dos espíritos, é o autor destas palavras que o Esposo tão frequentemente usa: "...venho sem demora!" (Ap 22:20). "Venho sem demora" é certamente o fruto do amor sincero. Vejam como a noiva coloca — "Tomara fosses como meu irmão, que mamou os seios de minha mãe! Quando te encontrasse na rua, beijar-te-ia, e não me desprezariam!" (Ct 8:1). Ela anseia encontrá-lo, ela não pode concluir sua canção sem dizer: "Vem depressa, amado meu, faze-te semelhante ao gamo ou ao filho da gazela, que saltam sobre os montes aromáticos" (Ct 8:14). Há um ansiar por estar com Cristo. Eu não consideraria tanto sua religião se vocês não anseiam estar com o objeto das afeições de seu coração.

Então vem *uma aversão*. Quando um homem está adoentado devido a sua primeira enfermidade de amor, ele não sente aversão, antes pede: "Sustentai-me com passas, confortai-me com maçãs..." (Ct 2:5). Quando um homem tem Cristo, ele consegue desfrutar de outras coisas. Todavia, quando um homem anseia por Cristo e o busca, ele tem aversão a todo o restante, não consegue suportar nada além de Jesus. Aqui está minha mensagem ao Senhor Jesus: "Digam a Ele...". O quê? Quero coroas e diademas? Coroas e diademas nada são para mim. Quero saúde e força? Elas já estão a caminho. Não — "Digam ao Amado da minha alma que sofro esperando-o. Seus dons são bons, devo ser mais grato por eles do que realmente sou, mas deixe-me ver Sua face, deixe-me ouvir Sua voz. Estou enfermo de amor, e nada além disso pode me satisfazer, todo o resto é repugnante para mim."

E então há uma *languidez*. Uma vez que ela não consegue a companhia de Cristo, ainda não pode contemplá-lo em Seu trono nem o adorar face a face, ela permanece enferma até que consiga, pois um coração tão estabelecido em Cristo perambulará atravessando estradas e trilhas, sem descanso em lugar algum até que o encontre. Como a agulha uma vez magnetizada nunca deixa de se mover até que encontre o polo, assim o coração uma vez cristianizado jamais se satisfará até que descanse em Cristo — que descanse nele, também, na plenitude da visão beatífica diante do trono. Esse é o caráter da enfermidade de amor.

Com relação a seu assunto, qual é? "...lhe digais que estou enferma de amor" (Ct 5:8 ARC). Mas para que serve a enfermidade? Irmãos, quando você e eu desejamos ir para o Céu, eu espero que seja a verdadeira enfermidade de amor. Eu percebo algumas vezes que estou desejando morrer e estar no lar celestial por almejar o descanso, mas não é esse um desejo ocioso? Há um desejo apático que me faz ansiar pelo descanso. Talvez ansiemos pela felicidade do Céu — as harpas e coroas. Há um certo egoísmo nisso, não é mesmo? Admissível, eu concordo, mas não é isso um pouco de egoísmo? Talvez queiramos ver filhos amados, amigos preciosos que se foram; contudo há nisso um pouco do que é terreno. A alma pode estar tão doente quanto quiser, sem repreensão, quando está enferma aguardando estar com Jesus. Vocês podem entregar-se a isso, suportar ao máximo sem pecado ou insensatez. Por qual motivo estou enfermo de amor? Por desejar os portões de pérola? Não, mas as pérolas que estão em Suas chagas. Por que estou enfermo de amor? Por desejar as ruas de ouro? Não, mas Sua cabeça, que é como ouro puríssimo. Por desejar as melodias das harpas e canções angelicais? Não, mas as melodiosas notas que vêm de Sua boca. Por que estou enfermo de amor? Por desejar o néctar que os anjos bebem? Não, mas os beijos de Seus lábios. Desejo o maná do qual almas celestiais se alimentam? Não, mas dele próprio, que é a carne e a bebida de Seus santos; Ele mesmo — minha alma anseia vê-lo. Ó, que Céu para o qual olhar! Que bem-aventurança conversar com o homem, o Deus, crucificado por mim; derramar meu coração em lágrimas diante de Jesus, dizer-lhe o quanto o amo, pois Ele me amou e se entregou por mim; ler meu nome escrito em Suas mãos e em Seu lado — sim, e deixá-lo ver Seu nome escrito em meu coração em linhas indeléveis, e abraçá-lo! Ó! Que abraço quando a criatura chega ao momento de abraçar seu Deus — estar para sempre tão próximo a Ele, para que dúvida alguma, medo algum, nem pensamento errante algum possam se colocar entre a minha alma e Ele, para sempre!

Para sempre contemplá-lo resplandecer,
Para todo o sempre chamá-lo meu,
E ainda vê-lo diante de mim.
Para sempre mirar Sua face
E encontrar Seus raios completamente unidos,
Enquanto Ele demonstra por completo o Pai
A todos os santos em glória.[77]

O que mais pode haver que nosso espírito anseie? Isso parece algo vazio para os mundanos, mas para o cristão é o Céu resumido em uma palavra — "...estar com Cristo, o que é incomparavelmente melhor" (Fp 1:23). Melhor do que todas

[77] Tradução livre de versos de poema (p. 359) em *Christian Experience as Displayed in the Life and Writings of Saint Paul in two parts* (Londres, 1832).

as alegrias terrenas. Este é o objeto, então, de tal enfermidade de amor.

Perguntam vocês, novamente, quais são os entusiasmos dessa enfermidade? O que faz o cristão ansiar estar em casa com Jesus? Tem muitas coisas. Há algumas coisas, às vezes, muito pequenas que passam a fazer um cristão ansiar estar em casa. Vocês conhecem a antiga história dos soldados suíços que, quando se alistaram no serviço estrangeiro, o grupo não tinha permissão de tocar a *Ranz des Vaches* — a "Canção das vacas" —, pois os soldados lembrariam de seus queridos Alpes, dos sinos nos pescoços das vacas e dos estranhos chamados dos meninos do rebanho enquanto cantam uns para os outros dos picos das montanhas e assim se entristeceriam e adoeceriam com saudade da terra natal. Então, se vocês foram banidos, se foram levados prisioneiros ou escravos, ora, ouvir alguma nota de uma das antigas canções da Inglaterra colocaria seu espírito em anseio pelo lar e confesso que quando, certas vezes, ouço vocês cantarem:

Jerusalém! Meu feliz lar!
Nome tão caro para mim;
Quando meus labores chegarão ao fim,
Em alegria, em paz e em Ti?[78]

Isso me faz dizer: "Conjuro-vos, ó filhas de Jerusalém, que, se achardes o meu amado, lhe digais que *estou* enferma de amor" (Ct 5:8 ARC). É a canção do lar que traz a saudade.

[78] Tradução livre de uma das estrofes do hino *Jerusalem! my happy home!*, de F. B. P. (século 16 ou 17).

Quando nos lembramos do que Cristo costumava ser para nós, que doces visitas tivemos dele, então ficamos enfermos desejando estar sempre com Ele. O melhor de tudo, quando estamos em Sua presença e nossa alma está exultante com Seus deleites, o grande e profundo mar de Seu amor cobre totalmente o mastro de nossos mais elevados pensamentos. Assim, o navio de nosso espírito se vai afundando em alto mar no meio de um oceano de satisfação, ah, então, seu pensamento mais elevado e profundo passa a ser: "Ó, que eu possa sempre estar com Ele, nele, onde Ele está. Que eu possa contemplar Sua glória — a glória que o Pai deu a Ele e que Ele deu a mim para que eu seja um com Ele, por toda a eternidade". Eu, de fato, creio, irmãos, que todas as amarguras e toda a doçura fazem do cristão quem ele é, quando ele está em estado saudável, enfermo por Cristo. Os doces fazem sua boca salivar desejando mais doces e as amarguras o fazem ofegar desejando o momento em que as borras finais de amargor acabem. Tentações desgastantes, assim como deleites arrebatadores, todos colocam o espírito em voo em busca de Jesus.

Agora vejam, amigos, qual é a cura para tal enfermidade de amor? É uma enfermidade para a qual há algum medicamento específico? Eu conheço apenas uma cura, mas há alguns paliativos. Um homem que está enfermo por Jesus anseia estar com Ele e ofega desejoso pela melhor terra, cantando como acabamos de fazer:

Pai, eu anseio, desfaleço desejando ver
O lugar de Tua habitação.[79]

---

[79] Tradução livre de versos do hino *Father, I long, I faint to see*, de Isaac Watts (1674–1748).

Ele deve ter o desejo realizado, antes que a sede de sua febre seja abrandada. Há alguns paliativos, e eu os recomendarei a vocês. Um, por exemplo, é uma forte fé que percebe o dia do Senhor e a presença de Cristo, como Moisés contemplou a Terra Prometida e a excelente herança, quando ele se colocou no cume de Pisga. Caso vocês não recebam o Céu quando desejarem, poderão chegar ao ponto vizinho ao Céu, e isso pode sustentá-los por um curto tempo. Caso não consigam contemplar Cristo face a face, é paliativo bendito para o momento vê-lo nas Escrituras e olhar para Ele através da lente da Palavra. Estes são mitigadores, mas eu os alerto, eu os alerto com relação a eles. Eu não pretendo impedir vocês de utilizá-los. Usem-nos tanto quanto puderem, mas eu os alerto quanto a esperarem que curem sua enfermidade de amor. Dará a vocês alívio, mas lhes deixará ainda mais enfermos, pois aquele que vive em Cristo passa a ter mais fome de Cristo. Com relação a um homem estar satisfeito e não desejar nada mais quando chega a Cristo — porque ele não quer nada senão Jesus —, isto é verdade no sentido de que nunca mais terá sede; mas ele quer mais, e mais, e mais, e mais de Cristo. Viver em Cristo é como beber água do mar: quanto mais você bebe, mais sedento fica. Há algo muito satisfatório na carne de Cristo; vocês nunca mais terão fome senão por ela, mas, quanto mais comerem dela, mais poderão comer, e aquele que for o banqueteador mais caloroso e que comeu mais que todos tem o melhor apetite para mais. Ó, estranho é, mas assim é. Aquilo que pensaríamos que removeria a enfermidade de amor e é a melhor estadia sob a qual a alma fica é exatamente o que traz mais e mais. Mas há uma cura, há uma cura, e vocês em breve a terão: uma poção negra e nela uma pérola. Uma poção negra chamada morte. Vocês beberão dela, no entanto não saberão que é amarga, pois vocês a engolirão em vitória. Há também uma pérola, nela — derretida nela. Jesus morreu como vocês, e conforme vocês bebem dela, essa pérola arrancará todo efeito nocivo dessa espantosa poção. Vocês dirão: "Onde está, ó morte, a tua vitória? Onde está, ó morte, o teu aguilhão?" (1Co 15:55). Quando tiverem bebido uma única vez essa poção, estarão seguros contra a enfermidade de amor para sempre. Pois onde estarão? Nenhuma peregrinação, nenhum voo desgastante pelo frio éter; vocês estarão com Ele no paraíso. Você ouve isso, alma? Você estará com Ele no paraíso, para nunca mais se separarem, nem por um instante; para nunca mais ter um pensamento errante, nem um sequer; para nunca mais encontrar seu amor minguando ou esfriando-se; para nunca mais duvidar de Seu amor por você; para nunca mais ser atormentada e tentada suspirando por aquilo que não consegue ver. Você estará com Ele, onde Ele está.

Distante de um mundo de dor e pecado,
Com Deus eternamente recolhido.[80]

Até lá, amados, lutemos para viver próximos à cruz. Aqueles dois montes, Calvário e Sião, se colocam em oposição um ao outro. O olho da fé pode, certas vezes, quase atravessar o intervalo. E o coração amoroso, por algum profundo mistério para o qual não podemos oferecer solução, frequentemente terá seu arrebatamento mais doce de alegria

[80] Tradução livre de versos do hino *Ye virgin souls, arise*, de Charles Wesley (1707–88).

na comunhão de seus pesares. Assim, encontrei uma satisfação nas chagas do Jesus crucificado, que pode apenas ser superada pela satisfação que ainda encontrarei nos olhos chamejantes do mesmo Jesus glorificado. Sim, o mesmo Jesus! Bem falaram os anjos no Monte das Oliveiras: "...Esse Jesus que dentre vós foi assunto ao céu virá do modo como o vistes subir" (At 1:11). Esse mesmo Jesus! Minha alma tem amor profundo por essas palavras, meus lábios têm paixão por repeti-las. Esse mesmo Jesus!

Se em minha alma abunda tal alegria,
Enquanto a fé chorosa explora Suas chagas,
Quão gloriosas serão essas cicatrizes,
Quando a perfeita ventura proíbe a lágrima!
Pense, ó minh'alma: se, na Terra,
É tão doce aos pés de Jesus se sentar,
Como será usar uma coroa
E com Ele em Seu trono estar?[81]

Quisera Deus que todos vocês tivessem essa enfermidade de amor! Temo que muitos de vocês não a tenham. Que Ele a conceda a vocês. Ó, mas havendo uma alma aqui que queira Jesus, é bem-vinda. Havendo um coração aqui que diga: "Dê-me Cristo", você terá seu desejo concedido. Confie em Jesus Cristo e Ele é seu. Apoie-se nele, você é dele. Que Deus salve você, faça-o ter aversão *pelas* vaidades e o faça buscar ansiosamente *pelas* verdades, anelando até mesmo por

[81] Tradução livre de versos de um poema de Joseph Swain (1761–96).

estar enfermo por Jesus Cristo, o amado da minha alma, a somatória de toda a minha esperança, o único refúgio do pecador e o louvor de todos os Seus santos; a quem seja a glória eterna. Amém.

ÍNDICE DE VERSÍCULOS-CHAVE

- Gênesis 21:16 — *Agar: compaixão por almas*
- Gênesis 21:19 — *Agar: olhos abertos*
- Gênesis 24:5-8 — *Rebeca: sem concessão*
- Josué 2:21 — *Raabe: o cordão de escarlata na janela*
- Juízes 13:22-23 — *A mãe de Sansão: seu excelente argumento*
- Rute 1:16 — *Rute: decidindo-se por Deus*
- Rute 2:12 — *Rute: sua recompensa*
- Rute 2:14 — *Rute: hora da refeição nos campos de cereais*
- 1 Samuel 1:15 — *Ana: uma mulher de espírito atribulado*
- 1 Reis 10:1,3 — *A Rainha de Sabá: instruindo-se com Jesus*
- 1 Reis 10:2 — *A Rainha de Sabá: uma conversa de coração*
- Ester 9:1 — *Ester e a Providência*
- Cântico dos Cânticos 1:7-8 — *A boa pastora*
- Cântico dos Cânticos 5:8 — *A noiva: celestialmente enferma de amor*
- Isaías 51:2 — *Sara e suas filhas*
- Lucas 24:31 — *Agar: olhos abertos*
- 1 Pedro 3:6 — *Sara e suas filhas*